강성열 교수의 구약 설교

강성열 교수의 구약 설교

| 강성열 지음 |

이레서원

강성열 교수의 구약 설교

강성열 지음

초판 1쇄 발행	2008. 4. 16
초판 3쇄 발행	2018. 3. 8
발행처	도서출판 이레서원
발행인	문영이
출판신고	2005년 9월 13일 제2015-000099호
기획	이혜성
편집	송혜숙, 오수현
영업	박생화
총무	곽현자

경기도 고양시 일산동구 중앙로 1160 오원플라자 801호
전화 02)402-3238, 406-3273 / 팩스 02)401-3387
E-mail: jireh@changjisa.com
Website: jireh.kr   facebook.com/jirehpub

글 저작권 © 2008 강성열

이 책의 저작권은 저자에게 있습니다. 서면에 의한 저자와 출판사의 허락 없이 내용의 일부를 복사하거나 발췌하는 것을 금합니다.

값은 표지에 있습니다.

ISBN 978-89-7435-408-4 03230

● ● ● **머리말**

그동안 학교에서 신학생들을 가르치면서 저술 활동을 하는 중에 틈틈이 필자는 성실하게 목회하는 분들의 목회 수상집이나 간증집을 읽으려고 노력하였다. 학문적인 책들 못지않게 그런 책들 역시 필자와 같은 사람들의 신앙생활과 학문연구에 많은 도전을 주기 때문이다. 실제로 필자는 그런 분들의 책을 읽을 때마다 그들의 삶과 목회 사역을 통하여 많은 도전과 자극을 받곤 했다. 아울러 필자는 그런 책들을 읽으면서 나름대로 한 가지 결론을 내린 바가 있다. 그것은 설교와 기도야말로 주님이 원하는 이상적인 목회의 가장 튼튼한 버팀목이라는 사실이다.

그 까닭에 필자는 학교에 있으면서도 좋은 설교자가 되기 위해 애를 썼고, 기도하는 삶을 통하여 교수와 연구 및 교회봉사 등의 영역에서 위로부터 오는 능력을 힘입고자 노력하였다. 일선 목회 현장에서 사역하는 분들만큼은 아니라 할지라도 필자 역시 학교에서나 교회에서 설교할 기회가 적지 않아서, 부족하기는 해도 나름대로 좋은 설교자가 되기 위하여 많은 노력을 기울였다. 그 한 예로 필자는 설교의 소재가 될 만한 자료가 눈에 띄거나 어떤 아이디어가 머리에 떠오르면 곧바로 메모하는 습관을 들였다. 때때로 남의 설교나 강의를 듣는 중에 참고할 만한 내용이 있으면 즉시 메모하는 버릇도 그러한 노력의 과정에서 생겨난 것이다. 그러한 자료나 아이디어는 설교뿐만 아니라 강의에서도 얼마든지 유용하게 사용될 수 있기 때문에, 평소에 강의와 논문 집필 및 저술 작업 등으로 분주한 시간을 보내는 필자에게는 정말로 소중한 자원이 아닐 수 없다. 그뿐만 아니라 필자는 어떠한 종류의 책이든 반드시 중요한 대목이나 쓸모 있는 내용에 밑줄을 그어둔 다음, 그 책을 다 읽고 난 후에 곧바로 컴퓨터에 그 부분들을 정리하는 습관이 몸에 배어 있다. 두 개의 홈페이지 (http://iloveoti.com; http://cyworld.com/iloveoti)를 운영하면서 자주 새로운 내용을 올려야 하는 부담을 줄이기 위해서라도 그러한 습관이 필수적으로 요구되었다.

이 설교집은 그러한 복합적인 노력의 산물이라고 해도 틀리지 않을 것이다. 우리 시대의 존경받는 설교자들에 비하면 한없이 부족하지만, 그래도 구약성경을 가르치는 사람으로서 구약의 말씀들을 오늘의 사람들에게 효율적으로 잘 전하기 위해 노력한 결과 이렇게 한 권의 설교집이 만들어지게 되었다. 평소에 설교할 때마다 특별한 일이 아니면 구약 본문을 가지고 설교를 함으로써, 신약 본문에 치우친 한국교회 강단의 불균형을 조금이라도 바로잡아보려는 소박한 생각을 가지고 있었는데, 이레서원의 도움에 힘입어 이렇게 구약 본문 중심의 설교집을 내게 되어, 한편으로는 부끄러우면서도 다른 한편으로는 감사하기 이를 데 없다. 귀한 설교집을 낼 수 있도록 자극을 주시고 격려해 주신 편집국장 윤상문 목사님과 부족한 설교 원고들을 일일이 손질하여 편집해준 출판사의 여러 직원들에게 깊은 감사를 드린다. 아울러 출판사로 넘기기 전의 설교 원고를 정리하고 성경 구절들을 일일이 확인해 준 호남신학대학교의 김윤순 전도사와 조일훈 전도사에게도 감사를 드린다.

2008년 3월
광주 양림골에서
강성열 삼가 씀

목차

머리말 • 5

창세기

어둠에서 빛으로 창 1:1-5 • 15
일하면서 살던 에덴 창 2:15 • 20
시험을 이기는 길 창 3:1-5; 마 3:16-4:11 • 28
기독교 신앙과 역설: 아브라함의 선택 창 13:1-9 • 37
신앙인의 품질혁신 창 18:1-8 • 45
하나님의 가능성을 믿으라 창 18:10-14 • 53
나는 지금 어느 정도 높이에 있는가? 창 19:12-28 • 60
웃게 하시는 하나님 창 21:1-7 • 65
하나님의 기준 창 27:18-24 • 72

출애굽기

하나님의 귀를 가지고 살라 출 2:23-25 • 83
곡선이라도 괜찮다 출 13:17-22 • 92
영적인 피곤함과 싸우라 출 17:8-16; 신 25:17-18 • 99
신앙생활의 기본 원리 출 18:13-23 • 106

신명기

한가위만 같아라 신 16:13-15 • 117
귀로 듣고 눈으로 보는 말씀 신 27:1-10 • 124

여호수아

굳게 닫힌 성이라 할지라도 수 6:1-9 · 135
여호수아 본받아: 끝이 없는 봉사 수 13:1-7 · 144

사사기

하나님이 함께 하신다면 삿 2:18-23 · 153
올바른 은사 활용 삿 16:23-30 · 161

사무엘상·하

하나님의 섭리를 앞세우는 신앙 삼하 1:1-16 · 171
벌거벗은 사람, 온전한 신앙 삼상 12:1-5 · 181
청소년의 바람직한 신앙생활 삼상 18:1-9 · 188
종으로 봉사하는 사람들 삼상 28:3-19 · 199

열왕기상·하

하나님이 기뻐하시는 소원 왕상 3:4-9 · 207
좌절과 고통 속에서 겪은 은혜 왕상 19:1-8 · 216
빵만으로 살 수 없는 세상 왕하 4:42-44; 요 6:47-58 · 227
함께 듣는 말씀 왕하 23:1-3 · 233

역대상·하

찬송의 골짜기 대하 20:20-30 • 241
웃시야의 16세 대하 26:1-8 • 248

느헤미야

느헤미야에게서 배운다 느 5:14-19 • 259

욥기

욥에게서 배우는 감사 욥 42:1-5 • 271

시편

정직한 자의 마땅히 할 일 시 33:1-7 • 283
도우시는 하나님 시 121편 • 289

잠언

능력 있는 교사 잠 1:20-23 • 301
범사에 하나님을 인정하라 잠 3:1-10 • 310

전도서

하나님의 선물 전 3:1-14 • 325

이사야

이사야를 부르신 하나님 사 6:1-8 · 335
앞서 행하시는 하나님 사 52:9-12 · 344
쉬지 말고 가라 사 62:6-9 · 353

예레미야

삶이 그대를 힘들게 하거든 렘 20:14-18 · 361
우리를 향한 하나님의 생각 렘 29:10-14 · 371

요나

하나님의 계획은 반드시 이루어진다 욘 1:4-16 · 383

미가

밤이 아무리 어둡다 한들 미 7:2-9 · 395

스바냐

잠잠히 사랑하시는 하나님 습 3:14-20 · 407

∴ Genesis

창세기

어둠에서 빛으로 _창 1:1-5
일하면서 살던 에덴 _창 2:15
시험을 이기는 길 _창 3:1-5; 마 3:16-4:11
기독교 신앙과 역설: 아브라함의 선택 _창 13:1-9
신앙인의 품질혁신 _창 18:1-8
하나님의 가능성을 믿으라 _창 18:10-14
나는 지금 어느 정도 높이에 있는가? _창 19:12-28
웃게 하시는 하나님 _창 21:1-7
하나님의 기준 _창 27:18-24

어둠에서 빛으로
(창 1:1-5)

이런 이야기가 있다. 하루는 법률가, 의사, 기술자, 정치인 등 네 사람이 한 자리에 모여 대화를 나누고 있었다. 어느 직업이 가장 오랜 역사를 가지고 있는가가 화제였다. 법률가는 자기 직업의 역사가 가장 길 것이라고 말했다. 인류의 시작은 에덴에서부터인데 여자를 유혹한 뱀이 법률가의 전신이기 때문이라는 것이다. 사람에게 주신 하나님의 말씀(법)을 맨 처음 해석하고 적용했다는 것이다. 이에 의사가 반론을 제기하였다. 그는 하나님이 아담을 만들고 그를 잠재운 후 그의 갈빗대로 여자를 만들었는데 의학 지식이 없으면 그것이 불가능한 일이라고 말했다. 그러자 기술자가 말했다: "사람을 만들기 전에 빛이 있으라고 명하셨는데 기술이 없이 어떻게 빛을 만들 수 있겠느냐?" 그런가 하면 정치가는 이렇게 말했다: "다 잘못 생각하고 있다. 태초에 혼란이 있었다는 말이 있는데 정치인 말고 누가 혼란을 만들어 내겠느냐?"

그만큼 우리 사회가 혼란스럽고 그 근본 원인이 정치에 있다는 것을 빗대서 하는 이야기이지만, 우리는 창세기 1:2를 읽을 때마다 고개를 갸웃거리게 된다. 왜 하나님은 우주 만물을 창조하실 때 바로 아름다운 세상을 만들지 않으시고 혼란 상황을 먼저 만드셨느냐는 것이다. 이 문제에 관해 질문하는 사람도 적지 않다. 이에 대한 답을 얻기에 앞서 우리는 먼저 하나님께서 하시는 모든 일에는 반드시 어떤 목적과 의미가 있다는 것을 알아야 한다. 왜 하나님께서 그렇게 하셨는지를 알게 되면 하나님이 세상을 이끌어 가시는 방식에 관해서도 많은 것들을 깨달을 수 있기 때문이다. 이를 위해 먼저 본문의 흐름을 보도록 하자.

하나님의 창조 섭리

1절에 의하면 하나님은 태초의 한 시점에 천지를 창조하셨다. 여기서 말하는 '천지'는 하늘과 땅을 나타내는 낱말이 아니라 우주 만물 전체를 총칭하는 관용어이다. 이스라엘 주변에는 많은 이방 종교가 있었고 그 종교들에는 그들 나름의 창조 신화가 있었다. 특히 메소포타미아와 이집트가 그러했다. 1절은 이러한 이방 종교들을 향한 일대 선언이다. 다른 누가 아닌 여호와 하나님이 이 세상 모든 것들을 창조하셨다는 것이다. 그런데 하나님의 창조는 순식간에 완성된 것이 아니었다. 2절에 의하면 땅이 혼돈하고 공허하며 흑암이 깊음 위에 있었고 하나님의 신이 수면 위에 운행하고 있었다. 하나님은 다른 것들보다 먼저 혼돈 상황을 만드셨다. 그리고 나서 비로소 빛을 비롯한 우주 만물을 만드셨다. 왜 그랬을까? 하나님은 무엇을 우리에게 가르치고자 하셨을까?

무엇보다도 이것은 하나님이 세상을 어떻게 이끌어 가시는가에 관해 귀중한 교훈을 준다. 하나님은 보시기에 좋은 아름다운 세상이 혼돈 상황을 거치게 하셨다. 달리 말해서 하나님은 모든 것이 뒤죽박죽 된 것 같은 상황 속에서 아름다운 우주 만물을 만드신 것이다. 이것이 바로 하나님의 섭리이다. 하나님은 우리에게 아름답고 좋은 것을 주실 때 결코 그것을 그냥 주지 않으신다. 혼돈 상황과도 같은 과정을 겪게 하신다. 쉬운 예를 들어 보자. 카오스 세탁기라는 것이 있다. 빨래를 혼돈 상황 속에 넣음으로써 빨래가 가지고 있는 온갖 때를 벗겨내는 원리를 적용하고 있다. 한자말에 "고진감래"(苦盡甘來)라는 고사성어가 있다. 고생이 끝나면 기쁜 일이 찾아온다는 얘기다. 세상 사는 일들이 다 그렇지 않은가!

혼돈 상황의 유익

성경 말씀도 이와 똑같은 교훈을 준다. 로마서 8:18에 있는 바울의 말씀이 그렇다: "생각하건대 현재의 고난은 장차 우리에게 나타날 영광과 비교할 수 없도다." 이 말씀에 의한다면 고난당하는 로마의 성도들은 장차 하나님께서 주시는 큰 영광을 얻게 될 것이다. 욥기 23:10에 있는 욥의 말도 마찬가지이다: "그러나 내가 가는 길을 그가 아시나니 그가 나를 단련하신 후에는 내가 순금 같이 되어 나오리라." 욥이 당하는 고통은 창세기 1:2의 혼란 상황과 유사하다. 그러나 욥은 그 혼란 상황을 거쳐 마침내 정금 같은 믿음을 갖게 된다. 하나님 보시기에 좋은 세상이 만들어지는 것과 똑같다.

따지고 보면 십자가와 부활의 메시지도 그렇다. 예수께서 통곡하며 하나님께 매달려야 했고 할 수만 있다면 피하고자 했던, 참으로 견디기 어려운 십자가의 고통은 태초의 혼란 상황과도 같은 것이다. 그러나 십자가의 고통과 죽음이 없으면 부활의 영광도 없다. 부활의 영광을 갖고자 원하는 자는 누구나 고통과 시련을 기쁨으로 감당할 수 있어야 한다. 그러나 부활의 영광은 혼란과 혼돈 상황이 있다고 해서 저

절로 오는 것은 결코 아니다. 우리는 하나님의 신이 수면 위에 운행하심으로써 혼돈 상황이 사라졌음을 잊어서는 안 된다. 아름다운 세상은 성령의 사역을 통해 만들어진다. 스가랴의 말대로 이는 힘으로 되지 아니하며 능으로 되지 아니하며 오직 여호와의 신으로 된다. 하나님의 힘과 하나님의 능력으로 된다는 말이다.

사람들은 혼돈 상황과도 같은 고통과 시련을 만날 때에 비로소 자신을 되돌아보게 된다. 자기 발견이 이루어지는 것이다. 자기 신뢰의 허구성을 발견하고서는 하나님께 매달리는 길밖에 없다는 것을 절실히 깨닫게 된다. 그 결과 하나님의 도움을 의지하게 되고 하나님의 성령을 통해 문제 해결을 받는다. 우리는 어려운 상황에 직면할 때 자신의 힘으로 그것을 해결하려고 해서는 안 된다. 도리어 그것으로 인해 하나님께 감사할 수 있어야 한다. 땅이 혼돈하고 공허하며 흑암이 깊음 위에 있는 것과도 같은 상황 속에서도 하나님께서 주실 아름다운 세계를 소망할 수 있어야 한다. 욥이나 요셉, 다니엘 등이 그러했다. 그들은 하나님의 도우심으로 승리했다. 낙심하지 않고 하나님을 신뢰함으로 승리했다. 자기에게 있는 지혜와 능력으로 승리한 것이 결코 아니다.

어려울수록 주님을 의지하라

요즘 많은 사람들이 우리나라 현실을 혼란으로 보고 있다. 신문 사설을 보면 좋게 말하는 신문이 없다. 오늘의 현실은 혼란 그 자체라는 것이다. 실제로 정치, 사회, 경제, 문화 어느 구석을 보아도 바로 잡혀 있는 게 하나도 없다. 신문을 볼 때마다 속이 상한다. 윗물이 맑아야 아랫물이 맑은 법인데, 윗물이 저토록 흐리니 우리나라의 앞날이 어떻게 될는지 걱정이 앞선다. 그러나 다른 한편으로 생각하면 우리는 왜 하나님께서 이처럼 혼란스러운 상황을 우리에게 주셨는지를 생각해 보아야 한다. 어쩌면 하나님은 우리가 정금 같이 나오게 하기 위해서 어려운 일들을 겪게 하시는 것인지도 모른다. 실제로 우리는 이러한 혼란 상황을 통해서 우리 사회에 있는 문제가 무엇인지를 발견하고 있다. 어디에 무슨 문제가 있는지를 알게 되었다는 말이다.

그러나 그것은 사람의 힘으로 되지 않는다. 하나님을 의지해야 한다. 오직 하나님만이 그 일을 해결하실 수 있다. 하나님의 성령이 그 어두움 위에 운행할 때에야 비로소 모든 문제가 해결되는 것이다. 이를 위해 우리는 하나님께 간절히 기도하고 그에게 매달려야 한다. 기도가 절실하게 필요할 때이다. 하나님은 우리가 나라와 민족을 위해 기도하기를 원하고 계신다. 이럴 때 하나님의 부르심을 외면하면 안 된다. 우리에게 있는 위기의 근원을 잘 이해하고 그것을 해결하기 위해 하나님의 도우심을 기대해야 하는 것이다. 믿는 사람들에게 정신 차리라는 하나님의 음성을 듣고 나라와 민족을 위해 기도하기를 쉬지 않는 여러분들이 되시기를 간절히 바란다.

일하면서 살던 에덴
(창 2:15)

10년이면 강산이 변한다는 말이 있다. 이 옛말은 두 가지를 암시한다. 그 하나는 세월이 참 빠르다는 점이고, 다른 하나는 세월의 흐름에 따른 변화가 심하다는 점이다. 요즘 우리는 이것을 실감하면서 살고 있다. 아니 그 이상이다. 옛날이면 100년 걸릴 일이 요새는 10년이나 1-2년이면 끝나고 만다. "상전벽해"(桑田碧海)라는 고사성어를 보면 옛날 중국 사람들도 그러한 느낌을 받으면서 살았음을 알 수 있다. 잘 알다시피 상전벽해는 뽕나무 밭이 푸른 바다로 변한다는 의미에서 자신도 모르게 세상이 달라진 모습을 보고 비유한 말이다.

"각주구검"(刻舟求劍)도 비슷한 의미를 함축하고 있다. 본래 이 고사성어는 "어리석고 미련하여 융통성이 없다"는 뜻을 가지고 있지만, 그 나름의 유래를 가지고 있다. 중국 초(楚)나라 시대에 어떤 사람이 배를 타고 강을 건너다가 그만 손에 들고 있던 칼을 물 속에 빠뜨리고 말았다. 그러자 그는 얼른 칼을 빠뜨린 뱃전에 칼자국을 내어 표시를 해 두었다. 이윽고 배가 언덕에 와 닿자 칼자국이 있는 뱃전 밑 물 속으로 뛰어들었다. 그러나 그 곳에 칼이 있을 리 없었다. 이와 같이 옛것을 지키다 시세의 추이도 모르고 눈앞에 보이는 하나만을 고집하는 처사를 비유해서 한 말이다. 변화 빠른 세상을 빗댄 고사성어인 셈이다.

빠른 속도로 변하는 세상

우리가 지금 살고 있는 동네도 사실 따지고 보면 10-20년 전과 너무 많이 달라졌다. 다른 지역들도 예외가 아니다. 세상이 이처럼 빠른 속도로 변하다 보니 사람들의 시간 개념이 예전 같지 않다. 옛날 시골에서는 3-4시간 정도는 너끈히 참아줄 수 있는 시간이었다. 그러나 지금은 그렇지 않다. 모두가 시계 시간에 매여 있다. 시계 시간이 없을 때에는 자연 시간에 맞추어 살았으나, 지금은 그렇지 않은 것이다. "시간은 금이다"(Time is Gold)라는 말이 널리 쓰이고 있을 정도이다. 그래서인지 다른 한편으로 천천히 마음의 여유를 가지고서 살자고 주장하는 사람들이 점점 많아지고 있다.

우리가 왜 이렇게 바쁘게 살아가야 하는 것일까? 세상이 이처럼 빠르게 변하는 이유가 무엇일까? 무엇을 목표로 이렇게 빠르게 변하며 바쁘게 살아가는 것인가? 한마디로 말해서 편리하고 안락한 삶을 살기 위해서이다. 한 예로 지금 우리는 고속철을 타고서 이전보다 빨리 대도시 지역을 이동할 수 있다. 고속철은 빠른 속도를 자랑하는 것인데, 그것은 편리함을 목표로 하고 있다. 짧은 시간에 더 많은 것을 할 수 있게 함으로써 효율성을 극대화시키려는 것이다. 그러고 보니 빠른 것만큼이나 세상이 편해졌음을 누구나 실감할 수 있다.

그런데 문제는 빨라서 좋고 편해서 좋기는 하나 너무 편해지려고만 하다 보니, 그 반대로 힘들고 어려운 일, 시간이 많이 걸리는 일들은 사람들이 기피하려는 경향을 가지고 있다는 점이다. 3D(difficult, dangerous, dirty) 기피 현상이라는 것도 비슷한 예에 해당한다. 청년 실업률이 높은 것은 사실 3D 기피 현상 때문이다. 동남아시아의 값싼 외국인 노동자들이 그 틈새를 메우고 있다. 월급이 적어서이기도 하지만, 값싼 외국인 노동자들 덕에 월급이 적어진 것도 사실이다. 그래서 이제는 힘든 일을 하고 싶어도 할 수가 없게 되어버렸다.

사실 요즘 젊은 세대는 열심히 일하기보다는 놀고 쉬는 것에 더 많은 관심을 가지고 있다. 약간의 차이는 있지만 어른 세대 역시 놀고 쉬는 것에 많이 익숙해져 있다. 몇 년 전에 신문에 이런 내용의 기사가 실린 적이 있다. 60년대에는 경제적 여유가 있다면 무엇을 하겠느냐는 질문에 3% 미만이 놀겠다고 대답했다 한다. 그런데 몇 년 전에는 70% 이상이 놀겠다는 답변을 했다고 한다. 아마 지금이라면 거의 80-90%가 놀겠다는 답변을 할 것이다. 이제는 노는 것이 일상화되었다. 그래서 더욱 힘들게 일하는 것을 싫어하는지 모르겠다. 신앙생활도 예외는 아니다.

일하라고 주신 에덴

이러한 현실에 대한 하나님의 생각은 어떠하실까? 오늘 읽은 창세기 본문으로 돌아가 보자. 개역성경을 보면 "여호와 하나님이 그 사람을 이끌어 에덴 동산에 두사 그것을 다스리며 지키게 하시고"로 번역되어 있다. 그러나 번역이 정확하지 못하다. 히브리어 본문에 의하면 에덴 동산을 경작하며 지키게 했다는 뜻이 더 정확하기 때문이다. 그래서인지 개역개정판이 이를 그대로 반영하여 번역했다: "여호와 하나님이 그 사람을 이끌어 에덴 동산에 두어 그것을 경작하며 지키게 하시고."

많은 기독교인들이 개역성경으로 창세기 2:15를 읽어서 에덴 동산에서는 땅을 경작하는 노동이 없었을 것이라고 생각한다. 그것은 단지 범죄의 결과로 인해 받은 형벌이라고 생각한다. 창세기 3:17-19에 잘 설명되어 있다고 한다:

> 아담에게 이르시되, "네가 네 아내의 말을 듣고 내가 네게 먹지 말라 한 나무의 열매를 먹었은즉 땅은 너로 말미암아 저주를 받고 너는 네 평생에 수고하여야 그 소산을 먹으리라. 땅이 네게 가시덤불과 엉겅퀴를 낼 것이라 네가 먹을 것은 밭의 채소인즉, 네가 흙으로 돌아갈 때까지 얼굴에 땀을 흘려야 먹을 것을 먹으리니 네가 그것에서 취함을 입었음이라. 너는 흙이니 흙으로 돌아갈 것이니라" 하시니라.

그러나 이것은 잘못된 생각이다. 하나님은 놀고먹으라고 에덴 동산을 선물로 주신 것이 아니다. 여러분도 잘 알다시피 에덴 동산은 하나님께서 처음 인간인 아담과 하와에게 선물로 주신 비옥한 땅이다. 네 개의 강이 흐르는 지상 낙원이었다. 그런데 이처럼 비옥한 땅 에덴을 선물로 주신 하나님은 그들이 아무 할 일도 없이 무위도식(無爲徒食)하게 하지 않으신 것이다. 하나님은 그들에게 새로운 일거리를 주셨는데, 그것은 바로 그들 자신에게 선물로 주어진 땅을 경작하고 잘 관리하는 일이었다.

물론 여기서 말하는 일(노동)은 하나님께서 주신 선한 것이요, 한없이 즐거운 것이다. 인간(히브리어로는 '아담')은 땅('아다마')으로부터 만들어진 존재이기에 땅을 경작하는 것은 당연한 일이다. 그것은 인간의 본질에 적합한 것이요, 따라서 지극히 자연스러운 것이다. 그 일에는 어떠한 제약도, 강제도 따르지 않는다. 그저 마음에서 우러나는 대로 기쁨으로 행할 수 있는 것이 낙원에서의 노동인 것이다. 이 점에서 본다면 낙원은 아무런 일도 하지 않고 그저 먹고 마시면서 놀기만 하는 유흥장이 아니라 함께 가꾸며 지키며 관리해야 할 삶의 일터임이 분명해진다.

이처럼 긍정적인 의미에서의 노동이 부정적이고 피동적인 것으로 바뀐 것은 인간의 범죄 때문이었다. 인간이 선악과를 따먹는 잘못을 범한 후 하나님께서 그들을 저주하셨는데, 그것은 바로 하나님의 창조 질서에 속한 노동의 개념을 송두리째 뒤집어엎는 것이었다. 이제 인간은 자발적으로, 기쁨으로 노동하는 것이 아니라 먹고 살기 위해서, 어쩔 수 없이 땀을 흘리고 수고를 거듭해야 한다는 것이다. 세상을 가꾸고 지켜야 할 신성한 노동이 이제는 생존을 위한 세속적인 투쟁으로 바뀌어버린 셈이다(창 3:17-19).

일의 본래적인 의미를 되찾아야

그러나 하나님의 창조 질서를 되찾아야 하는 우리로서는 그중의 하나인 일(노동)의 본래적인 의미를 되찾는 데에도 많은 노력을 기울여야 한다. 그리스도인들은 어디서 무슨 일을 하건 간에 그것이 하나님께서 자신에게 주신 거룩한 과업임을 알고 항상 기쁨과 즐거움으로 그 일에 종사해야 한다. 단순히 벌어먹고 살기 위해서 일하는 것이 아니라 무엇보다도 하나님의 일에 동참한다는 차원에서, 하나님께 영광 돌린다는 차원에서 자신의 일에 종사해야 한다는 말이다. 종교개혁자들이 말한 직업소명설이 이에 해당한다. 모든 직업, 일을 하나님의 소명으로 생각해야 한다는 얘기다.

또한 그리스도 안에 있는 자들은 자신의 노동을 소중히 여겨야 할뿐만 아니라 다른 사람들의 노동이 소중함도 알아야 한다. 다시 말해서 내가 하는 일과 똑같이 다른 사람들의 노동 역시 하나님께서 그들에게 주신 신성한 것(선물)임을 알아야 한다는 말이다. 이 점에 비추어 본다면 인간의 노동을 많이 배우고 덜 배우고의 차이에 따라, 또는 남자와 여자의 차이에 따라 차별하는 것은 바람직하지 못하다. 또한 노동은 비천한 사람이나 하는 것이라는 식으로 사람들을 호도하여 노동의 신성함을 저버리게 하는 잘못된 생각은 고쳐야 마땅하다.

십계명의 여덟 번째 계명은 도둑질을 금하고 있다. "도둑질하지 말라"는 이 계명은 사실 노동의 신성함을 일깨우는 매우 중요한 계명이다. 이 계명은 자기 손으로 땀 흘려 수고한 것으로 살라는 것이다. 다른 사람들은 피땀 흘려 수고하는데 자신은 땀 한 방울 흘리지 않고서도 많은 수입을 올린다거나, 한 술 더 떠서 다른 사람이 피땀 흘려 수고한 것을 고스란히 자기 것으로 만들려고 하는 태도야말로 하나님께 가증스러운 것이 아니겠는가! 따라서 일함이 없는 인간은 하나님의 창조 목적에 부합하지 못한 자요, 인간으로서의 자격을 제대로 누리지 못할 자임을 바로 알아야 할 것이다.

땀 흘림이 있는 실존

땀 흘림이 없는 인간 실존은 참으로 무의미하다. "불한당"이라는 한 자말을 보면 그것을 알 수 있다. 불한당(不汗黨)은 자신은 땀 한 방울 흘리지 않고서 남이 얻은 땀의 수고(열매)를 갈취하는 자를 가리킨다. 사전적인 의미에서가 아니라 어원적인 의미에서 본다면 오늘의 교회 안에도 불한당이 많다. 하나님의 은혜에 감사하는 마음으로 그에게 순종하고 봉사하고 사랑을 실천하는 삶이 따르지 않는다면, 그리고 수고와 땀의 봉사가 없다면, 그러면서도 하나님의 복을 받고 또 구원을 얻고자 한다면, 그것이 곧 불한당 크리스천의 모습인 것이다.

그래서인지 바울 사도는 열심히 일하는 것을 싫어하는 자들을 향하여 이렇게 훈계한다(살후 3:10-12):

> 우리가 너희와 함께 있을 때에도 너희에게 명하기를, "누구든지 일하기 싫어하거든 먹지도 말게 하라" 하였더니, 우리가 들은즉 너희 가운데 게으르게 행하여 도무지 일하지 아니하고 일을 만들기만 하는 자들이 있다 하니, 이런 자들에게 우리가 명하고 주 예수 그리스도 안에서 권하기를, "조용히 일하여 자기 양식을 먹으라" 하노라.

예수 믿는 사람들은 세상에 사는 누구보다도 부지런한 사람들이어야 한다. 세상의 빛이 되고 소금이 되려면 결코 게으를 수가 없다. 하나님의 사랑을 제대로 실천하기 위해서는 남들보다 더 부지런해야 하는 것이다. 지금 우리 사회는 건강하다고 자신 있게 말할 수 있는 곳이 거의 없을 정도로 많이 병들어 있다. 그러다 보니 병든 사회를 보고 자라는 어린이들이나 청소년들의 미래가 어떻게 될지 심히 걱정스럽다.

지난 1월의 광주-전남 대학원장 협의회에서 나온 것이 바로 그런 주제였다. 선진국들처럼 사회 전체가 교육의 장(social education)이 되게 해야 하는데, 우리나라는 그것이 안 되어 있다는 것이다. 가정 교육과 학교 교육도 중요하지만, 사회 전체를 교육의 교재로 활용하려는 노력이 너무 약하다는 것이다. 기독교가 그 일을 해야 하지 않느냐는 얘기도 있었다. 남을 배려하고 남을 이해하고 자신을 희생하는 사회 분위기는 기독교인들이 아니고서는 만들기 어렵다는 것이다.

하나님이 기뻐하시는 교회는 본질적으로 성령의 도우심으로 봉사하는 교회이다. 일하기 싫어하고 봉사하기 싫어하는 마음가짐으로는 주께서 기뻐하시는 교회를 이루기 어렵다. 아담과 하와가 에덴 동산에서 범죄하기 전부터 땅을 경작하고 관리했던 것처럼 우리는 자신이 속한 교회와 사회를 아름답고 깨끗하게 가꾸고 관리하는 일에 최선을 다해야 한다. 그럴 때 비로소 세상 사람들이 예수 믿는 사람들을 보고서 하나님께 영광을 돌릴 것이다: "이같이 너희 빛이 사람 앞에 비치게 하여 그들로 너희 착한 행실을 보고 하늘에 계신 너희 아버지께 영광을 돌리게 하라"(마 5:16).

예수께서 안식일에 베데스다 연못에서 38년 된 병자를 고치신 후에 하신 말씀이 있다: "내 아버지께서 이제까지 일하시니 나도 일한다"(요 5:17). 우리 그리스도인은 우리가 사는 교회와 사회가 남을 배려할 줄 아는 따뜻한 마음이 넘치는 곳으로 바뀌도록 모두 값진 땀을 흘리는 하나님의 사람들이 되어야 할 것이다. 하나님과 이웃을 위해 즐겁고 기쁜 마음으로 땀을 흘리고자 하는 여러분 모두에게 성령께서 주시는 참된 평안과 행복이 충만하기를 간절히 바란다.

시험을 이기는 길
(창 3:1-5; 마 3:16-4:11)

영국의 유명한 소설가 존 번연(John Bunyan)이 쓴 작품들 중에 『천로역정』(天路歷程)이라는 소설이 있다. 1678년에 출판된 책으로 크리스천(Christian)이라는 주인공이 멸망의 도시를 떠나 천국문에 들어가기까지의 험난한 여행 과정을 흥미롭게 묘사하고 있다. 이 소설은 기독교인이 하늘 나라에 이르는 과정에서 여러 가지 시련과 유혹을 만난다는 것을 우화적으로 보여 주고 있다.

실제로 신구약의 모든 신앙인들은 예외 없이 시련과 유혹 속에서 자신의 믿음을 지키고 하나님을 영화롭게 하였다. 그러나 자신에게 닥친 시련과 유혹을 이기지 못한 사람은 하나님을 떠나 멸망의 길에 빠졌다. 사람의 몸을 입고 세상에 오신 예수님 역시 이러한 시련과 유혹에서 자유롭지 못했다. 여기서 말하는 시련과 유혹은 trial(야곱, 요셉, 욥, 다니엘 등)과 temptation(아간, 게하시, 아나니아와 삽비라 등)을 일컫는다. 개역은 이 두 낱말을 때때로 "시험"이라는 말로 묶어서 번역한다.

그 예로 히브리서 4:15를 보면 이런 말씀이 기록되어 있다: "우리에게 있는 대제사장은 우리의 연약함을 동정하지 못하실 이가 아니요, 모든 일에 우리와 똑같이 시험을 받으신 이로되 죄는 없으시니라." 이 본문이 말하는 시험은 하나님께서 주도하시는 시련과 마귀가 주도하는 유혹을 모두 포함한다. 십자가의 고난과 죽음이 시련에 해당하는 것이라면(겟세마네 동산에서의 통곡의 기도), 오병이어 사건 직후에 사람들이 예수를 붙잡아 왕 삼으려 한 것은 유혹에 해당할 것이다. 이와는 대조적으로 주기도문의 "시험에 들게 하지 마옵시고"는 유혹에 해당한다.

시련을 주시는 이유

하나님께서 성도들에게 시련을 주시는 이유는 어디에 있는가? 신자의 믿음을 더욱 튼튼하게 만들기 위해서이다. 일종의 연단인 것이다. 그러나 신앙생활에는 시련만 있는 것이 아니다. 크고 작은 유혹이 끊임없이 신앙생활을 위협한다. 그러한 유혹은 사탄(마귀)이 신자들을 걸려 넘어지게 하기 위해서 만들어내는 것이다. 사탄이라는 낱말 자체가 "고소자, 중상자, 훼방자, 대적자" 등의 의미를 가지고 있다. 사탄은 끊임없이 하나님의 구속 사역을 방해할 뿐만 아니라 계속해서 그리스도인들의 신앙생활을 위협하고 훼방한다.

본문에서 예수께서 당하는 시험은 바로 인류를 구원하려는 하나님의 구속 사업을 훼방하려는 유혹에 해당한다. 사탄은 일찍이 두 번씩이나 예수께서 세상에 오시는 것을 막기 위해 노력한 바가 있다. 그는 먼저 요셉의 마음속에 침투하였다. 요셉과 마리아가 정식으로 결혼하기 전에 마리아가 임신했을 때 요셉은 마리아를 의심하여 파혼하고자 했다. 신명기 22:23에 의하면 처녀인 여자가 남자와 약혼한 후에 다른 남자와 통간하면 돌로 쳐서 죽여야만 했다. 그러나 천사가 꿈속에서 요셉에게 성령 잉태 사실을 알려주어 위기를 넘길 수 있었다. 이에 사탄은 예수께서 탄생하신 후에 헤롯 대왕을 통해 아기 예수를 죽이려고 재차 시도했다. 그러나 하나님의 도우심(천사의 현몽)으로 애굽으로 피신할 수 있었다.

사탄은 이처럼 두 차례에 걸쳐서 예수를 죽이려 했으나 성공하지 못하자 세 번째 기회를 노린다. 그것이 우리가 읽은 본문에 잘 나타나 있다. 예수께서 공생애를 시작하기 위해 40일 금식 기도를 마치신 때는 사탄으로서는 가장 초조하던 때이다. 예수의 활동을 저지하기 위해 그는 자신이 직접 예수를 시험하고자 했다. 여기서 사탄이 어떤 방법으로 예수를 시험했고 예수께서는 그러한 시험을 어떻게 극복하셨는가 하는 것은 오늘의 신자들에게 귀중한 몇 가지의 교훈을 준다.

하나님의 말씀을 의심하지 말라

맨 먼저 사탄은 가정법을 사용한다. 첫 번째와 두 번째 시험은 "만일 네가 하나님의 아들이라면…" 이라는 방식을 취하며, 세 번째 시험은 "만일 내게 엎드려 경배하면…" 이라는 방식을 취한다. 우리는 이 세 시험이 한결같이 "만일"로 시작하는 조건문, 가정문을 가지고 있음을 알 수 있다. 그것은 기정 사실, 이미 확고한 사실을 의심케 만드는 효과를 갖는다.

첫 번째와 두 번째 시험의 경우, 마태복음 3:17에 의하면 예수의 세례를 받으신 직후에 물에서 올라오실 때 하늘에서 선포된 내용이었다: "이는 내 사랑하는 아들이요 내 기뻐하는 자라." 하나님은 많은 사람들이 몰려 있는 요단강가에서 예수가 자신의 사랑하는 아들임을 직접 사람들 앞에 선포하셨던 것이다. 그런데 사탄은 하나님의 이 선언을 가정법 문장으로 교묘하게 바꾼다. "너는 하나님의 아들이 아니다"고 정면에서 부인하지 않고 마치 연막을 치듯이 애매모호하게 "만일 네가 하나님의 아들이라면"이라고 말함으로써 하나님께서 확실하게 선포하신 말씀을 의심하게 만든 것이다.

세 번째 시험의 경우에는 우주 만물이 이미 예수의 것임이 너무도 분명하다. 요한복음 1:3이 이 점을 분명하게 밝히고 있다: "만물이 그로 말미암아 지은 바 되었으니 지은 것이 하나도 그가 없이는 된 것이 없느니라." 따라서 사탄에게 경배할 필요가 전혀 없는 것이다. 그런데도 사탄은 가정법을 씀으로써 마치 만물이 예수의 것이 아니라 자기 것인 양 의심하게 만든 것이다.

이와 비슷한 일은 창세기 2:16-3:5에서도 나타난다. 하나님은 아담과 하와에게 "동산 각종 나무의 열매는 네가 임의로 먹되, 선악을 알게 하는 나무의 열매는 먹지 말라. 네가 먹는 날에는 반드시 죽으리라"(창 2:16-17)고 말씀하신 바가 있다. 그런데 뱀은 하와에게 말한다: "하나님이 참으로 너희에게 동산 모든 나무의 열매를 먹지 말라 하시더냐?"(창 3:1) "먹지 말라!"는 하나님의 분명한 말씀을 "먹지 말라 하시더냐?"는 의문문으로 바꾼 것이다. 또한 뱀은 "모든"이라는 형용사를 써서 선악과에 관한 얘기는 슬쩍 생략하고 있다.

이에 하와가 뱀에게 이렇게 말한다: "동산 나무의 열매를 우리가 먹을 수 있으나 동산 중앙에 있는 나무의 열매는 하나님의 말씀에, '너희는 먹지도 말고 만지지도 말라. 너희가 죽을까 하노라' 하셨느니라"(창 3:2-3). 하와의 답변은 "먹지 말라"에 "만지지도 말라"를 첨가하여 하나님의 말씀을 강조하는 것처럼 보이지만, "정녕 죽으리라"는 말씀을 "죽을까 하노라"고 바꿈으로 하나님의 말씀을 왜곡하고 있다.

뱀은 여자의 왜곡된 말에 "너희가 결코 죽지 않을 것이다"라는 말로 하나님의 말씀을 완전히 뒤집어엎는다. 이로써 여자는 결국 뱀의 꼬임에 넘어가 하나님께서 분명하게 말씀하신 바를 의심하게 되고, 그 결과 유혹에 넘어가 선악과 열매를 따먹게 된다. 유혹에 넘어가는 것은 이처럼 순간이다. 아차 하는 순간에 유혹에 넘어가고 마는 것이다. 각종 뇌물 사건이나 성추행 사건이 이에 해당한다.

하나님의 말씀을 증명하려고 하지 말라

사탄은 기정 사실을 증명하도록 요구하는 방법을 사용하기도 한다. 증명할 필요가 없이 너무도 명확한 사실을 증명해 보라고 요구한다. "네가 정말로 하나님의 아들이라면" 돌이 떡이 되게 하라는 것이나 성전 꼭대기에서 뛰어 내리라는 말이 그렇다. 하나님은 이미 예수께서 세례받으실 때 "이는 내 사랑하는 아들이다"고 선언하신 바가 있다. 따라서 증명이 필요하지 않다. 그런데도 사탄은 하나님의 이러한 말씀을 인간적인 방법으로 증명하여야 그 말씀이 진짜가 된다고 유혹한 것이다.

예수께서는 이처럼 교묘한 시험 앞에서 진퇴양난의 위기에 빠지셨다. 돌을 떡으로 만들면 사탄에게 복종하는 것이 되고 하나님의 진리를 인간적인 방법으로 증명하려는 불신앙에 빠지는 것이 된다. 그 반대로 돌을 떡으로 만들지 못하면 하나님의 아들임을 입증하지 못하는 것이 되어 역시 어려움에 처하게 된다. 그러나 예수께서는 사람이 떡으로만 사는 것이 아니라 하나님의 입에서 나오는 말씀으로 산다는 신명기 8:3 말씀을 인용하심으로 그 위기를 지혜롭게 극복하신다. 이로써 예수께서는 하나님의 말씀은 인간적인 증명이 불필요한 확실한 진리임을 선언하셨고, 하나님의 말씀("이는 내 사랑하는 아들이다")에 전적으로 의지하고 순종하는 본을 보이셨다.

인간의 약점을 공격하는 사탄

사탄은 예수의 가장 약한 곳을 공격한다. 인내심을 가지고서 기다리다가 결정적인 순간을 노리는 것이다. 시험받으실 때 예수는 40일 금식 기도를 마친 후여서 굶주림 때문에 돌이 떡으로 보이는 때였다. 사탄의 첫 번째 유혹은 바로 이때를 노린 것이다. 하나님의 아들이라면 그 능력으로 자신의 굶주림을 해결하라는 것이 사탄의 유혹이었던 것이다. 또한 그것은 로마의 압제를 받으면서 빈곤과 궁핍에 빠져 있던 이스라엘 대중을 빵으로 구원하라는 유혹이기도 했다. 한마디로 말해서 돌을 떡으로 만들어 예수 자신의 굶주림을 해결함과 동시에 그 능력으로 이스라엘 민족을 구제하고 경제적인 어려움을 해결하게 되면, 대중 사이에 선풍적인 인기를 끌게 될 것이라고 유혹한 것이다.

성전 꼭대기에서 뛰어 내리라고 한 두 번째 유혹은 하나님의 말씀(시 91:12)을 인용함으로 더욱 차원 높은 방식으로 예수를 공격한다: "그들이 그들의 손으로 너를 붙들어 발이 돌에 부딪히지 아니하게 하리로다." 성전은 유대인들이 운집하는 장소이다. 군중들 앞에서 능력을 과시하여 슈퍼 스타(Super Star)가 되라는 것이 사탄의 의도였다. 모든 인간에게 똑같이 있는 명예욕을 자극한 것이다. 그렇게 되면 인류 구속 사업이 자동적으로 무산될 것이기 때문이다. 그러나 예수께서는 "주 너의 하나님을 시험하지 말라"고 말씀하심으로, 하나님의 말씀을 증명하려고 하는 것은 하나님을 시험하는 행동임을 분명하게 밝히신다. 이것은 마치 자기 집에 불을 질러 놓고서 하나님께서 보호하실 것이라고 믿는 어리석은 행동과도 같다.

세 번째 유혹은 높은 산에 올라가서 천하만국과 그 영광을 보여 주고서 십자가 고난을 포기하고 세계를 제패하는 권력자가 되라는 의도를 배후에 깔고 있다. 부귀영화를 누릴 일이지 뭐하러 십자가를 지려 하느냐는 것이었다. 이에 대해서도 예수께서는 "사탄아, 물러가라! 기록되었으되, '주 너의 하나님께 경배하고 다만 그를 섬기라' 하였느니라"(마 4:10)고 말씀하심으로써 사탄을 물리치신다.

이상의 세 가지 유혹은 십자가를 지심으로 인류를 구원하시려는 하나님의 계획을 좌절시키려는 시험의 성격을 갖는다. 철저하게 예수의 인간적인 약점만을 공격한 것이다. 물욕(빵), 명예욕, 권세욕 등이 그렇다. 우리는 여기에 성욕이라는 네 번째 요소를 추가할 수 있을 것이다. 오늘날 이 문제로 인해 함정에 빠져서 신세 망치는 사람들이 많다.

근신하고 깨어 있으라

사탄의 유혹은 항상 우리가 약해져 있을 때 온다는 것을 기억해야 한다. 특히 사탄은 가정법이나 의문문을 사용해서 하나님의 은혜와 사랑, 약속 등을 의심하게 만든다. 너의 삶이 그 모양인데 네가 정말로 하나님의 사랑을 받고 있다고 생각하느냐? 정말 하나님의 자녀라면 너의 삶이 그러하겠느냐? 네가 정말 구원받은 자라면 왜 너의 삶에 기쁨과 평화가 없느냐?

이런 식으로 하여 기정 사실을 의심하게 만든다. 요한복음 1:12은 "영접하는 자, 곧 그 이름을 믿는 자들에게는 하나님의 자녀가 되는 권세를 주셨으니"라고 말한다. 로마서 8:28은 "우리가 알거니와 하나님을 사랑하는 자, 곧 그의 뜻대로 부르심을 입은 자들에게는 모든 것이 합력하여 선을 이루느니라"고 말씀한다. 우리 삶에 일시적으로 고난과 어려움이 있을지라도 그것은 하나님의 사랑과 은혜를 더욱 굳게 믿게 하려는 연단인 것이지 하나님을 원망하고 하나님을 떠나게 하는 유혹은 아니다.

욥의 아내 역시 욥에게 하나님을 원망하고 죽으라고 했지만 욥은 결코 그렇게 하지 않았다. 우리는 욥의 신앙을 본받아야 할 것이다. 또한 우리는 하나님의 말씀을 인간적인 방법이나 지혜로 입증하려는 어리석은 신앙을 경계해야 한다. "하나님의 자녀라면 이렇게 해봐라! 하나님께서 이루어주시겠지. 예수 믿으면 하늘에서 쌀이 떨어지냐 돈이 떨어지냐?"는 투의 유혹에 넘어가서는 안 된다. 하나님의 말씀은 신뢰와 신앙의 대상이지 증명의 대상이 아니기 때문이다.

바울은 로마서 5:8에서 다음과 같이 말한다: "우리가 아직 죄인 되었을 때에 그리스도께서 우리를 위하여 죽으심으로 하나님께서 우리에 대한 자기의 사랑을 확증하셨느니라." 하나님은 친히 그리스도의 죽음과 부활을 통해 자신의 사랑을 가장 확실하게 증명하셨다. 하나님 자신이 증명하신 것이다. 따라서 우리가 예수의 죽음과 부활에서 입증된 하나님의 사랑을 믿는다면, 우리는 어떠한 환경에 처해 있을지라도 하나님의 능력과 말씀을 의심해서는 안 될 것이다.

지금 우리가 사는 시대는 모든 신자들이 근신하고 깨어 있어야 할 때이다. 대적 마귀가 우는 사자와 같이 두루 다니며 집어 삼킬 자를 찾는 유혹과 시험의 시대이다(벧전 5:8-9). 우리는 하나님을 바로 믿고 철저하게 하나님을 신뢰함으로써 우리의 삶과 생각 속에 파고드는 사탄의 치밀하고 교묘한 유혹을 넉넉하게 물리칠 수 있어야 할 것이다. 하나님의 전신갑주(엡 6:10-18)로 무장하여 주의 이름으로 모든 유혹에 맞서 승리하는 여러분이 되기를 바란다.

기독교 신앙과 역설: 아브라함의 선택
(창 13:1-9)

　18세기(1726년)에 영국의 조나단 스위프트(Jonathan Swift)가 쓴 유명한 풍자소설이 있다. 『걸리버 여행기』가 그 소설이다. 총 4권(소인국, 대인국, 하늘을 나는 섬나라, 말(馬)나라)으로 구성된 이 소설은 주인공 걸리버가 항해 중에 난파하여 여러 나라들을 돌아다니면서 보고 듣고 경험한 것을 여행기 형식으로 정리한 것이다. 그 첫 번째 책이 유명한 난쟁이 나라 이야기이다. 이 책은 걸리버가 소인국(키가 15cm 정도; 정상인의 1/12에 해당)을 여행하면서 겪은 일을 담고 있다.

　한 번은 작은 나라 사람들끼리 전쟁을 벌이고 있었다. 그 전쟁에서 수만 명이 목숨을 잃었다. 걸리버는 그들이 목숨을 걸고 싸운 이유를 알고 싶었다. 그런데 알고 봤더니 정말 어처구니없는 일을 가지고서 싸우고 있었다. 삶은 계란을 깨뜨려 먹을 때 넓은 쪽 끝을 먼저 깨뜨려 먹어야 하느냐, 아니면 좁은 쪽 끝을 깨뜨려 먹어야 하느냐가 싸움의 발단이었던 것이다. 이 여행기는 사소한 일, 덜 중요한 일을 가지고서 싸우는 세상을 풍자한 것이다.

아브라함과 롯의 갈등

　어떤 싸움이든 반드시 그 이유가 있고 동기가 있다. 아무 이유도 없이 싸우는 경우는 없다. 믿음의 조상 아브라함이라고 예외가 아니다. 그에게도 주변의 다른 사람과 싸운 적이 있었다. 본문에 나오는 롯과의 갈등이 그것이다. 본래 아브라함은 하나님의 부르심을 받아 조카 롯과 함께 하란을 떠나 약속의 땅 가나안으로 간 사람이다. 그는 처음에 벧엘과 아이 사이에 진을 치고 지내다가 남방으로 이주하였고, 기근이 들자 애굽으로 옮겨갔다(창 12장). 창세기 13장에서 아브라함은 다시 가나안으로 돌아오고 남방을 거쳐 맨 처음 거주지인 벧엘과 아이 사이로 복귀한다.

창세기 12:16에 의하면 애굽 왕 바로는 사라의 연고로 아브라함에게 양과 소와 노비와 나귀와 약대를 선물로 주었다. 롯에게도 비슷한 선물을 주었을 것이다. 따라서 애굽을 거쳐 가나안 땅으로 되돌아 왔을 때 아브라함과 롯에게는 많은 재산이 있었다. 우리가 읽은 본문의 1-2절은 그것을 이렇게 표현한다: "아브람이 애굽에서 그와 그의 아내와 모든 소유와 롯과 함께 네게브로 올라가니, 아브람에게 가축과 은과 금이 풍부하였더라." 롯에 대한 언급이 없지만, 다음에 이어지는 말씀을 읽어보면 롯도 그에 포함된다.

그런데 문제가 생겼다. 땅은 좁고 유목(목축업) 때문에 물과 풀로 인하여 목자들 사이에 분쟁이 벌어진 것이다. 애굽 이주 전에는 그러한 문제가 없었으나, 가나안 복귀 이후로 재산이 많아진 탓에 그런 문제가 발생하였다. 그런데 흥미로운 것은 그들이 그렇게 다투는 것을 그곳에 이미 거주하고 있던 가나안 사람과 브리스 사람이 보고 있었다는 점이다. 7절을 다시 읽어보자: "그러므로 아브람의 가축의 목자와 롯의 가축의 목자가 서로 다투고 또 가나안 사람과 브리스 사람도 그 땅에 거하였는지라."

이 본문에 비추어 본다면, 둘 사이의 분쟁은 누가 보아도 하나님을 믿는 사람들로서 바람직하지 못한 일이었다. 창세기 12:3에서 보듯이 하나님은 처음에 아브라함을 부르실 때 "땅의 모든 족속이 너로 말미암아 복을 얻을 것이라"는 약속을 주셨다. 그런데 두 사람 사이에 분쟁이 벌어짐으로써 다른 사람들에게 복을 주기는커녕 본이 되지 못하는 모습을 보이게 되었으니 하나님께 얼마나 욕된 일이었겠는가! 그것은 하나님의 약속에 어긋난 일이기도 했다. 하나님의 복에 역행하는 행동이요, 하나님의 뜻에 불순종하는 것이나 다름이 없었다.

아브라함의 결심과 양보

그리하여 마침내 아브라함은 결단을 내렸다. 롯에게 모든 것을 양보하기로 결심한 것이다. 사실 문제 해결 방법에는 두 가지가 있었다. 그 하나는 아브라함이 연장자의 권위를 가지고서 조카 롯을 강제로 다른 곳으로 몰아내는 것이고, 다른 하나는 어른인 아브라함 자신이 너그러운 마음으로 조카 롯에게 선택권을 양보하는 것이다. 그런데 현실적으로는 롯을 강제로 몰아내는 것이 그에게 선택권을 양보하는 것보다 훨씬 더 쉬운 일이었다. 아브라함은 연장자인데다가 직접 하나님의 부르심을 받은 자였기 때문이다. 더욱이 그는 하나님께로부터 가나안 땅을 약속으로 받기도 했다.

따라서 그는 가나안 땅이 하나님의 선물로 자기에게 주어진 것임을 내걸어 롯을 압박할 수도 있었다. 그러나 그렇게 된다면 롯과의 갈등은 영원히 해결되지 않을 수도 있었다. 감정의 앙금이 남을 것이기 때문이다. 두 식구들 사이의 갈등은 가나안 사람들과 브리스 사람들에게 결코 덕이 되지 않는 일이었다. 아브라함이 무력으로 어린 조카 롯을 쫓아냈다는 소문 역시 아브라함에게는 부담되는 일이 아닐 수 없었다. 그렇다고 서로 싸워서 싸움의 승자가 선택권을 갖기로 하자는 것도 있을 수 없는 일이었다.

　문제를 조용히 끝내는 다른 방법은 롯에게 깨끗이 선택권을 양보하는 일이었다. 그러나 그것 역시 쉬운 일이 아니었다. 새로운 목초지를 찾아 또 다시 정처 없는 여행을 계속해야 하기 때문이다. 아브라함은 크게 고민했다. 자기 안에서 두 가지 생각이 서로 싸운 것이다. 어떤 것이 하나님의 뜻에 부합되는지를 쉽게 결정할 수 없었던 것이다. 그러다가 마침내 그는 자신이 희생하는 방법을 택했다. 그것이 하나님의 뜻에 부합된다고 생각한 것이다. 그 상황에서는 그렇게 하는 것이야말로 하나님께서 가장 원하시는 일이라고 판단한 것이다. 그렇게 함으로써 그는 둘 사이의 분쟁을 완전히 해결했다.

　8-9절에 그 점이 잘 나타나 있다: "우리는 한 친족이라. 나나 너나 내 목자나 네 목자나 서로 다투게 하지 말자. 네 앞에 온 땅이 있지 아니하냐? 나를 떠나가라. 네가 좌하면 나는 우하고 네가 우하면 나는 좌하리라." 한 핏줄이니 싸우지 말자는 것이다. 자기들은 절대로 남들 앞에서 싸워야 할 사람들이 아니라는 것이다. 하나님의 복과 은혜를 전해야 할 사람들이 본분을 망각하고 물과 풀 때문에 싸우고만 있다면 얼마나 수치스러운 일이겠는가! 그는 가나안 사람들 앞에서 둘이 서로 싸우는 것이 결코 하나님의 뜻이 아니라고 판단했다. 그리하여 그는 롯에게 선택권을 양보하기로 한 것이다.

　롯은 어떠한 반응을 보였는가? 그는 아브라함의 제안을 거부할 수도 있었다. 자기가 젊고 힘도 있고 비전도, 꿈도, 미래도 있으니 좀 더 고

생하는 셈치고 다른 곳으로 가겠다고 했어야 옳을 것이다. 그러나 본문에 의하면 롯은 주저 없이 아브라함의 제안을 받아들인 것으로 보인다. 그는 평소부터 마음에 두고 있던 소돔과 고모라를 선택했다. 10절에 의하면 그곳은 여호와의 동산 같고 애굽 땅과 같았다. 롯이 떠난 후에 하나님은 아브라함에게 약속하셨다:

> 너는 눈을 들어 너 있는 곳에서 북쪽과 남쪽 그리고 동쪽과 서쪽을 바라보라. 보이는 땅을 내가 너와 네 자손에게 주리니 영원히 이르리라. 내가 네 자손이 땅의 티끌 같게 하리니, 사람이 땅의 티끌을 능히 셀 수 있을진대 네 자손도 세리라. 너는 일어나 그 땅을 종과 횡으로 두루 다녀 보라 내가 그것을 네게 주리라 (14-17절).

신앙생활의 본질

여기서 우리는 아브라함의 양보가 어떠한 의미를 갖는지를 좀 더 깊이 살필 필요가 있다. 아브라함은 왜 롯에게 선택권을 양보한 것일까? 더 큰 복을 받기 위해서였는가? 하나님께서 복을 주실 줄 알고 양보한 것일까? 공교롭게도 아브라함이 선택권을 양보하고 롯이 자기 갈 길을 가자 하나님은 즉시 아브라함을 만나 복을 주신다. 그러나 아브라함은 이것을 염두에 두고 선택권을 양보한 것이 결코 아니다. 그는 그럴 만한 위인이 아니었다. 계산적인 생각을 가지고서 행동할 만큼 속된 인간이 아니었던 것이다. 순전히 그는 주위의 이방인들에게 본을 보이기 위한 신앙적인 결단에서 선택권을 양보하였다.

"하나님 믿는 사람들은 이렇게 사는 것이다" 라는 점을 그들에게 보여주고 싶었던 것이다. "세상은 이렇게 사는 것이다"라고 그들에게 분명하게 보여주고 싶었던 것이다. "하나님께서 원하시는 삶은 이러한 것이다"라는 교훈을 그들에게 보여주고자 했던 것이다. 참으로 아브라함의 판단 기준은 본질적인 것 또는 더 중요한 것과 비본질적인 것 또는 덜 중요한 것 사이를 구별하는 데에 있었다. 그가 보기에 더 중요한 것은 하나님께서 원하시는 일을 행하는 것이요, 하나님의 약속을 끝까지 믿고 나아가는 것이었다. 그에게 있어서 덜 중요한 것은 물과 풀이 충분한 비옥한 지역, 곧 생활공간을 확보하는 일이었다.

아브라함의 판단은 옳았다. 땅의 약속이 주어졌지만 아직 자기 소유의 땅은 없었다. 원주민이 거주하고 있었기 때문이다. 그에게 있어서 땅을 확보하는 문제는 당장 필요하기는 했어도 유목민으로서 이동 생활하는 단계였으므로 그다지 중요한 문제는 아니었다. 조금만 고생하면 새로운 목초지는 또 발견할 수 있기 때문이다. 더욱이 하나님의 땅 약속은 여전히 약속으로 남아 있었고, 따라서 먼 미래의 일이었다. 그래서 아브라함은 하나님의 부르심에 충실하기 위해서, 하나님 믿는 사람으로서 모범을 보이기 위해서, 하나님의 약속을 믿는 마음으로 롯에게 선택권을 양보하기로 결심한 것이다.

역설적인 신앙의 길

우리가 신앙생활을 할 때에도 비슷한 일을 겪는 경우가 많다. 양자택일의 기로에 설 때가 많다는 얘기다. 그 때문에 자신의 마음속에서 두 가지 생각이 싸우기도 하고, 때로는 다른 사람들(부부, 부모형제 포함)과 싸우거나 언쟁을 벌일 때도 있다. 그때마다 우리는 항상 예수 믿는 사람으로서 무엇이 더 중요하고 무엇이 덜 중요한가를 잘 판단하여 행동해야 한다. 마태복음 6:33에 의하면 먼저 하나님의 나라와 그의 의를 구하라는 말씀이 있다. 신앙생활의 우선순위를 지켜야만 삶에 필요한 모든 것들이 덤으로 주어진다는 것이다. 우리는 이것을 "역설"(paradox)이라 부른다.

덴마크의 실존 철학자 키에르케고르(Kierkegaard)는 기독교의 진리가 역설로 가득 차 있다고 말한 바가 있다. 역설이란 그릇된 것 같으면서도 사실은 옳은 것을 가리킨다. 언뜻 보기에는 진리에 어긋나는 것 같으나 도리어 그 속에 일말의 진리가 포함된 경우를 말한다. 산상수훈을 예로 들 수 있다. 심령이 가난한 자에게 복이 있다, 애통하는 자에게 복이 있다, 온유한 자에게 복이 있다, 의에 주리고 목마른 자에게 복이 있다, 긍휼히 여기는 자에게 복이 있다, 마음이 청결한 자에게 복이 있다, 화평케 하는 자에게 복이 있다, 의를 위해 핍박 받는 자에게 복이 있다는 등의 가르침은 세상에서 가르치는 것과는 너무도 다르다.

마태복음 5:39-44에 있는 "누구든지 네 오른편 뺨을 치거든 왼편도 돌려 대며, 또 너를 고발하여 속옷을 가지고자 하는 자에게 겉옷까지도 가지게 하며, 또 누구든지 너로 억지로 오리를 가게 하거든 그 사람과 십리를 동행하고…"라는 가르침도 마찬가지이다. 마가복음 12:41-44에 보면 가난한 과부의 한 고드란트(두 렙돈) 헌금이 부자의 많은 헌금보다 훨씬 더 많았다는 가르침이 있다. 생활비 전부를 넣었으므로 누구보다 많은 헌금을 했다는 것이다. 낮추는 자가 높아지고 높아지는 자가 낮아진다는 가르침도 마찬가지이다. 섬기는 자가 섬김을 받는다는 것이나 섬김을 받으려 하는 자가 섬기게 되리라는 것도 그렇다.

아브라함은 하나님의 영광을 위해, 아직은 실현되지 않은 약속에 순종하기 위해 땅을 잃기로 작정했다. 그 결과 하나님의 복을 받았고 땅의 약속은 더욱 구체화되었다. 여러분은 교회와 가정과 세상에서 얼마만큼 자신의 것을 양보하면서 살고 있는가? 그리스도의 향기를 발하기 위해서 얼마나 많이 노력하고 있는가? 잃는 자에게 더 나은 선물이 주어진다는 역설적인 신앙에 충실한 여러분이 되시기 바란다. 다른 사람들에게 유익을 끼치기 위해 최선을 다하는 여러분이 되시기 바란다. 아브라함과 같은 위대한 선택을 통하여 하나님의 풍성한 은혜와 복을 체험하는 여러분이 되시기 바란다.

신앙인의 품질혁신
(창 18:1-8)

본인이 재직하고 있는 호남신학대학교는 작년 초까지 오랜 기간 동안 미국 워싱턴 소재의 하워드 대학교와 더불어 목회학 박사과정 프로그램을 공동으로 운영한 적이 있다. 목사들이 주로 등록하여 졸업하는 과정인데, 그 학교에서 작년 여름방학 때 두 명의 교수가 제각기 자기 아내를 데리고 왔다. 오전 중에 수업하고, 오후에는 관광, 여행, 쇼핑 등으로 시간을 보냈다. 6월 13일부터 7월 1일까지 3주 동안 진행되고, 통역은 외국에서 공부하고 온 교수들이 담당했다. 문제는 오후에 어떻게 하면 남는 시간을 유용하게 보내도록 도울 것이냐 하는 것이었다. 가능하다면 한국의 문화와 역사를 잘 이해하도록 돕는 일을 곁들여야 한다는 어려움이 있었다.

3주 동안 그들을 돕기 위한 프로그램을 짰다. 자원봉사 학생을 둘 붙여서 광주와 광주 근교의 중요한 관광지나 유적지를 방문하도록 했다. 담양의 소쇄원, 식영정, 가사문학관, 명지원, 명가은, 남원 광한루, 광주 박민속박물관, 양동시장, 예술의 거리, 5.18 묘역, 강진 고려청자 도요지, 순천 낙안읍성, 선암사, 송광사 등지를 관광토록 하였다. 학교에서 모든 비용을 부담하였다. 주일날에는 한국교회 강단에서 설교할 수 있는 기회를 주었다. 그렇게까지 안 해도 되지만, 모처럼 동부인하고 왔는데 호텔에만 머물러 있게 할 수는 없었다. 그냥 보내면 한국이나 한국 사람에 대한 이미지가 나빠질 수도 있겠다 싶어서 최선을 다해 3주 동안의 여정을 보살폈다.

나그네 접대 문화

우리 한국 사람들에게는 이처럼 자신을 찾아온 손님을 문전박대하지 않는 습성이 있다. 성심성의껏 손님을 접대하고자 하는 마음이 있다는 얘기다. 물론 손님 대접은 쉬운 일이 아니다. 그래서인지 "가는 손님은 뒤꼭지가 예쁘다", "손은 갈수록 좋고 비는 올수록 좋다"는 속담도 있다. 그런데 흥미롭게도 구약성경 역시 정성을 다하여 손님을 접대하는 문화가 있었음을 우리에게 가르쳐 준다. 창세기 본문이 그렇다. 여러분도 잘 아시는 바와 같이 아브라함은 갈대아 우르에서 하나님의 부르심을 받아 약속의 땅 가나안으로 온 사람이다.

오늘의 본문은 하나님께서 아브라함에게 약속을 주시기 위하여 세 명의 천사들을 보내신 이야기를 담고 있다. 9절 이하에 보면 1년 후에 아들을 주겠다는 약속이 주어지고 있음을 알 수 있다. 1-8절의 내용을 요약하면 이렇다. 오정 무렵에 세 명의 방문객이 아브라함의 장막 맞은편에 서 있었다. 아브라함은 더위를 피하여 장막 문 앞에 앉아 있다가 이들을 발견하였다. 그는 즉시 장막 문에서 달려 나가 그들을 영접하였다. 몸을 땅에 굽혀 잠시 머물다 갈 것을 청했다.

3-5절에 의하면 아브라함은 그들에게 다음과 같이 말한다:

> 내 주여, 내가 주께 은혜를 입었사오면 원하건대 종을 떠나 지나가지 마시옵고, 물을 조금 가져오게 하사 당신들의 발을 씻으시고 나무 아

래에서 쉬소서. 내가 떡을 조금 가져오리니 당신들의 마음을 상쾌하게 하신 후에 지나가소서. 당신들이 종에게 오셨음이니이다.

그들이 자신의 제안을 받아들이자 아브라함은 급히 장막으로 들어가 사라에게 밀가루 반죽으로 떡을 만들게 하고, 기름지고 좋은 송아지를 취하여 하인에게 요리를 시킨다(6-7절). 마침내 아브라함은 버터와 우유와 송아지 요리, 떡 등으로 그들을 대접한다(8절).

아브라함은 그들이 하나님께서 보내신 천사들인 줄을 전혀 몰랐다. 그냥 지나가는 나그네들인 줄로 알고 친절하게 대접했을 뿐이다. 농경 사회나 유목 사회에서는 나그네를 친절하게 대접하는 것이 일종의 불문율이요 관습법이었다. 성문법이나 다름없었다. 이 관습법에 따라 그들을 대접했던 것이다. 창세기 19:1-2에도 아브라함의 조카 롯이 두 명의 나그네를 대접했는데 그들 역시 나중에 하나님께서 보내신 자들이었음이 밝혀진다. 본문의 아브라함도 마찬가지이다. 그는 9절 이하에서 하나님의 약속을 듣고서야 그들이 하나님께서 보내신 자들임을 알게 된다.

성도들의 천국 신분증

히브리서 13:2는 아브라함의 이러한 행동을 염두에 둔 말씀이다: "손님 대접하기를 잊지 말라. 이로써 부지중에 천사들을 대접한 이들이 있었느니라." 아브라함의 이러한 행동은 오늘의 기독교인들에게도 그대로 적용된다. 예수 믿는 사람은 아브라함처럼 모든 이웃들에게 친절을 베풀고 사랑과 섬김의 태도를 보여주어야 한다. 아마 그리스도인의 집 대문에는 자신이 출석하는 교회의 명패가 붙어 있을 것이다. 아파트건 일반 주택이건 예외가 아니다. 교회나 성당을 다니는 사람들의 집 대문에는 꼭 교회나 성당의 명패가 붙어 있다.

왜 교회 명패를 붙이는가? 그 교회 성도가 사는 집이니 다른 교회에서 탐내지 말라는 표시인가? 일종의 영역 표시인가? 침범하지 말라는 경고와 위협의 표시인가? 심방의 편리를 위해서 붙여놓은 것일까? 그럴 수도 있다. 그러나 그것이 본질은 결코 아닐 것이다. 그것은 대외적으로 자신의 신앙을 고백하고 표현하는 것이다. 예수 믿는 사람들이 사는 집임을 주변 사람들에게 알리는 표지판이다. 좋은 사람들, 친절한 사람들, 사랑이 많은 사람들, 정직하고 의로운 사람들이 사는 집임을 대외적으로 알리는 것이다. 일종의 천국 신분증이라고 해도 좋을 것이다. 따라서 그것은 누구든지 우리 집에 오는 사람은 적극 환영한다는 의미가 그 안에 내포되어 있다. 문전박대하지 않는 곳이라는 얘기다.

가정뿐만이 아니다. 사업하는 경우도 마찬가지이다. 성구나 교회 달력이 벽에 걸려 있는 가게나 사업장이 있다. 아니면 성화가 벽에 걸려 있는 곳도 있다. 이것은 그냥 멋으로, 장식품으로 걸어둔 것이 아닐 것이다. 거꾸로 자신이 어떠한 사람인지, 그리고 자기 가게나 사업장이 어떠한 곳인지를 알리는 일종의 신앙 표지판이다. 자신이 예수 사랑으로 충만한 사람이요, 자신의 가게나 사업장이 그런 정신으로 운영되는 곳임을 널리 알리는 광고판이나 다름이 없다. 그런 곳에서 만일에 물건을 속여 팔고 사람들에게 거짓을 말하며 부정직한 방법으로 돈을 벌려고 한다면 어떻게 되겠는가? 아니면 교회 명패가 붙어있는 집에서 늘 싸우는 소리가 터져 나오고, 욕설이 난무하고, 주변 사람들에게 좋지 않은 인상을 준다면 어떠하겠는가?

친절과 사랑

우리 집 아이들이 어렸을 때 자주 다녔던 소아과 병원과 본인이 때때로 아플 때면 찾아간 내과 병원이 있다. 이 두 병원을 비교해 보면 의사가 환자에게 친절하게 설명해주는 곳과 그렇지 않은 곳의 차이가 극명하게 드러난다. 친절한 설명이 없는 병원은 환자가 줄거나, 좋지 않은 소문으로 어려움을 당할 것이다. 요즘에는 어떠한 직장이건 간에 반드시 직원들에게 친절교육을 시킨다. 주요 관공서나 백화점, 병원, 약국 등 모두 예외가 아니다. 친절하게 손님들을 맞이하고 친절하게 손님들을 섬겨야 지역 사람들에게 인정받고 고객을 확보하여 상품을 하나라도 더 판매하여 수익을 올릴 수 있기 때문이다.

그래서인지 요즘에는 어느 업체이건 손님을 왕처럼 모시려는 경영에 심혈을 기울이고 있다. 고객들을 만족시키고 감동시키는 경영에 최선을 다하고 있는 것이다. 불만족스런 물건이나 상품은 언제든지 교환할 수 있다. 맘에 안 드는 물건이나 상품은 반품할 수도 있다. 어느 화장품 회사는 1/3까지 사용했더라도 피부 특성에 안 맞으면 교환해 준다. 서비스 혁명, 고객 만족·감동 경영인 셈이다. 상품 판매에 더하여 고객을 끝까지 책임지는 일종의 품질(서비스 포함) 혁신인 셈이다. 왜 그러한가? 세계 경제 시장이 성숙기에 접어들면서 고객 만족, 서비스 확충으로 시선이 옮겨가고 있기 때문이다. 제품의 품질은 비슷하다. 이제는 서비스가 문제인 것이다. 고객을 못 잡으면 망한다는 상식이 서비스 혁명으로 이어지고 있는 셈이다.

교회도 이에서 벗어날 수 없다. 속된 말로 교회는 이제 세상 사람들에게 복음이라는 메시지를 상품으로 판매하고 소개하는 곳이라고도 할 수 있다. 성도들 개개인이 복음 상품의 영업 사원인 셈이다. 그 까닭에 기독교인들은 이제 일상생활 속에서 친절을 생활화하고 주변 사람들에게 좋은 인상을 남기기 위해 최선을 다해야 한다. 그래야 그들이 복음 메시지의 위대함을 깨닫게 될 것이다. 마태복음 5:16은 바로 이 점을 가르치는 귀한 말씀이다: "이같이 너희 빛이 사람 앞에 비치게 하여, 그들로 너희 착한 행실을 보고 하늘에 계신 너희 아버지께 영광을 돌리게 하라." 친절과 사랑, 이것은 가장 효과적인 전도 방법들 중의 하나이다. 어쩌면 가장 효과적인 방법일 것이다.

봉사하는 삶

어떤 신앙 잡지에 보니 이런 재미난 이야기가 있었다. 어떤 교회에 새로운 목사가 부임했다. 교회 바로 앞에 슈퍼마켓이 있는데, 몇 달 후에 그 가게 주인이 자기 집에 찾아오는 교회 성도들에게 이렇게 말하는 것이었다: "새로 오신 목사님이 아주 훌륭하신 분인가 봐요?" 왜 그렇게 생각하느냐고 묻자, 대답이 걸작이었다. 그 전에는 교인들이 빚을 잘 갚지 않아서 마음고생이 심했는데, 새로운 목사가 부임한 후로 그런 사람들이 현저하게 줄어들었다는 것이다. 사소한 이야기 같지만, 새겨들을 만한 귀한 교훈을 담고 있다. 예수 믿는 사람들은 일상생활 속에서 절대로 주변 사람들에게 좋지 않은 인상을 남겨서는 안 된다. 그것은 주님을 욕되게 하는 것이요, 교회를 욕되게 하는 것이다.

산상수훈에서 하나님의 백성이 빛과 소금의 역할을 해야 한다는 말

쏨도 같은 맥락에서 이해할 수 있다. 마태복음 25:31-40의 양과 염소 비유도 마찬가지이다:

> 인자가 자기 영광으로 모든 천사와 함께 올 때에 자기 영광의 보좌에 앉으리니, 모든 민족을 그 앞에 모으고 각각 구분하기를 목자가 양과 염소를 구분하는 것 같이 하여, 양은 그 오른편에 염소는 왼편에 두리라. 그 때에 임금이 그 오른편에 있는 자들에게 이르시되, "내 아버지께 복 받을 자들이여, 나아와 창세로부터 너희를 위하여 예비된 나라를 상속 받으라. 내가 주릴 때에 너희가 먹을 것을 주었고 목마를 때에 마시게 하였고, 나그네 되었을 때에 영접하였고, 헐벗었을 때에 옷을 입혔고, 병들었을 때에 돌보았고, 옥에 갇혔을 때에 와서 보았느니라." 이에 의인들이 대답하여 이르되, "주여, 우리가 어느 때에 주께서 주리신 것을 보고 음식을 대접하였으며, 목마르신 것을 보고 마시게 하였나이까? 어느 때에 나그네 되신 것을 보고 영접하였으며 헐벗으신 것을 보고 옷 입혔나이까? 어느 때에 병드신 것이나 옥에 갇히신 것을 보고 가서 뵈었나이까?" 하리니, 임금이 대답하여 이르시되, "내가 진실로 너희에게 이르노니, 너희가 여기 내 형제 중에 지극히 작은 자 하나에게 한 것이 곧 내게 한 것이니라" 하시고.

이제 한국교회의 부흥은 일상생활의 변화에서 발견해야 한다. 사회 봉사, 친절 운동의 확산을 통하여 비기독교인들에게 좋은 인상을 주는 것이야말로 교회 부흥의 지름길인 셈이다. 한국교회 초기 선교사들의 의료, 교육 봉사도 마찬가지이다. 그들은 처음부터 복음을 전한 것이 아니었다. 최일도 목사의 사랑 실천도 처음에는 복음 선포 없이 순수한 복음 정신의 실천으로 일관했다. 그러다가 그의 정체가 알려지면서 교회의 이미지 제고에 크게 기여한 것이다. 여러분도 본문의 아브라함처럼 자신과 접촉하는 모든 사람들에게 친절을 베풀고 사랑을 나누며, 유익을 주는 하나님의 복된 사람들이 되시기 바란다.

하나님의 가능성을 믿으라
(창 18:10-14)

요즘 TV를 켜보면 아이들이 즐겨 보는 각종 오락 프로그램들이 대단히 많다는 것을 알 수 있다. 이들 오락 프로그램들은 한결같이 유명 개그맨(우먼)이나 가수들 또는 텔런트, 심지어는 아나운서까지 동원하여 사람들의 인기를 끌려고 애쓰고 있다. 이들 프로그램들 중 상당수가 인기 프로 순위에서 상위권을 차지하고 있다는 것을 보면 그 인기가 어느 정도인지 짐작할 수 있다. 왜 사람들이 그런 프로그램들을 즐겨 보는 것일까? 한마디로 말해서 그 내용이 시청자들의 생각이나 예측을 어긋나게 한다는 데 있다. 어떤 장면이 나오면 그 다음 장면이 어떻게 진행될지 예측할 수가 없다. 어떤 대사가 나올 경우에도 그렇다. 뻔히 아는 내용이 나온다면 누가 그 프로를 보고서 재미를 느끼겠는가?

예상할 수 없는 기상천외한 동작과 말이 나오기 때문에 사람들이 그걸 즐겨 본다. 어떻게 보면 하찮은 말장난에 지나지 않는 것이지만, 그래도 사람들은 생각지 못한 동작과 말투에 재미있어 한다. 그 프로들을 보면서 때때로 우리 인간의 삶이 그렇지 않나 하는 생각을 해본다. 인간만사 새옹지마라는 말이 있지 않은가? 사람의 일은 아무도 예측할 수 없다는 것이다. 앞일을 어느 정도는 예측할 수 있겠지만, 먼 미래까지 예측한다는 것은 불가능에 가깝다. 여러분 자신의 현재 모습을 생각해 보라. 어렸을 때 또는 젊었을 때 여러분이 지금과 같은 상황에 있을 것이라고 생각이나 해본 적이 있는가? 아니면 자녀들의 현재와 미래를 생각해 보라. 누가 자기 자녀들의 미래를 완전하게 알 수 있겠는가?

상상을 초월하는 하나님의 약속

이렇게 인간의 삶이 예측할 수 없는 일들로 가득 차 있기 때문에 세상살이가 힘들기도 하지만, 반대로 재미나기도 한 것이다. 그런데 가만히 보면 이러한 예측 불가능성은 인간 세계에만 있는 것이 아니다. 세상을 창조하시고 이끌어 가시는 하나님에게서도 발견된다. 신구약 성경 전체가 하나님의 그러한 모습에 대해서 증거한다. 이번에는 그 많은 예들 중에서도 믿음의 조상 아브라함의 생애에 초점을 맞추고자 한다. 우리가 잘 아는 바와 같이 아브라함은 75세 때에 메소포타미아 지역에서 하나님의 부름을 받았다. 하나님의 부르심에 순종한 아브라함은 아내 사라와 조카 롯을 데리고서 하란을 떠나 약속의 땅 가나안으로 갔다.

아브라함이 하나님의 부르심을 받을 때에 하나님은 그에게 두 가지 약속을 주셨다. 그에게서 하늘의 별처럼, 땅의 티끌처럼, 바다의 모래처럼 많은 자손이 생겨나게 하겠다는 것이 첫 번째 약속이었고, 가나안 땅을 그와 그의 후손에게 주겠다는 것이 두 번째 약속이었다. 이른바 자손의 약속과 땅의 약속이 그에 해당하는 것이다. 그런데 이상하게도 이 두 약속은 아브라함 생전에 쉽게 이루어지지 않았다. 특히 자손의 약속이 그러했다. 하나님의 약속과는 달리 아브라함과 사라 사이에는 자식이 없었던 것이다. 부름 받을 때의 나이가 75세, 65세였는데 자식이 없었으니 그때 받은 약속이 어떻게 이루어질지는 아무도 알 수 없었다. 아니, 이루어질 수 없다고 보는 것이 정답이었을 것이다.

그래선지 두 사람은 하나님의 약속을 기다리지 못하고서 하갈을 첩으로 취하여 이스마엘을 낳았다. 그러나 하나님은 이스마엘을 약속의 자손으로 인정하지 않으셨다. 도리어 하나님은 아브라함이 99세 되던 해에 그를 만나시고 1년 후에 사라에게 아들이 있을 것이라고 말씀하셨다(창 17장). 그리고 이어서 오늘 읽은 18장에서 하나님은 다시금 아브라함에게 아들 약속을 주신다. 10절을 보면 이렇다: "내년 이맘때 내가 반드시 네게로 돌아오리니 네 아내 사라에게 아들이 있으리라."

하나님의 이 약속은 인간의 상상을 초월하는 것이다. 누구도 남자가 100세 때에, 그리고 여자가 90세 때에 아들을 낳을 것이라고 생각할 수 없기 때문이다. 11절은 이러한 현실을 인정하고 있다: "아브라함과 사라는 나이가 많아 늙었고 사라에게는 여성의 생리가 끊어졌는지라"(개역개정판); "아브라함과 사라는 이미 나이가 많은 노인들이고, 사라는 월경마저 그쳐서, 아이를 낳을 나이가 지난 사람이다"(표준새번역). 임신과 출산이 절대 불가능하다는 것이다. 그렇게 본다면 하나님의 약속은 참으로 엉뚱한 것이다. 인간의 상상과 생각을 초월한 것이다. 사람의 예상과 예측을 완전히 빗나간 것이다.

인간의 불가능성

사라가 약속을 듣는 순간에 속으로 웃은 것은 지극히 당연한 것이다. 12절에 보면 웃으면서 속으로 중얼거리는 사라의 모습이 잘 설명되어 있다: "내가 노쇠하였고 내 주인도 늙었으니 내게 무슨 즐거움('에드나'=에덴의 기쁨)이 있으리요!' 그러자 하나님은 자신의 약속을 웃음으로 넘기려는 사라의 불신앙을 나무라시면서 재차 자신의 약속을 확증하신다: "사라가 왜 웃으며 이르기를, '내가 늙었거늘 어떻게 아들을 낳으리요!' 하느냐? 여호와께 능치 못한 일이 있겠느냐? 기한이 이를 때에 내가 네게로 돌아오리니 사라에게 아들이 있으리라"(13-14절).

우리는 하나님의 약속과 사라의 반응 사이에서 중요한 사실 한 가지를 발견할 수 있다. 먼저 우리가 주목할 것은 사라의 반응이 철저하게 인간의 불가능성에 초점을 맞추고 있다는 점이다: "내 나이가 얼만데… 월경도 끊어졌는데… 내가 늙었거늘 어떻게 아들을 낳으리요?"(12-13절) "내가 이 나이에 어떻게 낳을 수 있겠는가?" 하는 것이 사라의 생각인 것이다. 그러나 하나님의 생각과 계획은 다르다. 10절에 보면 "내년 이맘때에 내가 반드시 너를 다시 찾아오겠다. 그 때에 사라에게 아들이 있을 것이다"는 말씀이 주어진다. 이 말씀은 곧 하나님이 아들을 주시겠다는 것을 뜻한다. 사라가 자녀를 낳는 것은 불가능하지만, 하나님께서 친히 아들을 주심으로써 그 불가능을 가능으로 바꾸시겠다는 것이다.

아브라함과 사라의 문제가 바로 여기에 있다. 두 사람은 생물학적인 차원에서만 하나님의 약속을 이해한다. 전능하신 하나님께서 하실 일을 사람의 상식으로 이해하려고 한 것이다. 17장에서 하나님의 약속에 대하여 아브라함이 보인 반응에서도 똑같은 잘못이 발견된다:

"내가 그에게 복을 주어 그가 네게 아들을 낳아 주게 하며 내가 그에게 복을 주어 그를 여러 민족의 어머니가 되게 하리니 민족의 여러 왕이 그에게서 나리라." 아브라함이 엎드려 웃으며 마음속으로 이르되, "백 세 된 사람이 어찌 자식을 낳을까? 사라는 구십 세니 어찌 출산하리요!" 하고 (16-17절).

하나님의 가능성

그러나 하나님은 두 사람의 이러한 반응을 충분히 이해하신다. 그러기에 부드러운 말로 그들을 설득하신다. 그 핵심적인 것이 14절 상반절에 나온다: "여호와께 능하지 못한 일이 있겠느냐?" 이 말씀에 의한다면, 아브라함과 사라가 아들을 갖게 되는 것은 순전히 하나님의 능력에 의해서 되는 것이다. 사람의 차원에서 본다면 두 사람 사이에 아들이 태어나는 일은 절대 불가능하다. 두 사람 다 나이가 많은데다가 사라의 태가 말라버려 임신 자체가 안 되기 때문이다. 이러한 상황 속에서 생명의 탄생이 가능케 되는 것은 오로지 하나님의 능력에 의해서이다. 하나님의 능력이야말로 불가능한 상황을 가능케 하는 것이다. 하나님은 바로 이 점을 두 사람에게 강조하고 계신 것이다.

하나님의 능력, 하나님의 가능성은 인간의 상식으로, 인간의 머리로, 논리로 예측할 수 없다. 누가 100살, 90살 노인들에게 아들이 생겨날 것임을 생각이나 했겠는가? 그것은 인간의 삶에서 결코 경험할 수 없는 일이다. 그런데 하나님께는 그것이 가능하다. 불가능한 현실이 가능한 현실로 바뀌는 것이다. 어느 누구도 상상하지 못하는 방식으로 하나님은 자신의 약속을 이루신다. 이사야 55:8-9에 이 점이 잘 반영되어 있다:

> 이는 내 생각이 너희의 생각과 다르며
> 내 길은 너희의 길과 다름이니라.

여호와의 말씀이니라.
이는 하늘이 땅보다 높음 같이
내 길은 너희의 길보다 높으며
내 생각은 너희의 생각보다 높음이니라."

하나님의 방법

이것은 역사를 이끌어 가시고 자신의 약속을 이루시는 하나님의 생각과 방식이 사람의 것과 같을 수 없음을 뜻한다. 사람의 방식이란 무엇을 뜻하는가? 인간은 누구나 불가능한 현실에 부딪히면 쉽게 포기하고 절망한다. 그리고 사람의 차원에서 가능한 방법을 연구한다. 아브라함과 사라도 그랬다. 하갈을 취하여 이스마엘을 낳은 것이다. 하나님께서 1년 후에 아들을 주겠다고 약속하셔도 그들은 믿지를 못한다. 도리어 그들은 하나님의 약속을 듣고서 비웃는 듯한 태도를 보인다. 자기들의 노쇠한 모습을 보면서 한숨짓는 모습을 보인다. 그러나 하나님은 그들이 진정으로 웃을 것임을 약속하신다. 그리하여 아들 이름을 "이삭"이라 짓도록 명하신다. 인간의 한숨을 기쁨이 넘치는 웃음으로 바꾸시겠다는 것이다.

이것이 바로 하나님의 방법이다. 사람이 도무지 생각할 수 없는 방식으로 불가능을 가능케 하시는 것이다. 요셉의 생애를 생각해 보라. 어려서 형제들의 시기심에 휘말려 애굽에 종으로 팔렸지만, 결국에는 애굽의 총리가 된다. 요셉은 7년 풍년이 들었을 때 그 다음에 올 7년 흉년을 대비하여 곡물을 충분하게 저장해 둔다. 요셉의 지혜로운 국가 경영으로 인하여 많은 사람들이 생명을 건진다. 그리고 야곱 일가족 역시 요셉을 만나 풍족한 양식을 얻게 된다. 우리는 요셉의 이야기에서 하나님의 무한대한 가능성이 어떻게 펼쳐지는지를 배운다.

요셉은 자신의 삶을 돌이켜보면서 마침내 형들 앞에서 이렇게 고백한다: "당신들은 나를 해하려 하였으나 하나님은 그것을 선으로 바꾸사 오늘과 같이 많은 백성의 생명을 구원하게 하시려 하셨나니"(창 50:20). 요셉의 삶은 불가능해 보이는 것들의 연속이었다. 그런데도 하나님은 그것을 전부 가능한 것들로 바꾸셨다. 그리하여 만민의 생명을 구원하는 기적을 일으키신 것이다. 홍해에서의 구원도, 여리고 성 함락도, 기드온의 300용사를 통한 구원도, 다윗이 골리앗을 무찌른 것도 전부 같은 차원에 속한 것이다. 하나님은 중요한 순간마다 도무지 예측할 수 없는 방식으로 불가능한 상황을 가능한 상황으로 바꾸시는 분이다.

하나님의 가능성은 참으로 사람의 머리로 측량할 수 없는 것이다. 사람의 지혜로 판단할 수 없는 것이다. 따라서 우리는 자신의 지식이나 논리로 하나님의 능력을 판단해서는 안 된다. 하나님의 가능성을 사람의 상식으로 측량하려고 해서도 안 된다. 우리는 스가랴 4:6에 있는 말씀의 의미를 곰곰이 되새길 필요가 있다: "…여호와께서 말씀하시되, '이는 힘으로 되지 아니하며 능력으로 되지 아니하고 오직 나의 영으로 되느니라.'" 여러분은 늘 이 말씀을 기억하면서, 어렵고 힘들 때마다 항상 하나님의 가능성을 생각하시기 바란다. 우리의 상상과 예측을 초월하는 하나님의 무한대한 가능성 속에서 날마다 새로운 희망과 용기를 발견하시기 바란다. 불가능한 것을 가능케 하시는 하나님의 능력을 믿음으로 날마다 놀라운 기적을 체험하는 여러분이 되시기 바란다.

나는 지금 어느 정도 높이에 있는가?
(창 19:12-28)

"동가식 서가숙"(東家食 西家宿)이라는 한자말이 있다. 이 글귀는 동쪽 집에서 밥을 먹고 서쪽 집에서 잠을 잔다는 뜻의 관용어이다. 이 표현이 요즘에는 먹을 것이나 입을 것 또는 잠잘 데가 없어서 정처 없이 떠돌아다니는 신세를 일컫는다. 그러나 이 표현은 본래 다른 데에 그 내력을 가지고 있다. 그 내력은 다음과 같다. 어느 고을에 나이가 찬 딸을 둔 아버지가 있었는데 마땅한 혼처가 없어서 크게 걱정을 하고 있었다. 그러던 어느 날 느닷없이 혼처가 두 군데나 한꺼번에 나타난다.

그러나 막상 알아보았더니 두 혼처의 사정이 아주 딴판이었다. 한쪽 혼처는 동쪽에 사는 총각으로 몸은 약하지만 재산이 매우 많았고 다른 혼처는 서쪽에 사는 총각으로 집안은 넉넉하지 않으나 매우 건강한 청년이었다. 쉽게 결정을 내리지 못한 아버지는 딸을 불러 이러한 사정을 이야기하고 딸의 결정을 따르기로 하였다. 아버지의 설명을 들은 딸은 다음과 같은 대답을 하였다. '밥은 동쪽 집에 가서 먹고 잠은 서쪽 집에 가서 자죠, 뭐.' 즉 동가식 서가숙하겠다는 대답이었다.

동가식 서가숙 신자

요즈음 교회 안을 들여다보면 이처럼 동가식 서가숙하는 사람들이 많다. 이런 사람들은 한 발은 세상에, 그리고 남은 발은 천국에 딛고 사는 자들이다. 몸은 동쪽 교회에서 예배드리고 마음은 서쪽 세상을 곁눈질하는 사람들이다. 달리 말해서 세상도 버리지 못하고 천국도 버리지 못하는 신자들이다. 이러한 동가식 서가숙 신자의 전형을 우리는 롯의 아내에게서 찾을 수 있다.

본래 롯은 아브라함과 같이 하란 땅을 버리고 약속의 땅을 향해 떠난 아브라함의 조카였다. 이 두 사람이 결국은 같이 살 수 없을 만큼 가축 떼가 늘어났다. 그 일로 인해 아브라함의 목자와 롯의 목자가 여러 차례 다투었다. 문제를 느낀 아브라함은 조카 롯에게 중요한 제안을 하였다: "네 앞에 온 땅이 있지 아니하냐? 나를 떠나가라. 네가 좌하면 나는 우하고 네가 우하면 나는 좌하리라"(창 13:9).

롯은 물이 넉넉해 보이는 소돔과 고모라 지역을 선택하였다. 그곳은 겉으로 보기에는 좋은(비옥한) 땅이었으나 죄악과 강포가 가득한 땅이었다. 창세기 13:13은 다음과 같이 말한다: "소돔 사람은 여호와 앞에 악하며 큰 죄인이었더라." 아브라함은 롯에게 좋은 땅을 양보하고 자신은 척박한 땅을 선택했지만 결국은 하나님의 큰 복을 받았다: "너는 눈을 들어 너 있는 곳에서 북쪽과 남쪽 그리고 동쪽과 서쪽을 바라보라. 보이는 땅을 내가 너와 네 자손에게 주리니 영원히 이르리라"(창 13:14-15).

마침내 롯이 거주하던 소돔과 고모라는 죄악이 너무 중하므로 하나님께 심판을 받아 망하게 되었다. 사람 눈에 살기 좋아 보이던 소돔과 고모라는 결국 열 사람의 의인이 없어서 멸망하게 된 것이다. 멸망 직전에 하나님은 천사들을 그들에게 보내셨다. 롯은 두 사위에게 떠날 것을 권면했으나 그들은 롯의 경고를 농담으로 여겼다.

롯 자신도 소돔과 고모라에 미련이 많아 멸망 예정 날 아침 일찍 떠나기를 지체하였다. 그러자 천사들이 직접 그들을 강제로 성 밖으로 이끌어 내었다. 그러면서 그들에게 마지막 경고를 주었다: "도망하여 생명을 보존하라. 돌아보거나 들에 머물지 말고 산으로 도망하여 멸망함을 면하라"(창 19:17). 롯이 근처의 소알 성으로 피신하자 해가 돋았고, 하나님은 유황과 불을 비같이 소돔과 고모라에 내리셔서 그 성과 온 들과 성에 거하는 모든 백성과 땅에 난 것을 다 엎어 멸하셨다.

그런데 불행하게도 롯의 아내는 뒤를 돌아본 고로 소금 기둥이 되고 말았다. 그녀는 가족들이 다 떠나기 때문에 마지못해 따라 나선 것이었다. 그녀의 마음은 소돔과 고모라에 있었다. 그녀는 소돔과 고모라의 멸망이 믿어지지가 않아서, 그곳에 두고 온 재물과 부귀영화가 너무도 아까워서, 그것들이 정말로 다 타버리는지 궁금해서 뒤를 돌아본 것이다.

롯의 아내가 이렇게 하나님의 명령을 어겨가면서까지 뒤를 돌아본 것은 그녀가 평소에 얼마나 하나님과 세상을 겸하여 섬겼는가를 잘 보여준다. 예수님은 산상수훈에서 다음과 같이 말씀하셨다: "한 사람이 두 주인을 섬기지 못할 것이니, 혹 이를 미워하고 저를 사랑하거나, 혹 이를 중히 여기고 저를 경히 여김이라. 너희가 하나님과 재물을 겸하여 섬기지 못하느니라"(마 6:24).

신앙적인 이중인격을 버려라

믿는 자에게 동가식 서가숙 스타일의 절충 신앙이라는 것은 있을 수가 없다. 동가식 동가숙 아니면 서가식 서가숙이 존재할 따름이다. 바울은 고린도후서 11:2에서 다음과 같이 말한다: "내가 하나님의 열심으로 너희를 위하여 열심을 내노니, 내가 너희를 정결한 처녀로 한 남편인 그리스도께 드리려고 중매함이로다." 바울은 이 말씀을 통하여 예수님이 우리의 신랑이요 우리는 그의 신부임을 강조하고 있다. 그런데 바울의 이 말씀에 의하면 동가식 서가숙하는 신앙은 한 처녀가 두 신랑을 섬기겠다는 것이나 다름이 없다. 한 처녀가 두 신랑을 섬기는 것은 윤리적으로 용납될 수 없는 행동이다. 하물며 정결한 처녀로 한 남편인 그리스도와 연합한 신자에게 있어서는 더 말할 필요가 없다.

하나님은 계시록 말씀을 통해 우리에게 경고하신다: "내가 네 행위를 아노니 네가 차지도 아니하고 뜨겁지도 아니하도다. 네가 차든지 뜨겁든지 하기를 원하노라. 네가 이같이 미지근하여 뜨겁지도 아니하고 차지도 아니하니, 내 입에서 너를 토하여 버리리라" (계 3:15-16). 동가식 서가숙하는 신자는 차지도 아니하고 덥지도 아니한 신자를 말한다. 하나님도 적당히 믿고 세상도 적당히 섬기는 영적인 이중인격자를 일컫는다.

바울은 과거에 자신이 배우고 터득한 세상 지식과 각종 자랑거리를 대단히 중시한 사람이었다. 그러나 주님의 종으로 변화된 뒤에는 그의 가치관과 삶의 기준이 완전히 바뀌었다. 빌립보서 3:7-9a에서 그는 자신의 신앙을 다음과 같이 밝힌다:

> 그러나 무엇이든지 내게 유익하던 것을 내가 그리스도를 위하여 다 해로 여길뿐더러, 또한 모든 것을 해로 여김은, 내 주 그리스도 예수를 아는 지식이 가장 고상하기 때문이라. 내가 그를 위하여 모든 것을 잃어버리고 배설물로 여김은 그리스도를 얻고 그 안에서 발견되려

함이니.

세상을 상대화시켜라

이처럼 그리스도 안에 있는 자에게는 세상 모든 것이 상대화된다. 하나님은 절대적인 분이므로 하나님의 눈으로 보면 세상에 속한 모든 유익한 것들이 보잘것없는 것으로 상대화된다. 서울의 여의도에 있는 63빌딩이나 미국 뉴욕에 있는 엠파이어 스테이트 빌딩에 올라가 보면 그 점을 알 수 있다. 거기서 밑을 내려다보면 사람이고 자동차고 모두가 새까만 점으로 보인다.

성도들은 이미 세상을 떠나 수천 미터 높이에 올라와 있는 자들이다. 이러한 성도들에게 땅의 것이 크게 보이면 어떻게 되겠는가? 성도들이 세상 권세를 탐하고 세상 재물을 내려다보고 세상의 부귀영화를 내려다본다면 어떻게 되겠는가? 그리스도 없는 세상, 그리스도가 없는 지식, 명예, 재물 등은 어느 것도 쓰레기 더미나 배설물 이상의 가치를 가지지 못한다는 사실을 기억하자.

여러분은 지금 세상을 떠나 몇 미터 높이에 올라와 있는가? 여러분은 지금 동가식 서가숙 신자인가 아니면 동가식 동가숙 신자인가? 롯의 아내와 같이 뒤돌아보는 삶을 살고 있는가 아니면 믿음의 주요 온전케 하신 이인 예수 그리스도만을 바라보고 사는가? 조용히 자신을 돌아보고 하나님의 풍성한 은혜와 복을 누리기 위해 새롭게 결단하는 여러분들이 되기를 바란다.

웃게 하시는 하나님
(창 21:1-7)

1994년 9월부터 1995년 8월까지 미국의 컬럼비아 신학교에서 1년 동안 안식년을 보내던 중 어느 날 "스피드"라는 미국 영화를 비디오로 본 적이 있다. 우연히 본 영화였는데 나중에 알고 보니 아주 유명한 영화였고, 한국 극장에서도 상영이 되었었고 또 비디오로도 나왔다. 이 영화를 보면 어떤 범인이 일정 속도 이상 운전하지 않으면 폭탄이 터지게 되는 식으로 시내 버스에 폭탄 장치를 한다.

갈수록 빨라지는 세상

이 영화를 보면서 오늘의 우리가 그처럼 폭탄 장치가 된 시내버스를 탄 사람들이 아닌가 하는 생각이 든다. 실제로 요즘 세상에서는 일정 속도 이상 내지를 못하면 세상에 적응하지 못한 채로 도태 당하는 게 현실이다. 기업체의 감원 바람에서 우리는 그것을 확인할 수 있다. 갈수록 모든 것이 빨라진다. 음식문화나 거리 유행이 그것을 여실히 우리에게 보여 준다. 21세기를 정보화 시대라 하듯이 엄청나게 빠른 속도로 온갖 정보가 여기저기에서 쏟아져 나오고 있다. 기술 문명의 진보도 눈부실 정도로 빠르다. 인터넷의 급속한 확산과 휴대폰의 비약적인 발전이 그 대표적인 예에 속할 것이다.

그러다 보니 사람들 마음에 여유가 없어졌다. 인내하고 오래 참는 사람을 찾기가 점점 어려워진다. 엘리베이터를 오를 때나 교차로를 운전할 때 그것을 확인한다. 2-3초만 기다리면 되는 것을 사람들은 그 순간을 참지 못하고서 닫힘 단추를 누른다. 교차로를 운전할 때에도 조금만 기다리면 될 텐데, 위험을 무릅쓰고 신호를 위반한 채로 교차로를 가로지르다가 사고를 낸다. 그뿐이 아니다. 각종 스트레스는 늘어가고 신경성 환자도 늘어난다. 속도에 맞추어 무엇이든지 빠르게만 하려고 하다 보니까 각종 사고도 많다.

외국에서는 이러한 질주 논리의 폐해를 줄이려는 노력이 활발하다. 독일에는 템푸스(Tempus)라는 시간 지체를 위한 모임이 있다. 이 모임의 회원들은 가끔 번화한 길거리에 나가서 "서두르십시오!"라는 반어적인 팻말을 들고 조용히 시위를 벌이기도 한다. 햄버거나 피자 등의 고속 음식 행태에 저항하여 의식적으로 천천히 먹는 음식 문화를 지키려는 Slow Food 협회도 있다.

한없이 기다리게 하시는 하나님

우리 그리스도인들은 어떻게 해야 할까? 갈수록 빨라지는 추세를 막을 수는 없다. 따라갈 수밖에 없다. 그러나 그것이 삶의 전부는 아니다. 성경이 우리에게 그것을 가르쳐 준다. 오늘 본문에 보면 아브라함이 하나님 말씀대로 100세에 아들 이삭을 낳았음을 알 수 있다. 이때 사라는 90세였다. 하나님은 처음에 아브라함과 사라에게 많은 자손을 얻을 것이라는 약속을 주셨다. 그래서 그들의 이름도 그에 맞는 것으로 바꾸어 주셨다. "아브라함"(많은 무리의 아비)이라는 이름과 "사라"(여주인=열국의 어미)라는 이름이 그렇다.

그런데도 사라는 얼른 자식을 낳지 못했다. 아브라함이 75세 때에 하나님 약속을 받아 하란을 떠났으니까 무려 25년을 기다린 후에야 아들을 낳은 셈이다. 요즘 같은 속도 개념으로 생각하면 느려도 보통 느린 것이 아니다. 요즘 사람들이 25년 세월을 그렇게 기다릴 수 있을까? 아브라함조차도 하갈을 통해 이스마엘을 낳았고 엘리에셀을 상속자로 생각할 정도였는데 우리는 어떻겠는가?

아브라함의 아들 이삭도 마찬가지였다. 40세에 리브가와 결혼했지만 리브가가 임신을 못했다. 20년 세월이 지난 후인 60세에 가서야 에서와 야곱 쌍둥이를 낳을 수 있었다. 야곱이 사랑하던 아내 라헬은 또 어떠했는가? 아이를 낳지 못해 얼마나 안타까워했는가? 하나님은 왜 이처럼 오랜 세월을 기다리게 하실까? 우리는 그 해답을 본문에서 찾을 수 있다.

웃으면서 살라는 가르침

본문에 의하면, 사라는 90세에 약속대로 아들 이삭을 낳고서 "하나님이 나를 웃게 하시니 듣는 자가 다 나와 함께 웃으리로다"(6절)라고 고백한다. 본래 이삭(히브리어로는 '이츠하크')이라는 이름은 "그가 웃었다, 웃고 있다, 웃을 것이다"는 뜻의 낱말이다. 하나님은 왜 이삭이라는 이름을 주셨을까? 창세기 17:15-17을 보면 그 이유를 알 수 있다:

하나님이 또 아브라함에게 이르시되, "네 아내 사래는 이름을 사래라 하지 말고 사라라 하라. 내가 그에게 복을 주어 그가 네게 아들을 낳아 주게 하며, 내가 그에게 복을 주어 그를 여러 민족의 어머니가 되게 하리니 민족의 여러 왕이 그에게서 나리라." 아브라함이 엎드려 웃으며 마음속으로 이르되, "백 세 된 사람이 어찌 자식을 낳을까? 사라는 구십 세니 어찌 출산하리요!" 하고.

아브라함의 반응을 보시면서 하나님은 그 이름을 이삭이라 정하셨다. 18장 12절에 의하면 사라가 하나님의 약속을 못 믿고서 웃는다. 그녀는 1년 후에 아들을 낳을 것이라는 하나님의 말씀에 속으로 웃는다: "사라가 속으로 웃고 이르되, '내가 노쇠하였고 내 주인도 늙었으니 내게 무슨 즐거움이 있으리요!'" 하나님은 사라가 왜 웃느냐고 묻지만 사라는 웃지 않았다고 부인한다.

아브라함과 사라의 웃음은 우리가 흔히 말하는 "웃기고 있네!"라는 의미의 웃음이었다. 그들은 하나님께서 아들을 주시겠다고 한 약속을 그냥 웃음으로 받아 넘겼다. 코미디(농담; 롯의 두 사위) 정도로 생각한 것이다. 하나님은 아들 약속을 믿지 못한 채로 웃는 아브라함과 사라의 웃음을 보시고서 이삭이라는 이름을 지으셨다. 그러나 그 이름에는 사실 두 가지의 의미가 더 들어 있었다.

그 하나는 그들이 감사하는 마음으로 웃을 것임을 뜻했다. 약속을 이루시는 하나님의 자비와 은총에 감사, 감격하는 웃음을 웃으리라는 것이었다. 사라는 아들을 낳고서야 그 이름의 참 뜻을 알 수 있었다. 그러나 아브라함과 사라는 이보다 훨씬 더 소중한 의미를 배울 수 있었다. 약속과 현실 사이에 아무리 큰 간격이 있다 할지라도 걱정하지 말고 늘 웃으면서 살라는 것이 그것이었다. 현실이 괴롭고 고통스럽더라도 늘 즐거운 마음으로 여유 있는 자세로 세상을 살라는 것이었다.

웃을 수 없는 상황 속에서도 웃을 수 있는 마음의 여유를 가지라는 것이었다. 약속이 너무 더디 이루어진다고 해서 짜증내거나 조급해 하지 말라는 말씀이었다. 인내심을 가지고서 살라는 것이었다.

그런데도 아브라함과 사라는 그렇지 못했다. 너무 조급해 한 나머지 하갈을 첩으로 주어 이스마엘을 낳게 했고 그것도 안 되니까 엘리에셀을 상속자로 내정해 놓고 있었다. 그러나 그것도 약속과는 거리가 멀었다. 이것도 아니고 저것도 아니고 나이는 많아가고 죽을 날은 점점 가까워오고 상속자는 빨리 정해야 할 것 같고... 그 결과 아브라함과 사라는 웃음을 잃어버리고 말았다. 웃을 수 없는 상황에 빠져버린 것이다.

요즘 우리가 사는 세상도 그런 것 같다. 모두가 조급증에 걸려 있다. 그러다 보니 조금이라도 속도가 처지고 시간이 지체되면 참지를 못한다. 그렇게 되면 자연스럽게 마음의 여유가 사라지고 즐거움도 사라진다. 사람들의 얼굴에서 웃음을 찾아볼 수 없게 된다. 지금 우리가 사는 세상이 그렇다. 남을 웃겨주는 사람이 있어야 하는 세상, 남을 대신해서 웃어주는 사람이 있어야 하는 세상이다.

웃으시는 예수님

한자 숙어에 "일소일소(一笑一少) 일노일노(一怒一老)"라는 표현이 있다. 웃으면서 살면 엔돌핀이 늘어나서 젊어진다는 얘기다. 무슨 일을 하든지 즐거운 마음으로 하라는 얘기다. 성경적인 가르침이 아닐 수 없다. 전도서 8:15이 그 점을 우리에게 가르쳐 준다:

이에 내가 희락을 찬양하노니,
이는 사람이 먹고 마시고 즐거워하는 것보다 더 나은 것이
해 아래에는 없음이라.
하나님이 사람을 해 아래에서 살게 하신 날 동안 수고하는 일 중에
그러한 일이 그와 함께 있을 것이니라.

예수님도 예외는 아니다. 핍박을 받을 때에도 기뻐하고 즐거워하라고 말씀하셨다. 성경에는 예수님이 웃으셨다는 얘기가 없지만, 사실은 예수님만큼 유머 감각이 뛰어난 분도 없다. 눈에 들보가 들어간 사람이 눈에 티가 들어간 사람을 나무랄 수 없다는 얘기나 부자가 천국 가는 것이 낙타가 바늘 구멍으로 들어가는 것보다 더 어렵다는 말씀이 그렇다. 예수님의 이 설교를 듣던 사람들은 아마도 웃음을 참지 못했을 것이다.

믿는 사람들의 얼굴에서 웃음을 찾아보기 어렵다면 그 이유는 어디에 있는가? 웃으시는 예수님의 얼굴을 본 적이 없기 때문이다. 흥미로운 비유의 말씀을 주시던 예수님의 웃음 어린 얼굴이나 어린 아이들을 품에 안으시고 축복하시는 예수님의 부드러운 얼굴을 상상해 보라. 인자한 웃음이 얼굴에 넘칠 것이다. 어린 아이들의 맑은 얼굴, 웃는 모습을 좋아하는 사람치고 어찌 그 얼굴에 웃음이 없겠는가!

여러분 우리는 이제부터 웃음이 가득한 예수님의 얼굴을 늘 생각하자. 그런 예수님을 보게 해달라고 기도하자. 그리하면 아무리 바쁘고 분주한 삶 속에서도 마음의 여유를 가질 수 있을 것이다. 삶에 활력이 넘칠 것이며, 교회에서나 가정에서 직장에서 신바람 나는 삶을 살 수 있을 것이다. 우리가 믿는 하나님이 우리를 늘 웃게 하시는 분임을 믿

고 살자. 그러한 믿음이 있을 때 우리는 결코 조급해 하지 않을 것이다. 어떠한 상황 속에서도 천국의 기쁨과 웃음이 넘칠 것이다. 초막이나 궁궐이나 내 주 예수 모신 곳이 그 어디나 하늘나라가 될 것이다.

하나님의 기준
(창 27:18-24)

창세기에는 일반 성도들의 눈으로 볼 때 이해하기 어려운 본문들이 많다. 그중 대표적인 것이 에서와 야곱의 관계를 다루는 본문이다. 더 구체적으로는 동생인 야곱이 형 에서 대신에 하나님의 복을 받게 된다는 것이 그렇다. 주지하다시피 두 사람은 쌍둥이이다. 간발의 차로 에서가 먼저 나와서 형이 되고, 야곱은 동생이 된다. 에서는 형이기에 장자권을 가지고 있다. 장자권은 상속권을 뜻한다. 아버지가 죽을 때 축복하는데 그 축복을 받을 권리를 가리키기도 한다. 그런데 묘하게도 장자권이 형인 에서에게 가지 않고 동생인 야곱에게 간다. 세 번에 걸쳐서 그 점이 강조된다.

장자권의 향방

첫째로 태어나기 직전에 이미 그러한 상황이 암시되어 있다. 창세기 25:21-23이 그 점을 가장 잘 보여 준다. 이삭은 리브가의 태중에서 서로 싸우는 두 아들의 모습에 대하여 당혹감을 느끼고서 하나님께 어떻게 해야 하는지를 묻는다. 이에 하나님께서는 이삭에게 형보다는 동생이 더 뛰어나게 될 것임을 분명하게 밝히신다:

두 국민이 네 태중에 있구나.
두 민족이 네 복중에서부터 나누이리라.
이 족속이 저 족속보다 강하겠고
큰 자가 어린 자를 섬기리라 (23절).

둘째로 에서가 사냥을 다녀와서 배가 고플 때 야곱은 팥죽 한 그릇에 장자권을 사들인다:

야곱이 죽을 쑤었더니 에서가 들에서 돌아와서 심히 피곤하여 야곱에게 이르되, "내가 피곤하니 그 붉은 것을 내가 먹게 하라" 한지라… 야곱이 이르되, "형의 장자의 명분을 오늘 내게 팔라"… 에서가 맹세하고 장자의 명분을 야곱에게 판지라. 야곱이 떡과 팥죽을 에서에게 주매 에서가 먹으며 마시고 일어나 갔으니, 에서가 장자의 명분을 가볍게 여김이었더라 (창 25:29-34).

셋째로 아버지 이삭이 임종 직전에 자식들을 축복할 때 장자권이 야곱에게로 옮겨간다. 오늘 읽은 본문(창 27:18-24)이 이를 잘 반영하고 있다.

성경에는 동생이 형보다 뛰어난 경우가 많다. 요셉, 모세, 다윗, 솔로몬 등이 그 대표적인 예에 해당한다. 우리 사회나 가정에서도 그런 경우가 많이 발견된다. 그러나 에서와 야곱 이야기에서는 왜 하필 야곱 같은 사람이 장자권을 가져가야 하는지에 강한 의문을 제기하지 않을 수 없다. 잘 알려진 바와 같이, 형 에서는 사냥꾼이어서(수렵 문화) 산과 들에서 생활했다. 그래서인지 성격이 활달했다. 그런가 하면, 팥죽 사건에서 보듯이, 에서는 성급하고 생각이 깊지 못했다. 장자권을 성실하게 지키려는 열정이 부족했다. 반면에 야곱은 주로 집안에서 활동했으며(유목, 농경문화), 성격이 차분하고 얌전했다. 팥죽 사건에서 보듯이 약삭빠르고 머리 회전이 잘 되는 사람이었다. 목표 달성을 위해서는 수단과 방법을 안 가리는 사람이었다. 그래서인지 부모 애정에도 차이가 있다. 이삭은 에서를 좋아했고, 리브가는 야곱을 좋아한 것이다.

야곱의 세 가지 거짓말

오늘의 본문은 야곱이 어떤 종류의 사람인지를 가장 잘 보여 주는 본문에 해당한다. 이삭은 임종 직전에 에서에게 축복이 있을 것임을 알린다. 이를 알게 된 리브가가 야곱을 에서로 변장시켜 염소 고기로 아버지를 속이게 한다. 여기서 야곱은 에서의 축복을 가로채기 위해 세 가지 거짓말을 한다. 첫 번째 거짓말은 18-19절에 언급되어 있다. 시력이 나쁜 이삭은 확인 절차를 위해 "내 아들아, 네가 누구냐?"라고 묻는다(18절). 이에 야곱은 대답한다: "나는 아버지의 맏아들 에서로소이다. 아버지께서 내게 명하신 대로 내가 하였사오니, 원하건대 일어나 앉아서 내가 사냥한 고기를 잡수시고 아버지 마음껏 내게 축복하소서"(19절).

두 번째 거짓말은 20절에 나온다. 이삭이 너무도 이상하여 "내 아들아 네가 어떻게 이같이 속히 잡았느냐?"고 묻자, 야곱은 천연스럽게 "아버지의 하나님 여호와께서 나로 순조롭게 만나게 하셨음이니이다"라고 대답한다. 아버지를 속이되, 하나님의 이름을 도용한 것이다.

십계명의 세 번째 계명은 하나님의 이름을 망령되어 일컫지 말라고 명한다. 따라서 야곱의 거짓말은 이를테면 이 계명을 위반한 것이나 마찬가지이다. 하나님까지 속이려는 못된 행동이 아닐 수 없다. 야곱이 얼마나 임기응변에 뛰어난 사람인지를 잘 보여 주는 증거라고 하겠다.

세 번째 거짓말은 24절에 나온다. 이삭은 야곱을 향하여 "내 아들아, 가까이 오라. 네가 과연 내 아들 에서인지 아닌지 내가 너를 만져보려 하노라"(21절)라고 말한다. 야곱이 자신에게 가까이 나아오자 이삭은 그를 만지면서 말한다: "음성은 야곱의 음성이나 손은 에서의 손이로다"(22절). 이미 야곱이 손에 새끼 염소의 털을 발라놓았기 때문에 이삭은 속아 넘어갈 수밖에 없었다. 의심을 떨치지 못한 이삭이 축복 직전에 마지막으로 확인하기 위해 "네가 참 내 아들 에서냐?"(24절)라고 묻자 야곱은 "그러하니이다"(24절)라고 대답한다.

이상에서 보듯이 야곱은 간교하고 교활한 인간이다. 지극히 계산적이고 타산적이다. 형의 약점(배고픔, 낙천적인 성격, 깊지 못한 성격)을 이용하는 비정한 인간이다. 탐욕의 사람이요, 따라서 족장들 중 가장 용납하기 어려운 인물이다. 반면에 에서는 야성적이고 인간미가 넘치며, 산과 들에서 활동하므로 순진하고 솔직하다. 동생의 얄팍한 속임수를 꿰뚫지 못하는 순박한 산 사나이일 뿐이다. 그런데도 하나님의 복은 야곱에게로 간다. 비록 그가 속임수를 쓰기는 했지만 결과적으로 야곱이 복을 받게 된 것이다. 그 이유가 무엇인가?

하나님의 자유 주권

바울도 생전에 이 문제를 가지고 고민한 적이 있었던 듯하다. 대체적으로 하나님을 잘 믿고 그의 말씀에 순종하는 신실한 사람이 복을 받게 마련이다. 바울도 이 점을 잘 알고 있었기에 편지를 쓸 때마다 값없이 주어지는 하나님의 은혜를 믿음으로 받아들일 것이요, 하나님의 자녀로서 말씀에 순종하는 바르고 의로운 삶을 살 것을 사람들에게 강조한다. 그런데 예외적인 경우가 있다. 그 대표적인 인물이 바로 야곱이다. 바울 자신도 야곱에 관한 문제를 가지고서 많은 고민을 했을 것이다. 주위 사람들에게서 그에 관한 질문도 많이 받았을 것이다. 이에 대한 해답을 그는 로마서 9:20-21에서 제시한다:

> 이 사람아, 네가 누구이기에 감히 하나님께 반문하느냐? 지음을 받은 물건이 지은 자에게 어찌 나를 이같이 만들었느냐 말하겠느냐? 토기장이가 진흙 한 덩이로 하나는 귀히 쓸 그릇을, 하나는 천히 쓸 그릇을 만들 권한이 없느냐?

바울은 하나님의 자유 주권에서 해답을 찾고자 한 것이다. 창조주이신 하나님의 자유 주권과 섭리에 모든 것을 맡겨야 한다는 것이다. 다시 창세기로 가보자. 묘하게도 창세기는 야곱을 비판적으로 묘사하지 않는다. 성격이나 행동이 잘못되었다고 말하지 않는다. 그렇다고 해서 칭찬하는 것도 아니다. 도리어 에서를 비판한다: "에서가 장자의 명분을 가볍게 여김이었더라"(창 25:34). 인간적인 기준으로는 에서가 더 매력적이다. 큰 아들답다. 남성적이고 마음이 넓다. 나중에 야곱이 귀향할 때 야곱은 형의 보복을 두려워하지만 에서는 그를 용서하고 사랑으로 맞이한다. 고향으로 갈 때까지 호위해 주겠다는 제안을 하기까지 한다.

그러나 하나님은 에서 대신에 야곱을 선택하신다. 여기서 우리는 하나님의 기준이 지상 세계의 기준과 같지 않음을 알 수 있다. 마태복음 20장에 보면 포도원 비유가 나온다. 어떤 주인이 일꾼을 구하는 과정에서, 장터에서 할 일 없이 서성거리는 사람들을 9시, 12시, 3시, 5시에 데려온다. 똑같이 한 데나리온을 지급하기로 한다. 불평이나 원망이 소용없다. 이 비유는 나중 된 자가 먼저 되고 먼저 된 자가 나중 된다는 가르침으로 연결된다. 이 가르침은 지상의 기준으로 볼 경우에 불공평하기 이를 데 없다.

하나님의 기준은 참으로 불합리한 것으로 여겨진다. 막판 1시간 동안 일한 사람이나 뙤약볕 아래서 온 종일 일한 사람의 보수가 동일하니 말이다. 그러나 하나님의 기준은 많이 일한 사람과 적게 일한 사람을 차별하지 않는다. 유능과 무능을 가지고서 사람을 차별하지 않는다. 하나님은 무엇이든 돈으로 가늠하고자 하는 수량적, 타산적 가치관을 비판하신다. 99마리 양을 놓아두고 잃어버린 한 마리의 양을 찾아 헤매는 게 하나님의 모습(심정)이다. 잘 지켜진 99마리보다 잃어버린 한 마리의 양을 소중히 여기는 분이 바로 하나님이시다. 일종의 반(反) 수량주의인 셈이다. 부자의 헌금보다 과부의 두 렙돈을 소중히 여기시는 모습도 마찬가지이다.

하나님의 섭리와 기준

하나님은 일반적으로 성실, 정직, 신실한 자를 선택하시고 그에게 복을 주신다. 이것은 세상을 이끌어 가시는 하나님의 가장 표준적인 방법이다. 그러나 그것이 전부는 아니다. 드물기는 하지만, 거짓말을 잘하고 간사하고 교활한 사람을 선택하여 그에게 복을 주시기도 한다. 물론 그 사람은 야곱의 예에서 보듯이 자신의 간사함과 교활함에 대한 대가를 지불하지 않으면 안 된다. 야곱은 20년 동안 외삼촌 라반의 집에서 종살이를 했고, 시므온과 레위의 히위 족속 진멸(딸 디나 강간 사건으로 인해)로 인하여 좋지 않은 이름을 남기게 되었으며, 요셉과 베냐민 사건으로 견디기 어려운 심적 고통을 당해야만 했다. 얍복강에서 환도뼈가 부서지는 고통을 맛보기도 한다(평생 장애인).

따라서 야곱처럼 간사하고 교활해야 복을 받는다는 논리는 성립되지 않는다. 대개의 경우 하나님은 바르고 경건하고 의롭게 사는 사람에게 복을 주시기 때문이다. 그것이 세상을 이끌어 가시는 하나님의 기본 섭리요 원리이다. 그러나 드물기는 하지만 그 반대의 경우도 있다. 이것을 잘 알고 있던 바울은 앞서 말한 바와 같이 로마서 9장에서 토기장이와 그릇의 비유로 하나님의 자유 주권에 모든 것을 내맡겨야 함을 강조한다. 예외적인 경우도 있을 것을 감안한 가르침인 셈이다.

하나님께서 사무엘에게 주신 말씀도 마찬가지이다: "여호와께서 사무엘에게 이르시되, '그의 용모와 키를 보지 말라. 내가 이미 그를 버렸노라. 내가 보는 것은 사람과 같지 아니하니, 사람은 외모를 보거니와 나 여호와는 중심을 보느니라'(삼상 16:7). 이 말씀은 이스라엘의 초대 왕 사울을 대신할 일꾼을 선택하는 과정에서 사무엘이 키도 크고 얼굴도 잘 생긴 이새의 큰 아들 엘리압을 보고서 그가 하나님께서 택하신 일꾼일 거라 생각하자, 하나님께서 사무엘의 생각을 교정하기 위해 주신 말씀이다. 이것은 곧 지상의 기준, 사람들이 소중히 여기는 기준이 절대적인 것이 아님을 강조하는 것이다. 보다 중요한 것은 하나님의 기준이다. 하나님은 가능성을 보시는 분이기 때문이다.

비록 여러분이 세상을 살아가면서 때때로 이해하기 어려운 일을 만난다 할지라도, 사람의 지혜와 능력으로 판단하기 어려운 하나님의 기준과 섭리에 자신을 맡기시기 바란다. 또한 늘 깨어 기도하면서 하나님의 기준에 부합되려고 노력하시기 바란다. 그렇다고 야곱처럼 매사에 간사하고 교활하게 살라는 것은 결코 아니다. 오직 진실하게 정직하게 살려고 노력해야 한다. 그래야 고통도 덜하다. 더 자주 평강을 누릴 수 있고 더 자주 형통함을 맛볼 수 있다. 하나님을 올바로 믿으면서 그의 뜻을 따라 성실하게 살아가고자 하는 여러분 모두에게 야곱이 받은 것 이상의 복이 주어지기를 간절히 기원한다.

Exodus

출애굽기

하나님의 귀를 가지고 살라 _출 2:23-25
곡선이라도 괜찮다 _출 13:17-22
영적인 피곤함과 싸우라 _출 17:8-16; 신 25:17-18
신앙생활의 기본 원리 _출 18:13-23

하나님의 귀를 가지고 살라
(출 2:23-25)

    요한복음 4장에 보면 예수께서 사마리아 지역을 지나가시다가 수가성 우물가에서 한 여인을 만나신다. 그는 그 여인과 이야기를 나누시던 중에 하나님이 영이시라는 말씀을 하신다: "하나님은 영이시니 예배하는 자가 영과 진리로 예배할지니라"(24절). 쉽게 말해서 하나님은 눈, 귀, 코, 손, 발 등을 가진 인간과 같지 않으신 분이라는 얘기다. 하나님은 영이신 까닭에 육체를 가진 인간과 같지 않다는 것이다. 초등학생들이 생각하는 백발 할아버지 같은 분은 더더욱 아니다. 그는 사람 눈에 볼 수 있는 분이 아닌 것이다. 그럼에도 불구하고 성경은 하나님을 사람에게 이해하기 쉽도록 설명하기 위해 때때로 마치 하나님이 사람처럼 눈, 귀, 코, 손, 발 등을 가지신 것처럼 묘사한다.

    예를 들어보자. 창세기 2장을 보면 하나님은 흙을 빚어 그릇을 만드는 도공처럼 흙을 빚어 아담을 창조하신다. 마치 손을 가진 사람처럼 말이다. 또 창세기 8:21을 보면 하나님께서 노아가 바친 제물의 향기를 받으셨다고 말한다. 마치 코를 가진 사람처럼 제물의 향기를 맡으셨다는 것이다. 레위기 1장에도 비슷한 말씀이 있다. 이 본문은 한결같이 하나님께 드리는 제사를 일컬어 "여호와께 향기로운 냄새"라고 말한다. 정성을 다해 하나님께 드리는 제사는 하나님께 대하여 향기로운 냄새와 같다는 것이다.

경청하시는 하나님

이런 표현을 찾아보면 한이 없이 많다. 하나님은 그만큼 우리 인간에게 친숙하신 분이요, 우리 가까이에 계신 분이다. 그는 본질적으로 우리 인간의 예배를 받아야 할 신령한 분이시지만 때로는 사람처럼 행동하시는 분이기도 하다. 우리가 즐겨 부르는 복음송 중에 "주만 바라볼지라"가 있는데, 이 찬양에도 비슷한 내용의 가사가 있다: "하나님 사랑의 눈으로 너를 어느 때나 바라보시고, 하나님 인자한 귀로써 언제나 너에게 귀 기울이시니." 하나님께서 그의 사랑하는 자녀들을 사랑의 눈으로 바라보시고 인자한 모습으로 자기 백성의 모든 기도와 간구와 찬송에 귀를 기울이신다는 것이다. 주의 깊게 경청한다는 얘기다.

오늘 우리가 읽은 본문에서도 비슷한 표현이 있다. 애굽에서 종살이 하던 이스라엘 백성이 너무도 힘들어 고통과 절망 중에 하나님께 부르짖었더니 하나님께서 그 탄식 소리를 "(귀로) 들으셨다"는 것이다. 그리고서는 아브라함과 이삭과 야곱에게 세운 언약을 기억하셨다는 것이다. 이렇게 해서 그 유명한 출애굽 해방이 이루어진다. 430년간이나 애굽에 머물던 이스라엘 민족이 하나님의 은혜에 힘입어 모세의 인도 하에 압제와 속박의 땅 애굽을 떠나게 된 것이다.

우리의 본문은 출애굽 해방이라고 하는 굉장한 사건이 알고 봤더니 부르짖음에 대한 하나님의 귀 기울이심에 의해서 이루어졌다는 평범한 사실을 가르쳐 준다. 우리나라 사람들이 기억하고 있는 8.15 해방도 비슷한 시각에서 이해할 수 있을 것이다. 주지하는 바와 같이 우리 민족은 1945년에 일본의 식민지 통치로부터 해방되는 감격을 경험한다. 역사적으로 본다면, 8.15 해방은 제2차 세계대전을 일으킨 일본이

히로시마와 나가사키에 떨어진(8월 6일) 원자폭탄으로 인하여 유엔 연합군에 항복함으로써 이루어졌다.

그러나 신앙의 눈으로 본다면, 그 배후에는 일본의 압제로부터 해방되기를 염원하던 한국교회의 부르짖음을 들으시던 하나님의 구원 은총이 작용하고 있었다. 그러기에 8.15 해방은 하나님께서 우리 민족에게 베푸신 엄청난 은혜와 사랑의 선물이라 할 수 있다. 출애굽 해방도, 8.15 해방도 고통당하는 자들의 부르짖음과 탄식 소리에 귀를 기울이신 하나님의 응답에 해당하는 것이다. 그 일을 위해 하나님은 모세라는 인물을 선택하셨고, 8.15 해방을 위해서 무수한 독립 운동가들과 유엔 연합군을 사용하셨다.

부르짖음에 대한 응답

다시 본문으로 돌아가 보자. 출애굽 해방은 부르짖음에 대한 하나님의 귀 기울이심(응답)에 의해서 이루어졌다. 하나님은 언제 자기 백성의 기도와 간구에 귀를 기울이시는가? 그는 누구든 기도하면 관심을 기울이시지만, 특히 탄식의 상황을 이겨내지 못하고서 전심으로 하나님의 도우심을 바라면서 기도할 때 귀를 기울이신다. 그래서 본문은 이스라엘이 "부르짖었다"고 말한다. 조용히 명상하면서 하나님을 바라본 것이 아니다. 아무 생각 없이 하나님의 도우심을 호소한 것도 아니다. 있는 힘을 다해 탄식하면서 외친 것이다. 하나님 외에는 다른 어떤 구원의 길도 없으니 이제는 하나님께서 알아서 해주시기 바라는 마음으로 말이다.

시편의 용어를 빌자면, 상한 심령으로 하나님께 간구하는 것이다:

"여호와는 마음이 상한 자를 가까이 하시고 충심으로 통회하는 자를 구원하시는도다"(시 34:18); "하나님께서 구하시는 제사는 상한 심령이라. 하나님이여, 상하고 통회하는 마음을 주께서 멸시하지 아니하시리이다"(시 51:17). 상한 심령, 상처 난 마음이 없이는 하나님께 온전한 기도나 제사(예배)를 드리기 어렵다. 쓰리고 아픈 마음이 없이는 하나님의 은혜와 사랑을 풍성하게 받기 어렵다. 경험해본 사람은 안다. 아픈 마음, 상처 난 마음을 가지고서 하나님께 기도할 때 하나님께서 들으시고 응답하신다는 것을!

창세기 21장을 보면 하갈과 이스마엘의 이야기가 있다. 하갈은 사라의 몸종으로 있다가 아브라함의 첩이 되었다. 상속자 출산을 위한 목적에서였다. 그녀는 이스마엘을 낳았다. 그런데 사라가 하나님의 약속을 받아 90세 되던 해에 이삭을 낳았다. 그 후 사라와 하갈, 이삭과 이스마엘 사이에 갈등이 생겨났다. 사라는 아브라함에게 하갈과 이스마엘의 추방을 요구했고, 아브라함은 고민 끝에 하나님의 허락을 받고서 두 사람을 광야로 추방하였다. 그들에게 마실 물과 먹을 양식을 준 상태로 추방했다. 광야로 내몰린 하갈은 물과 양식이 떨어져 생명의 위협을 받게 되자 하나님께 통곡한다: "아이가 죽는 것을 차마 보지 못하겠다 하고, 화살 한 바탕 거리 떨어져 마주 앉아 바라보며 소리 내어 우니"(16절).

하나님은 하갈의 탄식과 울음 소리를 외면하지 않으셨다:

> 하나님이 그 어린 아이의 소리를 들으셨으므로, 하나님의 사자가 하늘에서부터 하갈을 불러 이르시되, "하갈아, 무슨 일이냐? 두려워하지 말라. 하나님이 저기 있는 아이의 소리를 들으셨나니, 일어나 아

이를 일으켜 네 손으로 붙들라. 그가 큰 민족을 이루게 하리라" 하시니라 (17-18절).

하갈의 통곡 소리를 들으신 하나님은 그녀와 한 몸이나 다름이 없는 이스마엘의 소리를 들으셨다고 말씀하신다. 하나님은 이런 분이시다. 아브라함과 사라의 집안에서 쫓겨난 하갈과 이스마엘의 탄식 소리를 들으시고 그들을 구원하시고 위로하시며 약속의 말씀을 주시는 분인 것이다.

마가복음 10장에도 비슷한 이야기가 있다. 이 본문은 시각 장애인이요, 거지였던 바디매오의 이야기를 담고 있다. 그는 길가에 앉아있던 중에 예수께서 지나가신다는 얘기를 전해 듣고서 크게 소리지른다: "다윗의 자손 예수여, 나를 불쌍히 여기소서!" (47절) 주위에 있던 사람들이 잠잠하라고 야단치자 그는 더욱 크게 소리지른다: "다윗의 자손이여, 나를 불쌍히 여기소서!" (48절) 이에 예수께서 그를 부르시고 말씀하신다: "네게 무엇을 하여 주기를 원하느냐?" 바디매오가 보기를 원한다고 하자 예수께서는 "가라! 네 믿음이 너를 구원하였느니라!"고 말씀하심으로써 그의 눈이 열리게 하신다 (51-52절).

하나님의 귀에는 어떠한 소리가 들리는가? 상한 심령의 탄식 소리가 하나님의 귀에 들린다. 상처 난 마음의 신음 소리가 하나님의 귀에 들린다. 절망 중에 모든 가능성을 포기하고 주저앉아 있던 자의 고통 소리가 하나님의 귀에 들린다. 여러분도 하나님 앞에 설 때마다 상한 심령, 상처 난 마음으로 하나님께 기도하기 바란다. 쓰리고 아픈 마음, 찢기고 짓밟힌 마음으로 하나님께 기도하시기 바란다. 여러분의 그러한 기도에 하나님께서 틀림없이 귀를 기울이실 줄로 믿는다.

하나님 나라의 이상

하나님께서 자기 백성의 탄식 소리와 신음 소리에 귀를 기울이시는 것으로 모든 것이 끝나는가? 그렇지 않다. 그것은 신자들에게 새로운 과제를 부여하기도 한다. 하나님께서 시내산에서 모세를 통하여 주신 계명들이 그 점을 잘 보여 준다. 하나님은 탄식 소리에 귀 기울이심을 받은 이스라엘이 어떻게 살아야 할지를 시내산에서 모세에게 구체적으로 지시하신다. 그런데 그 법은 전체적으로 보아 내가 너희 탄식 소리를 듣고서 구원해 주었으니, 너희도 약한 사람들, 곧 고아와 과부와 나그네 등의 탄식 소리를 외면하지 말고 그들을 보살피고 도우라는 내용을 핵심으로 가지고 있다. 높은 것은 낮추고 낮은 것은 높이라는 얘기다. 그리하여 모든 사람이 행복하게 살 수 있는 평등한 공동체를 만들라는 것이다.

이를테면 곡물을 벨 때 밭모퉁이까지 다 거두어서는 안 된다거나 포도나무의 열매를 다 따지 말고 그 일부를 가난한 자들을 위해 남겨두라는 명령이 그에 해당한다(레 19:9-10; 23:22; 신 24:19-22). 안식년 제도(출 23:10-11; 레 25:6-7)나 희년 제도(레 25장)도 같은 시각에서 이해할 수 있다. 이스라엘 백성의 지도자들에게 부자나 힘 있는 자들의 편을 들어 가난한 자들의 재판을 억울하게 해서는 안 된다고 명하거나(출 23:6), 뇌물을 받는 일을 금지한 것(출 23:8)도 마찬가지이다.

강자와 약자의 구분이 없는 평등 공동체(하나님 나라)의 건설은 예수 그리스도에 의해 완성된다. 그는 우리 인간을 부요하게 하기 위해서 스스로가 가난해지신 분이었다(고후 8:9). 그는 태어날 집도 없었을 뿐더러 하나님 나라를 전파하며 사시는 동안에도 머리 둘 곳조차 없이 지내셨다(마 8:20). 그의 삶 전체가 가난 그 자체였으며 그의 공생애는 가난한 자들에게 복음을 전하는 것으로 일관되었다(눅 4:18). 그는 자신을 세상의 가난한 자들, 곧 주리고 목마른 자, 나그네, 헐벗고 병든 자, 옥에 갇힌 자 등과 동일시하셨다(마 25:31-36). 더 나아가서 그는 한 젊은 관원에게 그가 가진 재산을 가난한 자들에게 나누어주고 자기를 따르는 것이 영생을 얻는 비결이라고 말씀하기도 하셨다(막 10:17-22).

또한 사도행전 2:44-45에 의하면 초기 교회 성도들은 모든 물건을 서로 통용하고 또 재산과 소유를 팔아 각 사람의 필요를 따라 나누어 주었다. 그리고 4:32-35은 초기 교회의 그리스도인들이 한 마음과 한 뜻이 되어 모든 물건을 서로 통용하고 자기 재물을 조금도 자기 것이라고 여기는 이가 없었다고 말한다. 그뿐만 아니라 밭이나 집이 있는 자는 그것을 다 팔아 그 판값을 사도들에게 맡김으로써 그들로 하여금 각 사람의 필요를 따라 나누어주게 하였다.

남을 배려하는 마음

오늘의 우리는 어떠한가? 내가 수고하여 벌어들인 재물을 철저하게 너무 내 것으로만 인식하고 있는 것은 아닌가? 그래서 헌금 생활도 제대로 하지 않고, 또 하나님과 이웃을 위해 쓰는 데 너무 인색한 것은 아닌가? 그러나 초대 교회 성도들은 그렇지 않았다. 그들은 아무리 자기가 수고하여 벌어들인 것이라 할지라도 그것을 자기 것으로 고집하지 않았다. 도리어 그들은 그 모든 것을 하나님의 것으로 인식하였다. 그 까닭에 그들은 자신에게 있는 재산을 팔아 아낌없이 사도들에게 바칠 수 있었던 것이다.

베드로후서 1:4는 신자들의 신분을 일컬어 하나님의 성품에 참여하는 자들이라 칭한다. 하나님의 성품에는 여러 가지가 있지만, 그중에서도 중요한 것이 상처 입은 사람들의 탄식 소리에 귀를 기울이시는 성품이다. 고통 중에 괴로워하는 이들의 아픔을 자신의 것으로 받아들일 줄 아는 마음이다. 그것은 예수께서 세상에 계실 때 이스라엘 백성을 향하여 가지고 계시던 마음이기도 하다. 그는 이스라엘 백성이 목자 없이 유리방황하는 양떼와도 같음을 보시고 그들을 긍휼히 여기셨다.

약한 자를 측은히 여기고 긍휼히 여기는 마음은 그리스도인의 성품 중에서 아주 중요한 것이다. 그것은 하나님의 사랑을 실천하는 것이기도 하다. 남을 생각하고 배려하는 마음이기도 하다. 본인은 막내 아들이 다니는 중학교에 가서 스승의 날(5월 15일)에 일일교사를 하면서 두 가지를 강조한 적이 있다. 그 하나는 공부를 잘하려고 하기보다는 열심히 하라는 것이다. 그것이 부모에게 효도하는 것이요, 하나님께 충성하는 길이기 때문이다. 다른 하나는 마음 바탕이 착한 사람이 되라는 것이다. 착한 사람은 어떤 사람인가? 자기만을 위하지 않는 사람이다. 남을 생각하고 배려하는 사람이 착한 사람이다. 이웃을 돌볼 줄 아는 사람이 착한 사람이다.

남을 배려할 줄 모르는 사람은 아무리 공부를 잘해도 말짱 헛것이다. 아무 소용이 없다. 이웃을 돌볼 줄 모르는 사람은 아무리 많은 돈을 벌고 재산이 많아도, 이름이 널리 알려져도 소용이 없다. 우리 사회를 이끌어 가는 지도층 인사들은 대부분이 공부 잘하는 사람들이다. 그러나 제대로 된 사람이 그렇게 많지 않다. 예수 믿는 사람들은 자기만을 생각하는 삶의 자세를 버려야 한다. 『마음을 열어주는 101가지

이야기』를 보면, 뇌종양에 걸려 머리털이 다 빠져버린 친구를 위해 그가 속한 학급의 학생들이 전부 부모님의 허락을 받아 머리를 깎았다는 감동적인 이야기가 기록되어 있다. 이것이 바로 남을 배려하고 생각하는 착한 마음씨인 것이다.

주님의 성품을 닮으라

남의 고통과 신음 소리에 민감한 사람은 사랑과 긍휼에 풍성한 주님의 성품을 닮을 수 있다. 그런데 그것은 아무나 할 수 있는 일이 아니다. 상처 난 마음으로 기도하여 응답받은 경험이 있는 자에게나 가능한 일이다. 우리나라 초대 선교사들의 의료, 교육 선교 활동은 바로 그러한 경험에서 시작된 것이다. 상처 난 마음의 탄식 소리를 들으시는 하나님의 놀라운 은혜를 충분히 경험한 까닭에 남의 나라에 와서 아무 대가 없이 목숨을 걸고서 선교 사역에 매달릴 수 있었던 것이다.

지금 우리가 사는 세상은 그렇게 편한 곳이 아니다. 경제적인 어려움에 시달리는 사람도 많고, 여러 가지 억울한 일들로 인하여 상처 입은 자들의 고통이 점점 심해지는 때를 우리가 살고 있는 것이다. 이런 때일수록 주님의 성품을 본받아 쓰리고 아픈 마음으로 세상을 힘겹게 살아가는 이들의 아픔을 자신의 것으로 받아들이고, 주님의 심정으로 그들을 위로하고 격려하고 사랑으로 보살피는 주님의 백성들이 되시기를 간절히 바란다. 고통당하는 이웃의 탄식 소리에 귀를 기울이면서 살기로 다짐하는 여러분 모두에게 하나님의 놀라운 은혜와 복이 넘치기를 주님의 이름으로 간절히 바란다.

곡선이라도 괜찮다
(출 13:17-22)

고대 그리스의 유명한 수학자인 유클리드(Euclid)의 기하학에 "두 점 사이의 최단 거리는 직선"이라는 공리가 있다. 어느 한 점과 다른 한 점 사이를 잇는 가장 짧은 길은 일직선이라는 뜻이다. 요즘 같은 스피드 시대에 가장 잘 들어맞는 표현이다. 1분 1초를 아끼는 생존경쟁의 시대이기 때문이다. 기업체 감원 대상 1순위는 속도가 느린 사람이라는 말이 있을 정도이다. 우리가 사는 시대는 최소한의 노력으로 최대의 효과를 거두기 위해 애쓰는 합리성의 시대이기도 하다. 자기 유익과 복리 중진을 위해 주위 사람을 무시한 채로 계속 앞을 향해 달려가고자 하는 이기주의의 시대 말이다.

직선 문화와 곡선 문화

그러다 보니 사람들은 직선 위주의 삶을 좋아한다. 한국의 빨리빨리 병이 그 단적인 증거이다. 성지순례를 가보면 그 점을 금방 확인할 수 있다. 모든 운전기사들이 빨리빨리라는 말을 알 정도이니 말이다. 직선 위주의 삶은 한눈팔지 않고 정신을 집중하여 나아갈 수 있게 한다. 그리하여 마침내는 빠른 시일 내에 목표를 성취할 수 있게 한다. 그러나 결함도 있다. 삶에 대한 여유와 반성이 없다. 따뜻한 사랑과 삶의 기쁨이 없다. 때때로 왔던 길을 되돌아갈 수 있는 인내심도 없다. 잘 휘지도 않기에 쉽게 부러질 수도 있다.

아니면 도시문화와 시골문화에서 직선과 곡선의 차이를 실감할 수 있다. 도시문화는 유클리드 기하학의 공리를 응용한 직선문화의 특징을 갖는다. 직선 아닌 것이 없다. 각종 건축물(빌딩이나 아파트, 각종 할인매장이나 백화점)이나 도로를 보라. 빠른 속도(지름길)를 추구하기 때문에 직선이 아니면 안 된다. 다들 바쁘게 살아간다. 디지털 시계가 주종을 이룬다. 반면에 시골문화는 곡선문화의 특징을 갖는다. 지방도로(국도), 오솔길, 건축물(초가집) 등 모두가 곡선 일색이다. 사람들의 삶에 여유가 있다. 시간 개념이 약하다. 아날로그 시계가 주종을 이루며, 자연 시계에 의존하는 경향이 강하다.

곡선 문화를 따르는 섭리

하나님은 어떤 문화를 좋아하실까? 하나님은 어떤 방식으로 인간의 삶과 역사를 이끌어가는 것을 좋아하실까? 두 가지를 다 좋아한다. 그런데 비중을 따지자면 직선보다는 곡선을 더 좋아하시는 것 같다. 그 가장 대표적인 예를 우리는 출애굽기 13:17-22에서 찾아볼 수 있다. 이 본문은 이스라엘의 출애굽 여로에 대해서 기록하고 있는 말씀이다. 출애굽 사건은 애굽에서 종살이하던 이스라엘의 부르짖음에서 시작되고 그에 대한 하나님의 응답으로 구체화된다. 아홉 가지 재앙이 연이어 터지고 바로는 그때마다 변덕을 부린다.

마지막 열 번째 재앙에서 바로가 굴복한다. 장자 사망의 재앙이니 견딜 도리가 없었던 것이다. 바로와 신하들은 모세와 아론에게 빨리

나가달라고 간청한다. 전에는 일부만 나가라고 했는데, 이제는 남김없이 다 나가라고 요구한다. 그리하여 이스라엘 백성은 애굽 사람들에게서 금은패물을 받아 애굽을 떠난다. 라암셋(고센)에서 출발하여 약속의 땅 가나안으로 향한다. 불과 몇 개월이면 직선 길로 가나안 땅에 정착할 수 있는 거리였다. 그러나 하나님은 그렇게 하지 않으신다.

오늘 읽은 본문의 17-19절을 다시 한 번 읽어보도록 하자:

> 바로가 백성을 보낸 후에, 블레셋 사람의 땅의 길은 가까울지라도 하나님이 그들을 그 길로 인도하지 아니하셨으니, 이는 하나님이 말씀하시기를, "이 백성이 전쟁을 하게 되면 마음을 돌이켜 애굽으로 돌아갈까" 하셨음이라. 그러므로 하나님이 홍해의 광야 길로 돌려 백성을 인도하시매, 이스라엘 자손이 애굽 땅에서 대열을 지어 나올 때에 모세가 요셉의 유골을 가졌으니, 이는 요셉이 이스라엘 자손으로 단단히 맹세하게 하여 이르기를, "하나님이 반드시 너희를 찾아오시리니 너희는 내 유골을 여기서 가지고 나가라" 하였음이더라.

이스라엘은 결국 40년 동안 광야 유랑생활을 하게 된다. 나중에 가데스 바네아에서 가나안으로 빨리 갈 수 있는 방법이 있었지만, 열 명의 정탐꾼들이 부정적인 보고를 하는 바람에 광야 유랑 기간은 40년으로 늘어난다. 출애굽 세대(20세 이상)는 여호수아와 갈렙을 제외하고는 어느 누구도 약속의 땅 가나안에 들어가지 못한다. 심지어는 모세와 아론마저도 배제된다. 결국 40년 광야 생활을 통해서 새로운 세대가 형성이 되고 그들을 통해 가나안 정착이 이루어진 셈이다.

하나님의 방법에 순종하라

여기서 우리는 중요한 한 가지 사실을 깨닫게 된다. 하나님은 직선이 아닌 곡선의 방법을 통해 이스라엘을 훈련하시고 새로워진 세대를 약속의 땅에 들어가게 하신 것이다. 우리가 빠른 길로 가기 원할 때에도 하나님은 우회로로 인도하는 경우가 많다. 따라서 우리가 가는 길이 꼭 직선이 아니라도 불평, 원망할 필요가 없다. 인간의 계산으로는 직선이 가장 **빠**를 수도 있지만, 하나님의 계산으로는 곡선이 더 **빠**를 수도 있다. 인간의 계산으로는 1+1이 2이지만, 하나님의 계산으로는 1+1이 2가 될 수도 있고, 심지어는 10이나 100 또는 1000도 될 수 있다.

따라서 우리는 하나님의 방법에 순종할 필요가 있다. 직선이든 곡선이든 하나님의 방법이 항상 좋은 것임을 믿음으로 받아들여야 한다. 때로 좌절과 실패를 통해 더 먼 길을 돌아가야 할 때조차도 하나님께 감사하며 그의 거룩한 뜻에 순종해야 한다. 우회하기는 해도 하나님은 나름대로 최선을 다하시기 때문이다. 21-22절이 그 점을 암시한다:

> 여호와께서 그들 앞에서 가시며 낮에는 구름 기둥으로 그들의 길을 인도하시고 밤에는 불 기둥을 그들에게 비추사 낮이나 밤이나 진행하게 하시니, 낮에는 구름 기둥, 밤에는 불 기둥이 백성 앞에서 떠나지 아니하니라.

창세기 12-50장의 족장사(族長史)에 있는 약속 성취의 지연을 생각해 보라. 약속은 반드시 이루어지지만 늦게 이루어진다. 먼저 자녀 약속의 경우를 보면 족장들은 한결같이 쉽게 자녀를 얻지 못한다. 사라와 리브가와 라헬이 불임(不姙)의 고통을 겪는 것이 그렇다. 땅의 약속도 마찬가지이다. 아브라함은 자기 아내 사라가 죽었을 때 몇 평 안 되는 매장지가 없어서 헷 족속에게서 비싼 값에 막벨라 굴과 그 주변의 밭을 사들여야만 했다. 이처럼 하나님께서 주신 약속과 족장들이 처해 있는 현실 사이의 큰 간격은 하나님을 의지하는 법을 가르치기 위한 하나님의 곡선 섭리 중의 하나였다고 볼 수 있다.

요한복음 11장에 나오는 나사로의 부활 사건도 마찬가지이다. 베다니에 사는 나사로가 죽을 병에 걸리자 마리아와 마르다는 다른 마을에 있는 예수께 전갈을 보낸다. 빨리 와서 치료해 달라고 요청한 것이다. 그런데도 예수는 있던 곳에서 이틀을 머무셨고, 베다니에 갔을 때에는 나사로가 죽은 지 나흘이나 된 후였다. 예수께서는 죽은 나사로를 다시 살리셨고, 나사로를 조문왔던 많은 유대인들이 예수의 기적과 능력을 믿는다: "마리아에게 와서 예수께서 하신 일을 본 많은 유대인이 그를 믿었으나"(요 11:45). 결과적으로 예수께서 지체하셨기에 더 큰 영광을 드러낼 수 있었다는 얘기다. 예수께서 요한복음 11:4에서 말씀하신 것처럼 말이다: "이 병은 죽을 병이 아니라 하나님의 영광을 위함이요, 하나님의 아들이 이로 말미암아 영광을 받게 하려 함이라."

한없이 돌아서 갈지라도

따라서 우리는 항상 하나님의 방법이 우리를 위한 최선의 것임을 믿을 필요가 있다. 베드로는 그러한 믿음을 갖지 못한 탓에 예수님으로부터 호된 책망을 들어야만 했다: "사탄아 내 뒤로 물러가라 네가 하나님의 일을 생각하지 아니하고 도리어 사람의 일을 생각하는도다"(막 8:33). "주는 그리스도시요 살아 계신 하나님의 아들이십니다"(마 16:16) 라고 고백했던 그가 어찌하여 그처럼 큰 책망을 받은 것일까? 사실 예수께서는 베드로의 위대한 고백을 들으시고 처음으로 자신의 수난과 죽음을 예고하셨다. 그런데 이때 베드로는 예수님의 옷소매를 붙들고서 "주님, 그런 일은 절대로 있을 수 없습니다"라고 만류했다. 이에 대한 예수님의 답변이 바로 마가복음 8:33 말씀이다. 예수께서는 하나님의 일과 사람의 일, 하나님의 방법과 사람의 방법을 구분하신 것이다.

베드로가 생각하는 사람의 방법은 무엇을 가리키는가? 그것은 곧 모든 사람들이 순식간에 다 믿을 수 있게끔 기적과 무력으로 로마를 정복하는 것이다. 그러나 하나님은 그렇게 하지 않으시고 한없이 돌아서 가신다. 동정녀 탄생, 공생애, 수난, 죽음, 부활, 재림 등이 그렇다. 이 모든 일이 이루어지기 위하여 얼마나 많은 세월이 필요했던가! 왜 예수께서는 구약 시대에 오시지 않았을까? 구약 시대와 신약 시대를 거쳐서 2천 년대인 지금도 불신자가 많다. 성경번역도 많이 안 되어 있다. 이런 판국에 불신자를 향한 하나님의 즉결심판으로 모든 것이 끝나 버린다면 어찌 되겠는가?

노자의 도덕경에 보면 이러한 글귀가 있다:

> 가장 좋은 것은 물과 같다(上善若水).
> 물은 온갖 것을 이롭게 하면서도 다투지 아니하고(水善利萬物而不爭),
> 뭇 사람이 싫어하는 낮은 곳에 처하나니(處衆人之所惡),
> 그러하기에 도에 가까운 것이다(故幾於道).

하나님께서 창조하신 물은 낮은 곳을 향하여 자신의 흐름을 따라 지극히 자유롭게 움직인다. 결코 무리해서 나아가지 않는다. 장애물을 만나면 돌아서 간다. 앞을 가로막고 있는 장애물이 너무 높으면 조용히 머물러 서서 그곳을 가득 채운 다음 여유롭게 그 장애물을 넘어간다. 서두르는 법이 없다. 그래서 누구나 배워야 할 가장 훌륭한 인생의 스승들 중의 하나인 것이다.

멀리 돌아가게 할 수도 있는 하나님의 방법에 순종하는 것이 우리 그리스도인의 바른 신앙이다. 하나님의 수학에서는 두 점 사이의 최단거리가 반드시 직선이 아님을 믿는 것이다. 여러분의 삶이 직선이 아닐 때에도, 지름길 아닐 때에도 낙심하지 말기 바란다. 오히려 멀리 돌아가게 하시는 하나님께 감사하기 바란다. 곡선의 미를 찬미하는 마음의 여유를 가지시기 바란다. 하나님의 눈으로 세상을 보는 믿음을 간직하시기 바란다. 로마서 8:28 말씀을 마음에 새기면서 말이다: "우리가 알거니와 하나님을 사랑하는 자, 곧 그의 뜻대로 부르심을 입은 자들에게는 모든 것이 합력하여 선을 이루느니라."

영적인 피곤함과 싸우라
(출 17:8-16; 신 25:17-18)

신앙생활을 오래 해본 사람들이 공통적으로 느끼는 사실이 하나 있다. 신앙생활은 눈에 보이지 않는 영적인 싸움의 연속이라는 것이 그것이다. 그 싸움은 외적인 요인들과의 싸움이면서 동시에 자신과의 싸움이기도 하다. 『대학』(大學)에 나오는 "수신제가치국평천하"(修身齊家治國平天下)라는 구절도 이에서 벗어나지 않는다. 우리는 그러한 사실을 이스라엘 민족의 역사에서 발견한다. 이스라엘은 처음부터 끝까지 주변에 있는 이방 나라들의 우상 숭배와 싸우면서 자신의 신앙을 견지하고자 했다.

바울 사도는 그리스도인들을 일컬어 그리스도의 군사(군병, 군인)라고 칭한다. 그 때문에 그는 그리스도인들이 하나님의 전신갑주를 입어야 한다고 말한다(엡 6:10-17): "우리의 씨름은 혈과 육을 상대하는 것이 아니요, 통치자들과 권세들과 이 어둠의 세상 주관자들과 하늘에 있는 악의 영들을 상대함이라"(엡 6:12). 베드로는 대적 마귀가 우는 사자와 같이 두루 다니며 집어 삼킬 자를 찾는다고 말한다(벧전 5:8).

신앙적인 패잔병들

우리가 읽은 본문은 그러한 영적인 싸움에서 가져야 할 바람직한 자세에 관해 유익한 교훈을 제공한다. 본문은 애굽을 떠나 가나안으로 가던 이스라엘 백성이 아말렉 족속과 싸우는 장면을 묘사하고 있다. 보다 구체적으로 말한다면 이스라엘 백성이 홍해를 건넌 후 신광야를 지나 르비딤에 머물러 있을 때 아말렉과 싸우던 일이 그것이다.

신명기 25:17-18에 의하면 이 싸움의 발단은 이스라엘 백성에게 있었다: "너희는 애굽에서 나오는 길에 아말렉이 네게 행한 일을 기억하라. 곧 그들이 너를 길에서 만나 네가 피곤할 때에 네 뒤에 떨어진 약한 자들을 쳤고 하나님을 두려워하지 아니하였느니라." 우리가 잘 아는 바와 같이, 싸움이라는 것은 항상 상대가 만만해 보일 때 이루어진다. 상대가 대적할 수 없을 만큼 강할 때에는 전쟁이 일어나지 않는다.

아말렉 사람들이 그러했다. 그들은 광야를 유랑하던 이스라엘을 보고서 "저 정도라면 거뜬히 이길 수 있겠구나!"라고 판단하고서 싸움을 걸었다. 우리는 여기서 이스라엘 백성들 중 피곤하고 약해 보이는 자들이 전쟁 도화선 노릇을 하고 있음을 알 수 있다. 바꾸어 말하면 하나님 백성 중에서 가장 무기력하고 영적으로 침체되어 있는 사람들 때문에 그 공동체가 시련과 위기에 직면하고 또 때로는 시험에 들게 된다는 것이다.

사실 그때 당시에 이스라엘은 매우 약한 상태에 있었다. 이집트에서는 노예 생활 속에서도 입을 것, 먹을 것, 마실 것 걱정이 없었다. 그러나 광야 생활을 하면서 모든 것이 충분하지 못했다. 아침(만나), 저녁(메추라기)으로 40년간을 똑같은 것만 먹었으니 싫증이 안 날 수가 없었다. 물 없어서 모세와 아론에게 불평할 때가 한두 번이 아니었다. 많은 사람들이 불평과 원망 속에서 마지못해 광야 생활을 계속했다. 패잔병들처럼 뒤에 처지는 사람들이 갈수록 늘어났다. 아말렉 사람들은 이스라엘의 이러한 연약한 모습을 즉시 알아차리고 공격했다. 이스라엘의 피곤함이 결국은 아말렉의 공격을 불러들인 것이다.

오늘날 교회에서도 이러한 현상이 때때로 발생한다. 영적인 싸움의 연속인 신앙생활에서 낙오된 사람들로 인해 교회가 원치 않는 영적인 싸움에 직면하는 경우가 있다. 영적으로 철저하게 무장하지 못한 몇몇 사람들로 인해 하나님의 교회가 평온을 잃고 원수 마귀의 도전을 받는 경우가 있다. 이것은 개개인의 경우도 마찬가지이다. 영적인 생활이 무기력함에 빠질 때 종종 원수 마귀가 싸움을 걸어온다. 어떤 사람은 아예 하나님의 전신갑주를 전혀 갖추지 못해서 싸움을 걸 필요도 없이 그냥 내버려 두어도 스스로 무너지는 안타까운 모습을 보이기도 한다.

영적인 피곤함을 극복하려면

모세는 이스라엘 백성의 연약함과 피곤함이 싸움의 시발점이 되었음을 금방 알아 차렸다. 그는 즉시 전열을 재정비할 필요를 느꼈다. 그래서 여호수아를 불렀다. 아말렉과 싸울 용사를 모집하여 그들과 싸우라 명했다. 그리고 자신은 아론과 더불어 산 위에서 하나님의 지팡이를 손에 들고 기도했다. 모세의 손이 올라간 채로 있으면 이스라엘이 이겼지만 그의 손이 내려가면 이스라엘이 졌다.

영적인 싸움에서 가장 중요한 것은 그가 얼마만큼 열심히, 그리고 꾸준히 기도하느냐에 달려 있다고 해도 틀린 말이 아니다. 목회자를 포함한 모두가 모세가 되어야 한다. 오늘의 영적인 싸움은 누구는 기도하고 누구는 안 해도 되는 성격의 것이 아니다. 어떤 사람이든 그가 얼마나 절실한 심정으로 하나님께 기도의 손을 드느냐에 따라 싸움의 성패가 좌우된다. 기도는 한마디로 하나님의 능력을 공급받는 가장 중요한 통로이다.

그런데 어떤 신자들은 기도를 거추장스러운 의무 정도로 생각하고 매일같이 기도하는 생활에 최선을 다하지 않는다. 중고등 학생들이 시험 보기 며칠 전에 하는 공부를 벼락치기 공부라 하는데, 이를테면 이러한 벼락치기 기도에 몰두하는 사람들이 적지 않다. 그런 사람은 어떤 어려움이나 시련이 닥칠 때에만 하나님께 매달려 기도할 뿐, 일단 그 단계를 지나면 다시금 기도의 문을 잠궈 버린다. 그런 사람은 이스라엘 백성들 중에 약하고 지쳐 뒤에 처진 사람들과 똑같다. 영적으로 충만하지 못한 사람이요, 뜨거운 신앙생활을 하지 못하는 사람이다. 영적인 싸움에 부딪히게 되면 하나님을 찾기보다는 하나님을 떠나는 경우가 많다.

이런 사람들이 많은 교회는 끊임없이 시련에 시달린다. 영적인 성장, 양적이고 질적인 성장을 기대하기 어렵다. 그러나 기도 생활에 충실한 사람은 영적인 싸움 앞에서도 두려워함이 없다. 기도를 통해서 매일같이 하나님과 교제하는 사람, 하나님의 능력을 공급받는 사람이 많은 교회일수록 빠른 속도로 성장한다. 하나님 나라는 이런 사람들을 통해 발전한다.

기도의 힘

우리나라에 한참 기독교 선교가 이루어질 무렵 한 미국인 선교사가 이러한 일을 경험한 적이 있다. 이 마을 저 마을 일정 기간 머물면서 전도하는데, 강원도 어느 마을에서 교회 개척 전도하는 동안 이 선교사를 위협하는 불량배 무리들이 있었다. 어느 날 그 불량배 무리의 우두머리 되는 사람이 그 선교사를 찾아와 이렇게 말했다: "혹시 선교사님은 댁에 군인들을 숨기고 있지 않나요?" 그러자 선교사는 아니라고 대답했다. 선교사의 답변에 고개를 갸웃거리던 그는 그럴 리가 없다고 말하면서 선교사에게 다음과 같이 자초지종을 밝힌다: "저는 항상 선교사님께 강도질하기 위해 틈을 노렸습니다. 하루는 선교사님이 산골짝에서 전도하다가 날이 어두워지자 산기슭에서 주무신 적이 있었잖습니까? 그때 저는 더할 나위 없이 좋은 기회라고 생각하고서 졸개들과 더불어 선교사님께 접근했습니다. 그런데 선교사님 주위에 칼 찬 군인들이 17명이나 있었습니다."

그러나 선교사는 그가 무슨 말을 하는지 전혀 이해하지 못했다. 다만 자신이 위태로운 지경에서 건짐 받았다는 사실만 확인할 수 있었다. 후에 본국으로 돌아가서 선교 보고를 하기 위해 이 교회 저 교회를 순방하게 되었다. 그런데 어느 교회에서 선교 보고를 마친 후에 어떤 집사 한 분이 만나기를 청했다. 그는 자기 교회 안에 있는 기도 모임의 리더였다. 그 집사는 선교사에게 산골짝에서 있었던 일을 구체적으로 물었다. 그때가 혹시 xx월 xx일이 아닌가 하고 물은 것이다. 아울러 그는 "그때 주위에 몇 명의 군인이 있었다고 했지요?"라고 물었다. 선교사가 "17명이라고 했습니다"라고 다시금 분명하게 말하자, 그 집사는 "할렐루야! 우리는 외국에 나가 있는 선교사들을 위해 정기적으로 철야 기도를 하는데, 그날에는 저희 기도 모임에서 당신을 위해 철야 기도를 했었고 17명이 모였었습니다."

기도해야 산다

이 선교사는 자신도 모르는 영적인 싸움에서 기도로 승리함으로써 하나님 일에 전념할 수 있었다. 기도는 하나님의 능력이다. 기도 없이도 살 수 있다고 생각하지 말자. 여러분의 기도의 문이 잠겨 있을 때 원수 마귀는 여러분을 공격할 것이다. 기도가 없다면 영적인 싸움에서 패하게 마련이다.

그런데 어떤 사람은 기도할 시간이 없다, 피곤하다고 평계한다. 사실 우리가 사는 시대는 여러 가지로 편리한 시대이면서도 공연히 사람을 바쁘게 만드는 시대이다. 모든 주변의 것들이 엄청나게 **빠른** 속도로 변하고 있다. 많은 사람들이 시대의 변화를 따라 잡느라고 정신이 없다. 그러나 아무리 바쁘고 피곤해도, 그럴수록 더욱 기도를 열심히 해야 한다.

예수님은 식사할 겨를도 없었고, 풍랑 이는 바다 위에서 곤히 주무실 정도로 바쁘고 피곤했지만 매일같이 기도하는 일을 중단하지 않았다. 그러나 제자들을 그렇지 못했다. 마지막 싸움을 앞두고 겟세마네 동산에서 잠들고 말았다. 마음은 원이로되 육신이 약했다. 기도 부족으로 다 도망하고 낙심에 **빠졌다**. 제자 공동체가 일시에 와해되었다. 그러나 오순절 마가 다락방에서 기도로 완전히 회복했고 성령 충만을 받아 복음 전도에 최선을 다했다.

아말렉과 싸우던 여호수아와 이스라엘 자손은 모세의 기도로 인해 싸움에서 승리했고 그 결과 계속적인 전진이 가능했다. 그리고 "여호와 닛시", 곧 "여호와는 나의 깃발"이라는 고백이 이루어졌다. 피곤하고 바빠도 자신을 쳐 복종시키는 마음으로 기도해야 한다. 더욱이 마음은 원이로되 육신이 약하다고 핑계하지 말아야 한다. 내가 혹시 문제 일으키는 패잔병은 아닌가 하고 자신을 살펴보자. 역설적이게도 기도하는 사람이라야 피곤함을 이길 수 있다. 피곤해도 피곤함을 모른다. 영적인 싸움에서 승리할 수 있다. 나 한 사람의 깨어 있는 기도가 공동체를 살릴 수 있다는 놀라운 사실을 기억하기 바란다.

신앙생활의 기본 원리
(출 18:13-23)

출애굽기는 크게 두 가지 사건을 다루는 책이다. 그 하나는 출애굽 해방이고(출 1-18장) 다른 하나는 시내산 율법 수여이다(출 19-40장). 오늘의 본문은 출애굽 해방에 관한 부분의 마지막에 속해 있다. 열 가지 재앙을 통해 이스라엘 백성은 애굽을 빠져나온다. 이어 홍해 앞에서 하나님의 기적적인 구원을 경험하고 신광야로 들어가 르비딤에 이른다. 르비딤에서 이스라엘은 아말렉 족속의 공격을 받지만 아론과 훌이 기도하는 모세의 손을 붙들어준 덕에 승리를 거둔다. 그런 후 그 지역 이름을 "여호와 닛시"(여호와는 나의 깃발)이라 지어 부른다. 17장에 그 이야기가 기록되어 있다.

그리고 난 직후에 모세의 장인 이드로가 모세의 아내 십보라와 두 아들 게르솜과 므라리를 데리고서 모세를 찾아온다. 모세는 이드로에게 그동안에 겪었던 일들과 하나님의 기적적인 구원과 해방에 대해 간증한다. 모세의 간증을 들은 이드로는 하나님을 찬미하고 하나님께 제사를 드리며 친교의 식사를 함께 한다. 그 후에 있었던 일이 우리가 읽은 본문에 기록되어 있다. 13절에 보면 모세는 백성을 재판하느라고 앉았고 백성은 아침부터 저녁까지 모세의 곁에 기다리며 서 있었다.

이드로의 조언

이 모습을 본 이드로가 모세에게 말한다: "네가 이 백성에게 행하는 이 일이 어찌 됨이냐? 어찌하여 네가 홀로 앉아 있고 백성은 아침부터 저녁까지 네 곁에 서 있느냐?"(14절) 그러자 모세가 대답한다: "백성이 하나님께 물으려고 내게로 옴이라. 그들이 일이 있으면 내게로 오나니 내가 그 양쪽을 재판하여 하나님의 율례와 법도를 알게 하나이다"(15-16절). 그러자 이드로가 충고한다: "네가 하는 것이 옳지 못하도다. 너와 또 너와 함께 한 이 백성이 필경 기력이 쇠하리니 이 일이 네게 너무 중함이라. 네가 혼자 할 수 없으리라"(17-18절).

그러면서 이드로는 모세에게 한 가지 아이디어를 제공한다. 그는 하나님이 모세와 함께 하시기를 바란다면서, 그에게 백성이 안고 있는 문제들을 하나님께 가지고 가서 아뢰고, 그 자신은 이스라엘 백성에게 하나님의 규례와 율법을 가르쳐서 그들이 마땅히 가야 할 길과 마땅히 해야 할 일을 가르치라고 조언한다. 이어서 그는 이스라엘 백성 가운데에서 능력과 덕을 함께 갖춘 사람, 곧 하나님을 두려워하며, 참되어서 거짓이 없으며, 부정직한 소득을 싫어하는 사람을 뽑아서 백성 위에 세우되, 그들을 천부장과 백부장과 오십부장과 십부장으로 임명할 것이요, 작은 사건은 그들이 스스로 재판하도록 하고, 그들이 해결하지 못하는 큰 사건만 모세가 다루면 된다고 제안한다(19-22절).

이드로가 모세에게 한 말의 요지는 두 가지이다. 첫째로 모세는 하나님의 율례와 법도를 가르치고 중요하고 큰 일들만 재판하고, 둘째로 천부장과 백부장, 오십부장, 십부장 등은 모세가 가르친 법에 따라 주로 작은 일들을 중심으로 백성들을 재판하도록 하라는 것이다. 이드로는 이 조언에서 모세 한 사람을 정점으로 하는 어수선한 출애굽 집단을 일사불란한 조직으로 개편함과 동시에, 모세의 과중한 업무를 분담하여 중간 지도자 계층에게 일임한 것이다. 이에 모세는 이드로의 충고를 그대로 받아들여 재능 있고 덕망 있는 자들을 천부장, 백부장, 오십부장, 십부장 등으로 임명한다. 이 일을 지켜본 이드로는 모세와 이별하고서 자기 고향으로 돌아간다(24-27절).

광야에서의 효율적인 사역 방법

이 일이 끝나고 나서 곧바로 이스라엘은 진행하여 시내 광야에 도착한다. 이로써 19장에서부터 시내 광야 체류 기간이 시작된다. 민수기 10:10까지 말이다. 민수기 10:11에서 비로소 이스라엘은 시내 광야를 떠나 바란 광야로 이동한다. 이 점에서 본다면 본문에 기록된 일은 신광야에서 있었던 것임을 알 수 있다. 현재 이집트의 영토인 신광야는 그야말로 거대한 사막 지대이다. 모래 사막이 아니라 자갈 사막이다. 지난번에 성지순례하면서 신광야를 둘러본 소감을 아래와 같이 여행기에 써서 개인 홈페이지(http://iloveoti.com)에 올렸던 것이 생각난다:

> 신광야를 지나다 보니 유전 시설이 여기저기 눈에 띄었다. 신광야가 유전 지대이기 때문이다. 가이드의 설명에 의하면, 이집트는 널리 알려진 석유 수출국이라 한다. 한여름에 하루 종일 에어컨을 틀어도 전기료가 별로 나오지 않는다니 알 만한 일이다. 사람이 살지 않는 사막 지대(이집트 영토의 95%를 차지함)에는 아직도 채굴하지 못한 채로 방치되어 있는 천연자원들이 무진장하다고 한다. 부러운 나라이

다. 조금만 노력하면 얼마든지 옛 나일 문명의 영화를 회복할 수도 있지 않을까 하는 생각이 들기도 했지만, 상류층 5%가 이집트 경제의 99%를 장악하고 있는 구조적인 경제 부정의가 해결되지 않는 한, 이집트 문명의 21세기 르네상스는 요원할 것이다.

신광야를 지나면서 알게 된 것이 또 하나 있다. 이집트에 사막이 많은 이유는 전반적으로 강수량이 적기 때문이다. 비가 오지 않으니 나일강 주변을 제외한 모든 곳이 사막으로 바뀐 것이다. 실제로 이집트를 여행하면서 보니, 하늘에서 구름을 보기가 아주 어려웠다. 어쩌다가 빗물이 강물로 변하여 도로가 유실될 정도로 갑자기 많은 비가 오는 경우도 있으나, 이집트 전역의 평균 연강수량은 20-30mm 밖에 되지 않는다고 한다. 이집트가 문자 그대로 태양의 나라임을 실감할 수 있었다. 그래서 옛날부터 이집트는 태양을 두려움의 대상으로 생각하고서 최고신으로 숭배했을 것이다.

신광야가 이처럼 무덥고 건조한 지역이다 보니 모세의 재판 사역은 매우 힘들었을 것이다. 모세 혼자서 그 많은 일들을 다 처리한 탓에 순서를 기다리던 사람들 역시 매우 힘들었을 것이다. 그것을 보다 못한 이드로가 모세에게 출애굽 집단을 조직할 것을 제안했고, 그 제안이 받아들여졌던 것이다. 조직이 갖추어지면 그 조직을 효율적으로 관리할 법이 필요하다. 그것이 바로 19장 이후 시내산 언약법이다. 십계명을 비롯한 각종 율법 규정들 말이다. 여기서 우리는 이스라엘 백성을 구원하시고 조직하시고 법을 주시는 하나님의 모습을 머리에 그릴 수 있다. 이스라엘을 위해 항상 최선의 것을 준비하시는 하나님의 은혜로운 모습을 확인할 수 있다는 얘기다.

수직적인 원리와 수평적인 원리의 조화

이스라엘 백성을 위한 하나님의 이러한 계획 속에서 우리는 처음으로 구약 교회가 시작되는 모습을 발견한다. 족장 시대의 대가족 집단도 넓게 보면 교회라 할 수 있지만, 좁은 의미에서 본다면 하나님의 구원에 힘입어 그를 섬기기로 작정한 출애굽 공동체야말로 진정한 교회의 시작인 셈이다. 구성원들이 있고 조직이 있고 법이 있으니 조직교회로서 제대로 시작한 것이라 할 수 있다. 여기서 우리는 신앙생활 또는 교회생활의 첫 번째 기본 원리를 찾아낼 수 있다. 하나님의 은혜와 사랑, 구원, 순종 등의 수직적인 원리와 조직과 법의 수평적인 원리가 그렇다.

세계적인 교회성장학자인 도날드 맥가브란(Donald MaGavran)은 교회성장 모델을 설명하면서, 아브라함 유형과 모세 유형의 둘이 조화를 이루어야 교회성장과 신앙성장이 가능하다고 말하는데, 이를테면 이 두 유형이 신앙생활의 기본 원리에 해당한다고 할 수 있겠다. 둘 중에 하나만 있으면 신앙생활이 효율적으로 이루어질 수 없다. 교회의 역사를 보면 그 점을 금방 알 수 있다. 초대교회를 보라. 예루살렘 교회는 오순절 성령강림 체험 이후 굉장한 속도로 성장했지만, 나중에 과부들을 구제하는 일과 관련하여 문제가 발생한다. 헬라파 유대인들이 자기의 과부들이 그 매일 구제에 빠지므로 히브리파 사람들을 원망한 것이다(행 6:1).

이에 열두 사도들은 성령과 지혜가 충만하여 칭찬 듣는 사람 일곱을 택하여 집사로 안수하고 그들로 하여금 교회의 조직과 행정에 관한 일체의 일을 담당케 하고, 자기들은 기도하는 것과 말씀 전하는 것에 전념하기로 한다. 두 가지 교회 유형이 완성된 것이다. 고린도전서 12:28에 보면 당시의 교회가 어떻게 체계화되었는지를 알 수 있다: "하나님이 교회 중에 몇을 세우셨으니, 첫째는 사도요 둘째는 선지자요 셋째는 교사요 그 다음은 능력을 행하는 자요 그 다음은 병 고치는 은사와 서로 돕는 것과 다스리는 것과 각종 방언을 말하는 것이라."

그렇다고 해서 조직과 법만 있어도 안 된다. 교회는 세상적인 집단과 다르다. 경제적인 이익을 올리기 위해 모인 집단이 아니라 하나님의 부르심에 순종한 사람들의 집단이요, 하나님의 은혜와 사랑에 감사하여 그를 경배하고 이웃을 섬기기 위해 부름받은 성도들의 모임이다. 이것이 교회의 본질이다. 신앙생활의 본질이기도 하다. 우리는 아브라함의 75세 순종을 마음에 새길 필요가 있다. 본토 친척 아비 집을 떠나 순종한 75세의 아브라함의 신앙을 배워야 한다.

구역이나 각 자치기관은 조직의 요소(모세 유형)에 해당하는 것이다. 따라서 모든 성도들은 구역이나 자치기관 활동을 활발하게 해야 한다. 신앙생활은 결코 혼자서 하는 것이 아니기 때문이다. 그러나 그것이 본질은 아니다. 하나님의 은혜에 감사하는 신앙, 아브라함처럼 순종하는 신앙, 성령으로 충만한 생활 등이 반드시 요구된다. 교회는 본질적으로 하나님을 믿고 신뢰하는 신앙 공동체이기 때문이다.

더 중요한 일과 덜 중요한 일의 구분

두 번째로 오늘의 본문에서 신앙생활에 관하여 배울 수 있는 두 번째의 원리는 큰 일과 작은 일을 구별하는 일이다. 더 중요한 것과 덜 중요한 것을 구분하는 일이 그렇다. 출애굽 집단 전체를 이끌어야 할 모세는 중요하고 큰 일만을 다루고, 나머지 덜 중요하고 작은 일들은 천부장, 백부장, 오십부장, 십부장 등이 다룬다. 세상 일도 그렇지만 신앙생활은 특히 큰 일과 작은 일을 지혜롭게 잘 구분할 것을 요구한다. 우선순위라고 하는 것이 그렇다. 먼저 해야 할 일이 있고 나중에 해야 할 일이 있는 것이다.

마태복음 6:31-34에 그러한 우선순위의 삶이 잘 명시되어 있다:

> 그러므로 염려하여 이르기를, "무엇을 먹을까? 무엇을 마실까? 무엇을 입을까?" 하지 말라. 이는 다 이방인들이 구하는 것이라. 너희 하늘 아버지께서 이 모든 것이 너희에게 있어야 할 줄을 아시느니라. 그런즉 너희는 먼저 그의 나라와 그의 의를 구하라. 그리하면 이 모든 것을 너희에게 더하시리라. 그러므로 내일 일을 위하여 염려하지 말라. 내일 일은 내일이 염려할 것이요 한 날의 괴로움은 그 날로 족하니라.

성가대의 찬양을 예로 들어보자. 기술과 테크닉도 중요하다. 그러나 가장 중요한 것은 신령과 진정으로 하나님을 찬미하는 일이다. 신앙고백이 핵심인 것이다. 교회생활이나 신앙생활의 모든 것들이 다 그렇다. 하나님 보시기에 어떤 것이 큰 일이고 작은 일인지를 잘 판단해야 한다. 하나님께서 어떤 일을 먼저 하기를 원하시고 어떤 일을 나중에 하기를 원하시는지를 잘 헤아려야 한다. 어떤 일을 할 때든지 하나님의 뜻을 물어야 하는 것이다. 루터의 종교개혁을 생각해 보라. 면죄부 판매가 옳은가, 하나님의 말씀이 옳은가를 판단한 후에 목숨을 아끼지 않고 95개 조항을 비텐베르크 성문에 붙이지 않았던가!

아브라함이 이삭을 제물로 바칠 수 있었던 것도 같은 원리에 기초한 것이다. 자손 약속에 대한 흔들리지 않는 믿음이 있었기에 순종할 수 있었다. 모세가 출애굽의 지도자가 되기로 작정한 것도 마찬가지이다. 자신의 안전만을 위해 살아갈 것이냐, 아니면 하나님의 백성을 위해 자신의 삶을 헌신할 것이냐의 기로에서 그는 하나님의 뜻을 따라 후자를 선택했다. 그가 자신에게 집중된 권한을 다른 중간 지도자들에게 분산시키기로 결심한 것도 같은 이치에 속한다. 신사참배를 거부했던 일제 시대 목회자들의 순교 신앙도 예외일 수 없다.

그러므로 여러분은 교회 안에서나 밖에서 무슨 일을 하든 항상 하나님의 뜻을 물어 신앙생활의 우선순위를 지키려고 애써야 할 것이다. 그리고 교회는 조직 공동체임을 명심하여 자신이 속한 구역 조직이나 자치 기관에 적극 참여하여 하나님 나라 확장에 최선을 다해야 할 것이다. 마지막으로 교회는 세상 조직들과는 달리 믿음의 눈으로 하나님을 바라보고 그를 의지하는 신앙 공동체라는 점을 기억하기 바란다. 모든 일에 하나님께 순종하는 믿음을 통하여 하나님께 영광 돌리고 하늘의 신령한 은혜와 복을 누리는 여러분 되시기 바란다.

Deuteronomy

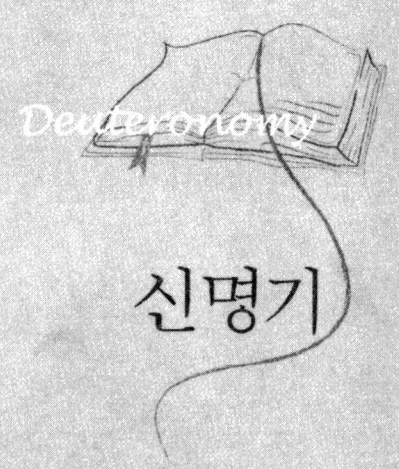

신명기

Deuteronomy

한가위만 같아라_신 16:13-15
귀로 듣고 눈으로 보는 말씀_신 27:1-10

한가위만 같아라
(신 16:13-15)

이스라엘의 "3대 명절" 하면 유월절과 칠칠절(초실절, 맥추절 또는 오순절), 그리고 수장절(초막절 또는 장막절)의 셋을 꼽는다. 유월절은 출애굽 사건을 기념하는 명절이고, 칠칠절은 첫 보리 수확을 기념하는 명절이다. 그리고 수장절은 농산물 수확을 마치고서 저장하게 됨을 기념하는 명절이다. 이 둘 중에서도 특히 중요한 의미를 갖는 것이 유월절(아빕월을 새해의 시작으로 간주함)과 수장절(광야 초막 생활 기념 축제로 변형)이다. 우리나라에도 3대 명절이 있다. 설날과 단오와 추석이다.

우리나라 사람들은 추석에 크게 두 가지 일을 한다. 그 하나는 조상들이 묻혀 있는 산소를 찾아가 성묘를 하는 일이고, 다른 하나는 일가 친척들이 모처럼 함께 모여 음식을 나눠 먹고 사랑과 정을 나누는 일이다. 요즘 우리가 지키는 추석 명절은 이 두 번째 일에 큰 비중을 둔다. 우리나라 인구의 절반 이상이 힘든 줄 알면서도 고향을 찾아가는 이유가 바로 거기에 있다. 추석 전날부터 송편을 만들어 먹고 추석 명절을 전후한 시기에 나오는 각종 햇과일과 곡식으로 음식을 만들어 먹는다. 그리고 때로는 그러한 음식물을 만들어 자기들만 먹지 않고 이웃 사람들에게 나누어 주기도 한다.

한마디로 추석은 자연을 통해 주어진 풍성함을 감사하고 그것을 식구들이나 이웃 사람들과 함께 나누는 명절이라 할 수 있다. 그래서 옛

신명기 117

날부터 우리나라 사람들은 아무리 가난한 살림이라 할지라도 송편이나 떡을 빚어 나눠 먹었다. 그 까닭에 "더도 말고 덜도 말고 한가위만 같아라"라는 말이 나왔다고 한다. 1년 365일이 추석만 같다면 좋겠다는 소원이 그렇게 표현된 것이다. 추석의 이러한 풍요로움을 가장 잘 대변하는 것이 바로 음력 8월 보름달이다. 1년 중 가장 큰 보름달이 음력 8월의 보름달이라 한다. 달의 크기야 변함이 없지만 말이다. 그래서 옛날에는 추석 때만 되면 밝은 보름달 아래에서 잔치를 벌이면서 줄다리기나 씨름 놀이를 즐겼으며, 강강수월래 같은 춤을 추면서 놀기도 했다.

초막절과 유사한 추석 명절

그런데 이 추석을 가만히 살펴보면 추석 명절이 이스라엘의 3대 명절 중 하나인 수장절(초막절)과 비슷하다는 점을 금방 알 수 있다. 각종 가을 과일과 곡식의 수확을 감사하는 의미가 비슷하고, 온 식구들이 한 자리에 모여 사랑과 정을 나누며 이웃과 더불어 즐거운 시간을 갖는 것이 그렇다. 그래서 오래 전부터 많은 뜻 있는 사람들이 추석 명절이 낀 주일을 추수감사절로 지키자고 제안했지만, 아직은 우리나라에 복음을 전한 미국 교회의 영향 때문인지 11월에 추수감사절을 지키고 있다. 이 문제는 앞으로 우리 교단 총회에서 결정할 일이니 일단 접어두고, 추석 명절 분위기에 가장 잘 맞는 수장절 말씀을 가지고서 은혜를 받고자 한다.

먼저 신명기 16:13을 보면 "너희 타작마당과 포도주 틀의 소출을 거두어들인 후에 이레 동안 초막절을 지킬 것이요"라고 말한다. "너희

타작마당과 포도주 틀의 소출을 거두어들인 후에"라는 말씀은 이 절기가 본래 농산물 수확을 마치고 창고에 저장하게 된 것을 기념하는 명절임을 의미한다. 그래서 출애굽기 23:16이나 34:22는 이 절기를 "수장절"이라고 부른다: "…수장절을 지키라. 이는 네가 수고하여 이룬 것을 연말에 밭에서부터 거두어 저장함이니라"(출 23:16); "칠칠절 곧 맥추의 초실절을 지키고 세말에는 수장절을 지키라"(출 34:22).

그런데 신명기 16:13 하반절은 "이레 동안 초막절을 지킬 것이요"라고 말한다. 수장절을 7월 15일부터 1주일 동안 지키라는 것인데, 왜 그것을 초막절이라고 부르는 것일까? 레위기 23:39-43에 의하면, 이스라엘 백성은 농경 축제의 성격을 갖는 수장절을 이스라엘 역사와 관련시켜, 출애굽 당시에 하나님께서 이스라엘을 초막에서 살게 하신 것을 기념하는 절기로 변형시켰다. 따라서 이스라엘 백성은 수장절을 지킬 때마다 온 식구들을 한 자리에 모아 조상들이 광야에서 초막생활하면서 고생하던 시절을 생각해야만 했다. 아울러 광야 유랑 중에 조상들에게 만나와 메추라기를 주시고 물을 주신 하나님의 은혜에 감사하게 하는 것이 초막절의 의도였다.

초막절에 이루어진 일들

초막절이 이처럼 중요한 의미를 갖는 까닭에 모세는 신명기 31:9-13에서 가나안 땅에 들어가거든 7년마다 초막절이 되면 온 백성을 한 군데 모아놓고서 하나님의 율법을 낭독하여 듣고 배우고 행하게 하라고 명한다:

모세가 그들에게 명령하여 이르기를, "매 칠 년 끝 해 곧 면제년의 초막절에 온 이스라엘이 네 하나님 여호와 앞 그가 택하신 곳에 모일 때에 이 율법을 낭독하여 온 이스라엘에게 듣게 할지니, 곧 백성의 남녀와 어린이와 네 성읍 안에 거류하는 타국인을 모으고 그들에게 듣고 배우고 네 하나님 여호와를 경외하며 이 율법의 모든 말씀을 지켜 행하게 하고, 또 너희가 요단을 건너가서 차지할 땅에 거주할 동안에 이 말씀을 알지 못하는 그들의 자녀에게 듣고 네 하나님 여호와 경외하기를 배우게 할지니라."

초막절은 솔로몬에게 있어서도 중요한 의미를 가지고 있었다. 예루살렘 성전을 건축한 그는 초막절에 예루살렘 성전을 하나님께 봉헌하면서, 감동적인 봉헌기도를 하나님께 드린다(왕상 8:2). 이보다 후에 귀향 공동체의 총독으로 임명받았던 느헤미야의 경우도 다를 바가 없었다. 그는 이스라엘 백성을 한 자리에 모아놓고서 학사 겸 제사장인 에스라를 통하여 7월 1일부터 초막절 직전까지 율법을 설교하여 백성들에게 하나님의 말씀을 들려준 다음(느 8:1-12), 이튿날에 초막절을 지킴으로써 귀향 공동체를 여호와 신앙으로 한데 묶는 일에 상당한 효과를 보았다(느 8:13-18). 그런가 하면 예언자 스가랴는 세상의 모든 민족이 해마다 예루살렘 성전으로 순례하여 초막절을 지키어 여호와를 왕으로 경배할 것이라는 종말론적인 희망을 표현하기도 하였다(슥 14:16-19).

참된 친교의 회복

여러분은 추석 명절을 맞이하여 그동안 떨어져 있던 식구들과 함께 만나면서 자신의 삶속에 주어진 하나님의 은혜와 사랑에 감사하는 마음을 가지시기 바란다. 단순히 식구들끼리 모여 먹고 마시고 즐기는 것으로 끝나는 것이 아니라 우리에게 가정을 주시고 교회도 주시고 말씀도 주시고 우리 삶에 참된 행복과 평안을 주신 주님의 은총에 감사하기 바란다. 설령 지금의 삶이 힘들고 어려울지라도 초막에서 고생하던 이스라엘의 광야 생활을 생각하면서, 그러한 삶의 조건 속에서도 생명을 지켜주시고 약속의 땅 가나안으로 인도하시던 주님의 손길을 내게도 베풀어달라고 간구하기 바란다.

14-15절을 보도록 하자:

> 절기를 지킬 때에는 너와 네 자녀와 노비와 네 성중에 거주하는 레위인과 객과 고아와 과부가 함께 즐거워하되, 네 하나님 여호와께서 택하신 곳에서 너는 이레 동안 네 하나님 여호와 앞에서 절기를 지키고 네 하나님 여호와께서 네 모든 소출과 네 손으로 행한 모든 일에 복 주실 것이니 너는 온전히 즐거워할지니라.

14절 말씀에 의하면 초막절에는 남녀 노비와 나그네, 고아, 과부뿐만 아니라 어린아이들("네 자녀")까지도 참여할 수 있었다. 이것은 초막절이 남녀노소 신분고하를 막론하고 누구나 함께 참여하여 온전히 즐거워해야 하는 절기임을 의미한다.

이것을 볼 때 초막절(다른 축제도 마찬가지임)에서는 기존의 사회 질서에 속한 계급이나 신분의 차이가 전혀 문제되지 않았던 것으로 보인다. 오히려 그들은 남녀노소를 가리지 않고 더불어 즐기는 가운데 경직된 사회 체계를 전제로 하는 부분적인 교류를 무너뜨림과 아울러 하나님 앞에서 "너"와 "나"를 연결 짓는 보다 큰 "우리"를 이룰 수 있었다. 이른바 공동체적인 유대 의식의 강화를 통한 내적인 통합이 축제를 매개로 하여 이루어진 것이다. 그리고 이처럼 계층 질서를 떠난 전인격적인 교류는 자연히 일상적인 삶의 응어리들을 풀어주는 신바람 나는 흥겨움의 잔치를 동반할 수밖에 없었다(신 16:11-14): "함께 즐거워하라"(14절); "온전히 즐거워하라"(15절). 거기에는 사람을 짓누르는 어떠한 일(노동)도 없었다. 모두가 바쁜 일상을 멈추고서 한 자리에 모여 즐기면 되었다.

공감 정서를 실천하라

초막절에 수반되는 이러한 즐거움은 혼자만의 것이 될 수 없었다. 그야말로 사회 구성원 모두가 공유해야 하는 것이었다. 사회적인 약자들까지도 그 즐거움을 누릴 수 있어야만 했다. 그러기 위해서는 그들을 무시하거나 업신여기는 태도를 버리고 그들을 주님의 사랑으로 가슴에 품을 수 있어야 했다. 그들로 하여금 즐거워할 수 있게 하려면 그들의 부족하고 연약한 부분을 사랑으로 채워주어야 하지 않겠는가! 따라서 초막절은 결국 주님의 사랑을 실천하는 귀한 축제이기도 하였다. 약한 자들을 향한 마음 곧 그것을 우리는 공감(共感) 정서라고 부를 수 있을 것이다.

예수님의 공생애 사역은 그러한 공감 정서로 가득한 것이었다. 목자 없는 양 같이 방황하는 유다 백성을 먹이시고(예를 들어 물고기 두 마리와 보리떡 다섯 개의 배부른 식사) 고쳐주시고 말씀으로 위로하시고 힘을 주셨다. 세리와 창기들과 죄인들의 친구가 되어주셨고, 어린아이들과 여자들의 선한 이웃이 되어주셨다. 삭개오를 만나주시고 그의 삶을 고쳐주셨다. 그의 공생애 사역 3년은 그야말로 축제의 연속이었다. 하나님 나라의 이상적인 모습을 우리에게 보여 주신 것이다.

추석 명절을 맞이할 때마다 여러분은 주변 사람들을 향한 이러한 공감 정서를 실천하려고 노력하시기 바란다. 서로 섬기고 서로 사랑하고 위로하고 격려하고 또 남을 배려하는 따뜻한 마음으로 추석을 보내시기 바란다. 공감 정서로 충만했던 예수님의 마음으로 추석을 보낸다면, 15절 중간에 나온 것처럼 "(네 하나님 여호와께서 택하신 곳에서 너는 이레 동안 네 하나님 여호와 앞에서 절기를 지키고) 네 하나님 여호와께서 네 모든 소출과 네 손으로 행한 모든 일에 복을 주실 것"이다. 이러한 복을 충만하게 받는 즐겁고 행복한 추석이 되기를 간절히 바란다.

귀로 듣고 눈으로 보는 말씀
(신 27:1-10)

서울의 한강에 가면 유람선이 있다. 그 유람선을 타보면 지방에서 올라온 듯한 사람들이 태반이다. 실제로 서울에 사는 사람들에게 물어보면 막상 한강 유람선을 타본 사람은 많지 않다. 유람선이 시골 사람들에게만 더 재미있어서가 아니다. 서울 사람들은 언제든지 마음만 먹으면 탈 수 있지만, 시골 사람들에게는 그렇지 않기 때문이다. 일부러 시간을 내야만 하는 것이다. 아마 유람선이 한 달 후에 운행을 중단한다고 하면, 서울 사람들 중에서도 유람선을 타려는 사람들이 늘어날 것이다.

사람들은 기회가 줄어들 때 그것을 더 원하게 된다. 물건의 경우에도 마찬가지이다. 주일 오후에 하는 진품명품 코너라는 TV 프로그램을 보면 희귀한 물건일수록 값이 많이 나간다. 실용적인 가치가 높아서가 아니라 순전히 희소성의 원리 때문이다. 화가가 죽으면 그 사람이 그린 그림의 가격이 뛰는 것도 같은 이치에 속한다. 그가 죽었다고 해서 그림이 변하는 것이 아닌데도 말이다.

희소성의 원리

이러한 희소성의 원리 때문에 아무 못쓰게 된 물건이 더 비싸게 팔리는 경우도 있다. 잘못 인쇄된 우표나 잘못 제작된 동전은 액면 가치가 전혀 없음에도 불구하고 사람들에게 비싸게 팔린다. 그래서 백화점에서는 이것을 역이용하여 물건을 팔기도 한다. 특정 제품을 "한정 판매한다"거나 "마지막 기회, 마지막 세일, 반짝 세일", "선착순 100명" 등의 선전 문구가 그렇다. 세일 기간을 짧게 잡거나 마감 시간(토요일 12시까지)을 정하여 시간 제한을 두기도 한다.

창세기 19장에 보면 소돔과 고모라의 멸망에 관한 이야기가 나온다. 이 두 성읍은 의인 열 사람이 없어서 망했다. 그만큼 바르게 산 사람이 드물었다는 얘기다. 요즘 사는 세상도 그럴지 모른다. 예수를 제대로 믿는 사람이 드물 것이라는 얘기다. 정말 하나님의 자녀로서 바르게 말하고 바르게 생각하고 바르게 행동하고 바르게 사는 사람이 얼마나 있을까? 하고 물어보면 정말 그런 사람 찾기가 어려울지도 모른다. 말세에 사람들의 믿음과 사랑이 식어진다는 말씀은 아마도 그 점을 염두에 두고 있을 것이다.

하나님을 제대로 믿는 사람이 적으면 적을수록 그 가치가 높아진다. 열 명만 있어도 한 성읍을 구원할 수 있는 것이다. 그 열 명은 성읍 전체를 구원할 수 있는 소중한 사람들이다. 그러나 그것이 정말 바람직한 현상이라고 할 수 있겠는가? 소돔과 고모라에서 열 명의 의인은 정말로 소중한 자들임에 틀림이 없다. 그러나 정말 중요한 것은 소돔과 고모라에 그처럼 소중한 사람의 수가 너무도 적다는 데에 있다.

믿는 사람은 많을수록 좋다

오늘의 우리에게도 마찬가지이다. 예수를 제대로 믿고 사는 사람의 수가 가뭄에 콩 나듯 한다면 어떠하겠는가? 많아야 하지 않겠는가? 많으면 많을수록 좋지 않겠는가? 그것이 곧 하나님의 뜻이 아니겠는가? 성경은 줄기차게 하나님의 그러한 뜻을 드러내고 있다. 아브라함을 부르신 것이나 그를 통하여 이스라엘 민족을 만드신 것이 그렇다. 하나님은 결코 믿는 사람들이 끼리끼리 모여서 자기들끼리만 소수의 집단을 이루어 사는 것을 원치 않는다. 동굴이나 산 속에 은둔하여 살던 쿰란 공동체나 엣세네파처럼 말이다. 하나님은 세상 모든 사람들이 서로 화목하게 살기를 원하시며, 또 그들 모두가 하나님의 자녀 되는 것을 원하신다.

우리가 읽은 신명기 27장에도 하나님의 그러한 뜻이 잘 나타나 있다. 하나님은 이스라엘 백성 모두-소수의 사람들만이 아니라-가 하나님 말씀을 잘 듣고 지켜 행하는 신실한 믿음의 사람들이 되기를 원하셨다. 그래서 약속의 땅 가나안에 들어가기에 앞서서 모세에게 신명기 전체에 실려 있는 긴 설교를 하게 하셨다. 그로 하여금 죽기 전에 그 일을 완수하게 하고자 하셨던 것이다.

오늘 우리가 함께 읽은 말씀도 하나님의 그러한 뜻을 잘 반영하고 있다. 무엇보다도 모세는 앞으로 이스라엘 백성의 신앙생활을 책임져야 할 장로들과 함께 백성에게 말한다. 그 말씀의 요지는 크게 세 가지이다. 그 첫 번째는 율법의 모든 말씀들을 돌 위에 기록하는 일이요, 두 번째는 돌단을 쌓고 하나님께 제사를 드리면서 잔치를 하는 일이요, 세 번째는 돌 위에 기록된 말씀을 잘 지키고 행하도록 다짐하는 일이다.

말씀을 돌 위에 기록하라

먼저 첫 번째의 것을 보도록 하자. 모세는 이제까지 자기가 선포한 하나님의 말씀, 곧 12-26장에 있는 율법('토라')을 지킬 것을 이스라엘 백성에게 명한다(1절). 그러면서 그는 요단강을 건너가서 약속의 땅 가나안에 들어가게 되면(2-4절=약속을 성취하시는 신실하신 하나님), 큰 돌들을 에발산에 세우고 그 위에 석회를 바른 다음에(2, 4절), 율법을 그 돌들 위에 기록할 것을 요청한다(3, 8절).

하나님의 율법을 양피지나 짐승 가죽 또는 종이가 아닌 큰 돌에 기록하게 한 것은 그것을 영구 보존하기 위함이다. 십계명처럼 말이다. 후대의 모든 사람들까지도 그것을 읽을 수 있게 하기 위해서이다. 하나님의 말씀은 결코 몇몇 사람들에게만 알려져야 하는 것이 아니다. 특권층의 사람들에게만 한정된 것이 아니다. 하나님의 백성 모두에게 알리고 가르쳐야 하는 것이다.

모세는 왜 석회를 바른 돌에 율법을 새기게 했을까? 그것은 흰색 바탕에 검은 글씨를 새김으로써 사람들로 하여금 그것을 더욱 분명하게 알아볼 수 있게 하기 위해서이다. 8절 하반절에 "그 돌들 위에 분명하고 정확하게 기록할지니라"는 말씀은 그 점을 염두에 둔 것이라 할 수 있다. 이로써 모세가 죽기 직전에 선포한 하나님의 말씀, 곧 율법이 이제는 돌 위에 기록되는 말씀으로 바뀐다. 귀로 들었던 하나님의 말씀이 눈으로 보고 읽는 말씀으로 바뀌는 것이다.

이것은 비록 모세는 역사의 무대에서 사라질지라도, 그가 선포한 하나님의 말씀들은 돌에 새겨져서 또는 문자로 기록되어 그 시대의 사람들과 다음 세대의 모든 후손들에게 계속 전달될 것임을 의미한다. 오늘날 전 세계에 번역되어 있는 성경이 그것을 뒷받침한다. 하나님의 말씀에 대한 우리의 태도도 이러해야 한다. 말씀이 영원히 지워지지 않도록 그것을 마음속에 분명하게 새겨야 하고 그것을 무엇보다도 소중히 여겨야 한다. 모래사장에 새겨진 글씨처럼 해서는 안 된다. 또한 말씀을 부지런히 들어야 하고 눈으로 보고 읽어야 한다. 아울러 그것을 모든 사람의 귀에 들리고 눈으로 볼 수 있도록 해야 한다.

모세는 율법을 기록할 큰 돌들을 에발산에 세우라고 명한다(4절). 에발산은 어떠한 산인가? 12-13절에 의하면 이스라엘 백성의 여섯 지파는 그리심산에서 복을 선포하고, 나머지 여섯 지파는 에발산에서 저주를 선포하게 했다. 에발산은 저주를 선포하는 산이다. 그런데 왜 모세는 율법을 기록할 돌들을 복이 선포될 그리심산에 세우지 않고 도리어 저주가 선포될 에발산에 세우라고 명한 것일까?

그것은 율법에 대한 순종보다는 율법을 위반하고 그것에 불순종하는 것이 더 현실적이기 때문이다. 인간에게는 불순종할 가능성이 훨씬 높다는 것이다. 복과 저주에 대하여 규정하고 있는 신명기 28장에서 1-14절이 복에 대한 설명인 반면에, 15-68절이 저주에 관한 것이라는 사실이 그것을 뒷받침한다. 저주에 관한 말씀이 무려 네 배나 많다. 범죄와 심판으로 얼룩진 이스라엘 역사를 되돌아보면 그 점이 매우 분명하게 드러난다. 우리 인간의 심성이나 행동을 들여다보아도 마찬가지이다. 착한 일보다는 나쁘고 악한 일을 더 즐겨하지 않는가! 하나님의 뜻대로 살기보다는 그 뜻을 거역하고 내 마음대로 살기를 더 좋아하지 않는가!

순전한 마음으로 감사하라

모세가 이스라엘 백성에게 요구한 두 번째의 것은 하나님 앞에 돌단을 쌓고서 그에게 희생 제사를 드림으로써, 하나님과의 언약 관계에 감사드리는 일이다. 그것은 말씀을 귀로만 들었는데 이제 영원히 눈으로 볼 수 있는 것으로 바뀐 것에 대한 감사의 잔치라고도 할 수 있다. 귀로만 듣던 하나님의 말씀을 출판한 것이나 다름이 없게 되어 모든 사람들이 그것을 눈으로 볼 수 있게 되었으니 감사하지 않을 수 없다는 얘기다.

그런데 에발산에 세워야 할 돌단은 쇠 연장을 대지 않은 돌, 곧 다듬지 않은 순전한 돌로 만들어야만 했다(출 20:25). 이것은 세상적인 요소가 섞이지 않은 순전한 태도로 하나님을 섬기고 그에게 감사해야 함을 의미한다. 레위기에 보면 순전하고 흠 없는, 그리고 1년 된 짐승으로 하나님께 제사를 드리라는 명령을 여러 차례 읽게 된다. 예수께서 어린 나귀를 타시고서 예루살렘에 입성하신 것도 같은 이치에 속한다.

이것은 우리가 자신의 깨끗한 삶을 하나님께 드려야 하고, 정한 마음과 정직한 영을 가지고서 세상을 살아가야 함을 의미한다. 설령 그 일로 인하여 내가 손해를 본다고 할지라도 말이다. 예수께서 산상수훈에서 하신 말씀이 그렇다(마 5:39-42):

> 악한 자를 대적하지 말라.
> 누구든지 네 오른편 뺨을 치거든 왼편도 돌려 대며, 또 너를 고발하여 속옷을 가지고자 하는 자에게 겉옷까지도 가지게 하며, 또 누구든지 너로 억지로 오리를 가게 하거든 그 사람과 십리를 동행하고, 네

게 구하는 자에게 주며 네게 꾸고자 하는 자에게 거절하지 말라.

돌단을 쌓고 나서 그들은 그 위에 하나님께 번제와 화목제를 드리고 (출 20:24), 화목제에 포함되어 있는 공동 식사(레 7:15-18)를 하는 중에 여호와 하나님 앞에서 즐거워해야 한다. 하나님의 은혜에 감사하면서 주변 사람들과 함께 기쁨과 즐거움의 잔치를 벌여야 한다는 것이다. 우리가 하나님께 예배드리는 것이 그렇다. 예배는 하나님의 은혜에 대한 감사가 반드시 포함되어야 한다. 아울러 예배에 참여한 자들과의 사랑으로 교제하고 친교하는 것이 필요하다.

말씀을 삶 속에 실천하라

마지막으로 모세는 이스라엘 백성에게 그들이 하나님의 은혜와 사랑에 의하여 그의 거룩한 백성이 되었으니, 이제는 그의 말씀에 복종하고 그의 명령들과 규례들을 잘 행할 것을 명한다(9-10절). 이로써 모세는 이스라엘 백성에게 하나님의 백성으로서의 신분에 걸맞은 삶을 살 것을 요구하는 한편으로, 그들에게서 하나님과의 언약 관계에 충실한 삶을 살 것을 공적으로 다짐받고자 한다.

하나님의 말씀은 귀로 듣고 눈으로 보는 것으로 끝나는 것이 결코 아니다. 머리와 가슴 속에 새길 뿐만 아니라 손과 발과 몸으로 실천에 옮겨야만 하는 것이다. 삶 전체로 말씀을 받아들여야만 하는 것이다. 물론 이 일은 장로들이나 레위 사람들에게만 해당되는 것이 아니다. 한정된 몇몇 사람들만 그렇게 해야 하는 것은 결코 아니다. 모든 이스라엘 백성이 그렇게 해야만 한다. 적어도 하나님의 말씀을 듣고 읽는 자라면 예외가 있을 수 없다.

나이가 많든 적든 관계없이, 신분의 높고 낮음에 관계없이 누구나 귀로 듣고 눈으로 본 말씀을 생활 속에서 실천하면서 살아야 하는 것이다. 바울이 베뢰아 지방에서 하나님 말씀을 증거할 때 그곳에 있던 사람들의 신앙생활이 그러했다: "베뢰아에 있는 사람들은 데살로니가에 있는 사람들보다 더 너그러워서 간절한 마음으로 말씀을 받고 이것이 그러한가 하여 날마다 성경을 상고하므로, 그중에 믿는 사람이 많고 또 헬라의 귀부인과 남자가 적지 아니하였다"(행 17:11-12).

변화와 기적을 가능케 하는 믿음

예를 하나 들어보자.

인도의 유명한 민족 지도자 간디에게 하루는 한 어머니가 자기 아들을 데리고 와서 그에게 간절히 부탁했다: "이 아이의 사탕 먹는 습관을 고쳐주세요. 아무도 잡아주지 못했지만 선생님 말씀이라면 이 아이가 들을 것입니다. 사탕을 먹지 말라고 제 아들에게 말씀해 주십시오." 그러자 간디는 아이의 눈을 한참동안 바라보았다. 무언가 말을 할 것 같던 간디는 눈길을 어머니에게 돌리고서 이렇게 말한다: "보름 후에 아이를 다시 데리고 오십시오. 그때 말해주겠습니다." 어머니는 다시 간절히 부탁했다: "저희는 먼 곳에 살기 때문에 보름 동안이나 여기에 머무를 수 없고 보름 후에 다시 오기도 어렵습니다. 지금 말씀해주실 수는 없습니까?" 간디는 다시 아이의 눈을 들여다보고 나서 어머니께 대답했다: "아무래도 보름 후라야 말해줄 수 있겠습니다."

하는 수 없이 어머니는 아이를 데리고 돌아갔다가 보름 후에 다시 간디를 찾아왔다. 간디는 그 아이의 눈을 한동안 그윽히 들여다보다가 말했다: "얘야, 사탕을 먹지 말아라!" 그러자 아이는 고개를 끄덕였다. 그 모습을 옆에서 지켜본 어머니가 기쁘고 고마워서 물었다: "왜 그 말씀을 보름 전에는 해주실 수 없으셨나요?" 간디가 대답했다: "그때는 저도 사탕을 먹고 있었으니까요." 간디는 아이에게 사탕을 먹지 말라는 말을 하기 위해 보름 동안 자신을 가다듬었다. 그 어린 아이의 마음과 영혼을 움직일 수 있을 만큼 먼저 자신의 심성을 맑게 다스리는 데 필요한 최소한의 기간을 간디는 보름으로 잡았던 것이다.

하나님의 말씀에 대한 우리의 태도도 이와 같아야 한다. 아무리 작은 일이라 할지라도 자신의 생활 속에서 실천해 나간다면, 누구나 위대한 하나님의 사람들이 될 수 있다. 겨자씨만 한 믿음이라는 것은 큰 믿음을 얘기하는 것이 아니다. 작을지라도 바르게 실천하면서 사는 순전한 믿음을 의미한다. 그런 믿음이야말로 산을 옮기고 뽕나무를 뽑아 바다에 심을 수 있다. 작을지라도 바른 믿음이야말로 하나님의 기적을 가능하게 한다는 얘기다. 여러분 모두가 그러한 믿음의 소유자들이 다 되시기를 주님의 이름으로 부탁을 드린다.

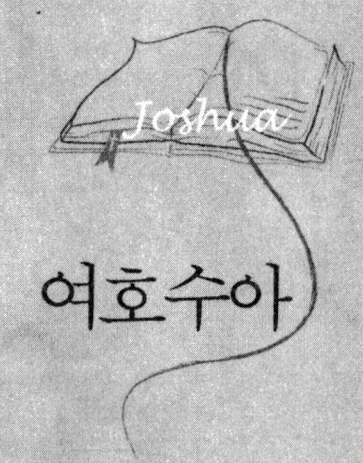

여호수아

굳게 닫힌 성이라 할지라도_수 6:1-9
여호수아 본받아: 끝이 없는 봉사_수 13:1-7

굳게 닫힌 성이라 할지라도
(수 6:1-9)

여호수아서는 모세의 뒤를 이어 이스라엘 백성의 지도자가 된 여호수아의 활동을 다루고 있는 책이다. 크게 세 부분으로 나뉜다. 가나안 땅의 정복(정착)과 분배 및 여호수아의 고별 설교이다. 1-12장이 정복을 다루고 있고, 13-22장은 분배를 다루고 있으며, 23-24장은 고별 설교를 다루고 있다. 본문은 정복에 관한 내용을 다루고 있다. 특히 그 유명한 여리고 성 정복에 관한 내용을 담고 있다. 여리고 성은 이스라엘이 가나안 땅에 들어간 후 가장 먼저 마주친 성읍이다.

정복 직전의 두 가지 은혜

여리고 성을 정복하기에 앞서 이스라엘은 두 가지 은혜로운 경험을 한다. 그 하나는 싯딤에서 두 명의 정탐꾼을 미리 가나안 땅으로 보내 여리고 성을 정탐하게 한 일이다(2장). 두 명의 정탐꾼은 기생 라합의 집으로 숨어들었고, 거기서 라합의 놀라운 신앙고백을 듣는다:

> 여호와께서 이 땅을 너희에게 주신 줄을 내가 아노라. 우리가 너희를 심히 두려워하고 이 땅 주민들이 다 너희 앞에서 간담이 녹나니, 이는 너희가 애굽에서 나올 때에 여호와께서 너희 앞에서 홍해 물을 마

르게 하신 일과 너희가 요단 저쪽에 있는 아모리 사람의 두 왕 시혼과 옥에게 행한 일, 곧 그들을 전멸시킨 일을 우리가 들었음이니라. 우리가 듣자 곧 마음이 녹았고 너희로 말미암아 사람이 정신을 잃었나니, 너희의 하나님 여호와는 위로는 하늘에서도 아래로는 땅에서도 하나님이시니라 (수 2:9-11).

이러한 신앙고백과 더불어 라합은 두 정탐꾼에게 여리고 성을 정복할 때 자기 집안 식구들을 보호해 달라고 요청한다. 라합은 나중에 예수 그리스도의 조상이 된다. 룻기의 주인공 룻의 새로운 시어머니(보아스의 친모)가 되기도 한다: "살몬은 라합에게서 보아스를 낳고 보아스는 룻에게서 오벳을 낳고 오벳은 이새를 낳고"(마 1:5).

이스라엘 백성이 여리고 성을 정복하기에 앞서 두 번째로 경험한 놀라운 일은 여호수아의 인도하에 기적적으로 요단강을 건넌 일이다(3장). 언약궤를 멘 제사장들이 요단강 물을 밟자 요단강이 둘로 갈라진다. 이스라엘 백성은 갈라진 마른 땅으로 요단강을 건너 약속의 땅 가나안 땅으로 들어온 것이다. 이스라엘은 과거에 출애굽할 때에도 홍해 바다가 둘로 갈라지고 그 가운데 난 마른 땅으로 홍해 바다를 건넌 기적적인 체험을 한 적이 있다(출 14장).

굳게 닫힌 여리고 성

이 두 가지의 놀라운 경험을 한 후에 이스라엘 백성은 가나안 땅의 첫 번째 성읍인 여리고 성을 마주하게 된다. 본문인 6장이 그것을 다루고 있다. 그런데 본문의 첫 절은 다소 절망적인 듯한 당시 상황에 대해서 묘사하고 있다. 1절을 보면 이스라엘 백성의 공격에 대비하는 여리고 성 사람들의 모습이 이렇게 묘사되어 있다: "이스라엘 자손들로 말미암아 여리고는 굳게 닫혔고 출입하는 자가 없더라"(1절).

1절의 이러한 설명은 이스라엘 백성이 처해 있는 상황을 너무도 잘 묘사해 주고 있다. 당시에 이스라엘 백성은 40년간의 광야 유랑 생활에 지쳐 있었다. 또한 그들은 전쟁의 경험이 거의 없었다. 그 까닭에 여리고 성 점령은 도무지 불가능한 일이 아닐 수 없었다. 굳게 닫힌 여리고 성의 모습은 그곳이 이스라엘의 힘으로 도무지 뚫고 들어갈 수 없는 난공불락의 요새임을 분명하게 보여 준다. 사실 굳게 닫힌 채로 견고하게 서 있는 여리고 성은 이스라엘 자신의 힘으로 어떻게 해볼 수 없는 거대한 장벽이나 다름이 없다.

우리도 세상을 살다 보면 이처럼 꽉 막힌 현실을 자주 만나게 된다. 굳게 닫힌 여리고 성이 앞길을 막을 때가 한두 번이 아니다. 그럴 때면 사람의 힘과 지혜로 감당할 수 없는 너무도 힘든 현실에 힘이 쫙 빠지고 만다. 어느 누구든 예외가 없다. 아무리 믿음이 좋은 사람도 한 번 쯤은 불평과 원망이 절로 나오는 난감한 상황에 처하게 된다. 성경에도 그러한 사람이 많다. 아브라함과 사라의 불임(不姙) 상황, 애굽에 종으로 팔려가는 요셉의 절망적인 현실, 사자굴 속에 던져지는 다니엘의 절박한 모습, 감옥에 갇혀 사형 선고를 기다리는 베드로의 모습 등이 그렇다.

이스라엘 백성도 하나님의 은혜에 힘입어 요단강을 마른 땅으로 건너는 기적을 체험했지만, 당장 그들 앞을 가로막은 것은 굳게 닫힌 여리고 성의 모습이었다. 두 정탐꾼의 보고도 귀에 들어오지 않는다. 가나안 사람들의 마음이 녹았다는 얘기 자체가 거짓말처럼 들린다. 바로 이때 하나님께서는 여호수아에게 걱정할 것 하나도 없다는 위로와 격려의 말씀을 주신다: "여호와께서 여호수아에게 이르시되, '보라! 내가 여리고와 그 왕과 용사들을 네 손에 넘겨주었으니"(2절).

여리고 성을 활짝 열어주시는 하나님

굳게 닫힌 여리고 성은 누구에 의해 활짝 열리게 되는가? 개미 새끼 한 마리 왕래하지 못하는 견고한 여리고 성은 누구에 의해 무너지는가? 2절이 그 답을 우리에게 주고 있다. 이스라엘 백성의 힘으로는 안 되지만, 내가 여리고와 그 왕과 용사들을 네 손에 넘겨주겠다는 것이다. 실제로 이스라엘 백성은 여리고 성 점령 과정에서 크게 한 일이 없었다. 사실 그들이 할 수 있는 일은 거의 없었다. 하나님의 도우심이 절대적으로 요구되는 상황이었기 때문이다. 하나님의 말씀을 믿음으로 받아들이는 일 외에는 다른 어떠한 일도 할 수가 없었던 것이다.

아브라함과 사라의 경우를 보라. 하나님은 절대적으로 불가능해 보이는 상황 속에서 이삭을 낳게 하신다. 낙이 없다던, 그리하여 하나님의 약속을 농담으로 여기던 그들에게 약속의 자손을 주신 것이다. 생면부지의 땅 애굽에 종으로 팔린 요셉의 앞길은 그야말로 절망과 고통의 연속이었다. 그러나 하나님께서 그와 함께 하셨고 그를 형통하게 하셨다. 보디발의 집에 있을 때에도, 감옥에 갇혀 있을 때에도 하나님은 그의 곁을 떠나지 않으셨다. 애굽의 총리가 되어 나라를 다스릴 때에도 하나님은 그의 편에 서 계셨다. 그의 앞에 막힌 문을 전부 열어주신 것이다.

다니엘도 사자굴 속에 던져졌지만, 하나님께서 사자의 입을 봉하셨다. 죽음의 문을 닫으시고 생명의 문을 열어주신 것이다. 베드로는 어떠했는가? 이제 곧 죽는구나 하던 때에 하나님께서는 천사를 보내주셨고 굳게 닫힌 옥문을 열어주셨다. 복음 전도의 문을 열어주신 것이다. 형태는 달라도 우리 모두는 아브라함과 사라와 요셉과 다니엘과 베드로가 경험한 것과 비슷한 상황에 자주 직면하게 된다. 우리 힘으로 도저히 열 수 없는 문 앞에 서 있을 때가 있는 것이다. 그러나 그럴 때마다 우리는 걱정할 필요가 없다. 하나님께서 굳게 닫힌 문을 열어주시고 절망적인 상황이 변하여 기쁨과 희망의 상황으로 바꾸어주실 것이기 때문이다. 아브라함의 하나님이 곧 나의 하나님이요, 요셉과 다니엘과 베드로의 하나님이 곧 나의 하나님이시기 때문이다.

하나님의 약속에 대한 믿음

그렇다면 하나님께서는 굳게 닫힌 여리고 성을 어떻게 열어주시는가? 견고하게 서 있던 여리고 성은 어떻게 무너지게 되는가? 3-9절에 의하면, 하나님께서는 이스라엘 백성에게 여리고 성 주위를 계속해서 행진하라고 명하신다. 하루에 한 바퀴씩 돌되 6일 동안 그리고, 일곱째 날에는 일곱 바퀴를 돌라는 것이다. 이것은 여리고 성 주변을 도는 것이 여리고 성 정복의 열쇠였음을 뜻하지 않는다. 그것은 오직 여리고 성에만 국한된 얘기다. 어떤 성읍이건 그 주변을 돌기만 하면 그 성읍이 무너지는 것은 결코 아니다. 따라서 성 주위를 돈다는 것은 본문의 핵심이 아니다. 정말 중요한 것은 하나님의 약속에 대한 믿음이다.

궁극적으로는 하나님께서 이스라엘을 위해 싸우시고 그들에게 구원을 선물로 주시지만, 이스라엘 백성도 나름대로 해야 할 일이 있다. 믿음으로 여리고 성 주변을 행진하는 일이 그렇다. 그것은 이스라엘이 할 수 있는 최선의 일이다. 그 일을 완수하기 위해서는 7일간의 인내가 필요하다. 하나님은 우리 앞에 굳게 닫힌 문이 있을 때 우리를 위해 싸우시고 우리를 위해 그 문을 열어 주시지만, 그때마다 우리에게 최소한의 순종을 요구하신다. 믿음의 응답을 요구하시는 것이다. 홍해 바다가 갈라졌을 때 믿음을 가지고서 그 가운데를 지나지 않았다면 이스라엘이 과연 홍해를 건널 수 있었겠는가?

열왕기하 5장에 보면 아람 나라의 나아만 장군이 나병으로부터 고침 받는 이야기가 나온다. 엘리사가 나아만에게 요단강으로 가서 일곱 번 목욕하라고 지시하자, 처음에는 화를 내면서 자기 나라로 다시 돌아가 버린다. 그러나 나중에 마음을 고쳐먹고서 엘리사의 말대로 한다. 그랬더니 어린아이의 살과 같이 깨끗하게 고침 받는 기적을 체험하게 된다. 누구나 요단강에 가서 목욕하기만 하면 나아만처럼 나병으로부터 고침 받는 것이 아니다. 그것은 오직 나아만에게만 해당하는 일이다. 목욕이 관건이 아니라 믿음의 순종이 관건인 것이다.

산상수훈 중에 다음과 같은 말씀이 있다:

> 구하라! 그리하면 너희에게 주실 것이요,
> 찾으라! 그리하면 찾아낼 것이요,
> 문을 두드리라! 그리하면 너희에게 열릴 것이니,
> 구하는 이마다 받을 것이요,
> 찾는 이는 찾아낼 것이요,
> 두드리는 이에게는 열릴 것이니라.

하나님은 구하지도 않은 자에게 주시지 않으며, 찾지도 않은 자에게 주시지 않으며, 문을 두드리지도 않은 자에게 문을 열어주시지 않는다. 믿음으로 주님을 바라보고 그의 약속을 신뢰할 때 은혜가 주어지고 기적이 일어나는 것이다.

여러분도 이스라엘 백성처럼 굳게 닫힌 여리고 성을 만날 때가 있을 것이다. 내 힘으로는 도무지 열 수가 없는 거대한 문과 견고한 장벽을 만날 때가 있을 것이다. 그럴 때마다 그 문을 열어주시고 그 장벽을 제거해 주시는 하나님을 굳게 붙드시기 바란다. 그 하나님의 은혜를 맛보기 위해 내가 해야 할 일이 무엇인지를 먼저 살피고 주님 마음에 합한 자들이 되시기 바란다.

하나님 중심주의

마지막으로 하나님께서는 여리고 성을 돌 때에는 반드시 일정한 순서를 따라 행진할 것을 이스라엘 백성에게 지시하신다. 맨 앞에 무장한 선발대가 행군하였고, 나팔을 불며 행진하는 일곱 제사장들이 그 뒤를 따랐다. 그리고 이어서 언약궤를 멘 제사장들이 행군하였으며, 마지막으로는 이스라엘의 후군(나머지 백성)이 행렬의 후미에 서서 행군하였다(3-9절). 여기서 중요한 것은 하나님 임재를 상징하는 성막(언약궤)이 한가운데 서야 했다는 점이다. 이는 곧 성막을 앞뒤로 하여 제사장들과 일반 백성이 일렬로 여리고 성 주변을 행진했음을 의미한다.

민수기 2장을 보면 이스라엘은 광야 생활을 할 때 성막을 중심으로 진을 치며, 이동할 때에도 자기들 한가운데에 성막이 자리하게 한다. 성막에는 지성소가 있고 지성소 안에는 하나님의 임재를 상징하는 언약궤가 있다. 이것은 이스라엘 백성이 철저하게 하나님을 중심으로 하는 공동체였음을 암시한다. 진을 칠 때도 행진할 때도 항상 하나님을 중심으로 하여 움직였던 것이다. 40년 동안의 광야 생활을 하면서도 한 번도 이러한 대열에서 벗어난 적이 없었다. 그랬기에 그들은 40년 동안의 광야 유랑 생활을 마치고서 약속의 땅에 도달할 수 있었다. 이스라엘 백성의 광야 생활은 이른바 하나님 중심주의를 기본 특징으로 가지고 있었던 것이다.

그런데 이 원리가 여리고 성을 정복할 때에도 그대로 적용된다. 하나님을 중심에 모시고서 여리고 성 주변을 행진했더니 여리고 성이 무너지고 굳게 닫힌 성문이 활짝 열린 것이다. 다윗과 솔로몬을 보라. 다윗은 예루살렘을 수도로 정한 후 언약궤를 운반하였고, 솔로몬은 성전 건축을 마무리한 다음에 가장 먼저 언약궤를 성전의 지성소 안에 안치하였다. 하나님의 임재를 상징하는 언약궤가 수도인 예루살렘과 예루살렘 성전 안에 있어야 나라의 기강이 바로 서고, 올바른 통치가 가능해진다는 것을 두 사람은 잘 알고 있었던 것이다.

신앙생활이라는 것은 다른 것이 아니다. 삶의 중심에 하나님을 모시는 것이 곧 신앙생활의 핵심이다. 마치 물고기가 물을 떠나서 살 수 없는 것처럼 우리 인생은 하나님의 품을 떠나서는 살 수 없는 연약한 존재이다. 하나님 중심주의야말로 신앙의 기본이요, 굳게 닫힌 문을 열 수 있는 비결이다. 하나님 중심주의를 견지할 때 비로소 우리는 참된 행복과 평안을 맛볼 수 있다.

요한계시록 3:20은 하나님을 삶의 중심에 모실 때 천국의 삶을 살 수 있음을 강조한다: "볼지어다! 내가 문 밖에 서서 두드리노니, 누구든지 내 음성을 듣고 문을 열면, 내가 그에게로 들어가 그와 더불어 먹고 그는 나와 더불어 먹으리라." 여러분도 자신의 삶과 가정의 중심에 하나님을 모심으로 참된 평강과 희락을 맛보며, 주님의 놀라운 은총과 기적을 체험하는 귀한 믿음의 사람들이 되기를 간절히 바란다.

여호수아 본받아: 끝이 없는 봉사
(수 13:1-7)

여호수아는 광야 시절에 모세의 수종자로 일했던 사람이다. 당시에 그는 20대 정도의 혈기왕성한 청년이었다. 광야 생활 40년 동안 모세와 함께 있으면서 지도자 훈련을 받았다. 그리고 모세를 계승하여 백성들을 이끌고 가나안 땅에 들어간다. 여호수아서는 그의 이름을 딴 책이다. 출애굽기에서 신명기까지가 모세를 주인공으로 하는 책이라면, 여호수아서는 여호수아를 주인공으로 하는 책이다. 물론 진짜 주인공은 하나님이시지만 말이다.

여호수아서를 읽어 보면 1-12장은 정복에 관한 기록을 담고 있고, 13-22장은 분배에 관한 내용을 담고 있다. 그리고 부록의 성격을 갖는 23-24장은 여호수아의 고별 설교에 해당하는 부분이다. 가나안 정복의 과정은 중부 산악지대를 시발점으로 하여 남부 지역을 거쳐 북부 지역에서 끝을 맺었다. 12:24에 의하면 31개의 성읍들을 정복한 셈이다. 당시 가나안 지역이 도시국가 체제로 되어 있었으니, 모두 31명의 왕들과 나라들을 정복한 것이라 할 수 있다.

하나님의 일에는 정년이 없다

본문은 정복이 어느 정도 완료된 후에 하나님께서 여호수아에게 주신 말씀이다. 1절을 보면 여호수아가 나이 많아 늙었을 때임을 알 수 있다. 24:29에 의하면 여호수아는 110세까지 살았다. 12장까지가 정복 이야기이고, 13장부터가 분배 이야기임을 고려한다면, 본문에 언급된 여호수아의 나이는 아무리 높게 잡아도 100세를 넘지 못할 것이다. 출애굽할 때 20세 정도였다면 광야 생활 40년 후에 60세 정도가 되었을 것이고, 정복 과정이 한 20-30년 정도 걸렸다고 한다면, 본문에 언급된 여호수아의 나이는 80-90세 정도라고 할 수 있을 것이다.

그런데 문제는 여호수아가 죽을 때까지 아직 30-40년이 더 남아 있었다는 점이다. 은퇴해야 할 나이가 이미 지난 시점이 아닐 수 없다. 그런데 13장부터 여호수아가 새롭게 해야 할 일이 주어진다. 1절을 다시 읽어보자: "여호수아가 나이가 많아 늙으매 여호와께서 그에게 이르시되, '너는 나이가 많아 늙었고 얻을 땅이 매우 많이 남아 있도다.'" 그리고 2-6절에서는 아직 정복하지 못한 지역들의 목록을 나열하고 있다. 그러면서 정복한 땅과 정복하지 못한 땅을 이스라엘 백성에게 분배하라고 명하신다.

정복하지 못한 땅은 하나님께서 스스로 쫓아내시겠다고 약속하신다. 6절 하반절과 7절의 말씀이 그렇다: "내가 그들을 이스라엘 자손 앞에서 쫓아내리니, 너는 내가 명령한 대로 그 땅을 이스라엘에게 분배하여 기업이 되게 하되, 너는 이 땅을 아홉 지파와 므낫세 반 지파에게 나누어 기업이 되게 하라." 우리는 처음에 1절에서 "여호수아가 나이가 많아 늙으매"라는 표현을 읽을 때, "아! 이제 여호수아가 은퇴하는가보구나!"라고 생각할 수도 있다. "그동안 정복하느라 일을 많이 했으니 쉬라는 말씀인가보다"라고 생각할 수도 있다는 얘기다.

그러나 이어지는 말씀, 특히 6-7절은 전혀 뜻밖의 상황 반전을 우리에게 보여 준다. 늙은 여호수아에게 새로운 일이 주어지고 있기 때문이다. 아마도 당시의 여호수아는 정복 결과에 만족했을 수도 있다. "이제 중요한 일은 다 했구나"라고 생각했을 수도 있다. "이제 내가 해야 할 일은 끝났구나"라고 생각했을 수도 있다. "나는 이제 늙었으니 하나님께서 다른 사람을 세우시겠지"라고 생각했을 수도 있다. 처음에 "너는 나이 많아 늙었고"라는 말씀을 들을 때 그런 생각을 했을 수도 있는 것이다. 그러나 그게 아니었다. 정복과 맞먹을 정도의 큰 일이 있다는 것이다. 정복한 땅의 공정한 분배가 바로 그 일이었다.

여기서 우리는 한 가지 중요한 사실을 발견한다. 하나님을 향한 봉사에는 나이가 문제 되지 않는다는 점이 그렇다. 하나님의 일에는 정년이 없다. 일반 직장이나 목회에는 공식적인 정년이 있지만, 일반적인 하나님의 일에는 정년이 없다. 그래서 요한계시록은 2:10에서 "죽도록 충성하라!"고 명하지 않았던가! 하나님의 일을 함에 있어서는 그 어떠한 것도 장애가 될 수 없다. 나이나 학식이나 재산 또는 명예 등등 그 어떠한 것도 하나님의 일을 막는 장애물이 되어서는 안 된다.

조건 없는 봉사

『피아노 치는 변호사』(도서출판 땅에쓰신글씨)라는 책을 낸 박지영 변호사는 서울대 법대에 진학하기 전에 음대에서 피아노를 전공했던 경험을 살려, 자신이 출석하는 개척교회에서 주일 낮 예배 반주를 맡고 있으며, 〈한시미션〉(대표: 조병호 목사)의 여름철 지리산 산골마을 봉사에서도 최선을 다하는 모습을 보인다. 영국의 어느 여선교사 얘기도 마찬가지이다. 그녀는 무학(無學) 여인이었다. 그러나 열심히 일해서 큰 돈을 벌었다. 중국 선교에 대한 꿈을 가지고 있었다. 목사님들에게 자신의 꿈을 얘기했으나 "배운 것이 없으니 안 된다, 차라리 기부금이나 내라"는 답변을 들었다. 그러나 굴하지 않고 직접 중국으로 갔다. 여관을 만들어 중국을 오고가는 외국인들에게 침식을 제공했다. 필요한 것을 맘껏 도와주었다. 중국 사람들도 나중에는 도움을 받았다. 그녀는 나중에 훌륭한 여선교사가 되었다.

아브라함이나 모세의 경우를 생각해 보자. 아브라함은 75세 때에 부름 받았고, 모세는 80세에 부름 받았다. 이스라엘 역사 초기에 가장 중요한 일을 맡은 사람은 팔팔한 젊은이가 아니라 나이가 지긋이 든 노인들이었던 것이다. 하나님은 전혀 예상할 수 없는 방식으로 인류 구원의 역사를 시작하셨고, 출애굽의 대 구원을 성취하셨다. 모세에 앞서 십브라와 부아, 요게벳, 미리암, 공주와 시녀 등 연약한 여인들을 통하여 구원을 예비하시고, 80세의 모세를 통하여 이스라엘 백성을 해방시킨 것이다. 아브라함이나 모세 두 사람은 그 나이에 하나님이 자기들을 부를 줄 생각이나 했겠는가? 그야말로 "인간만사 새옹지마"(人間萬事 塞翁之馬)인 셈이다. 이와 관련하여 지난 2005년 5월 21일자 신문기사를 아래에 인용한다:

〈코끼리 습격 받은 음식점 "대박"〉
어린이 대공원 코끼리 난동으로 피해를 입었던 음식점이 코끼리 덕에 유명해져 호황을 맞고 있다. 한 달 전(4월) 코끼리 3마리가 난입해 난장판이 됐던 서울 광진구 모진동 음식점 '미*'가 간판을 '코끼리 들어온 집 미*'로 바꾸고 성업 중이다. 21일 음식점 주인 금택훈(45·여)씨에 따르면 이 식당은 원래 '미*'라는 간판을 내걸고 영업해 왔

여호수아 147

으나, 지난 달(4월) 20일 어린이대공원에서 탈출한 코끼리 6마리 중 3마리가 이 식당에 난입해 소동을 벌인 이후 상호를 이렇게 바꾸고 가게 간판에 코끼리 3마리를 그려 넣었다.

당시 코끼리들은 음식점 안에 있던 당근 등을 집어먹으면서 탁자, 오토바이, 유리창 등을 마구 부숴 피해가 컸으나, 공연사로부터 받은 피해보상금에 돈을 더 보태 리모델링 작업을 하고 상호를 바꾼 뒤 유명세를 타면서 손님이 더욱 늘어났다고 금씨는 설명했다. 현재 가게 내부에는 금씨의 시아버지가 선물한 조그만 코끼리 조각품이 놓여 있으며 메뉴 중에는 7천 원짜리 백반인 '코끼리 정식'도 있다. 금씨는 "전화위복을 가져다 준 코끼리들의 사진을 식당 벽에 걸어 놓고 기념할 생각"이라고 말했다.

끝까지 최선을 다하라

하나님의 일을 함에 있어서도 이처럼 도무지 예측할 수 없는 요소들이 때때로 발견된다. 아브라함이나 모세가 그러했고, 나이 든 여호수아도 마찬가지이다. 그가 늙어서 은퇴시킬 줄 알았는데, 정복 후의 분배라는 또 다른 숙제를 안겨주신 것이다. 여호수아는 그처럼 중요한 새 일이 또 다시 주어질 줄은 생각도 못했을 것이다. 바로 이 점에서 하나님의 생각과 사람의 생각에 차이점이 있다. 정복하지 못한 땅도 많아서 여호수아는 은퇴하고 싶었겠지만, 하나님의 생각은 그게 아니었다. 하나님은 그에게 남은 힘을 가지고서 끝까지 최선을 다할 것을 요구하신 것이다.

100m 경주를 예로 들어보자. 100m를 10초에 달리는 사람은 대단히

우수한 선수이다. 그러나 심장질환자나 노약자, 아이 등에게는 100m 달리기가 매우 어려운 일이다. 사람에 따라서는 100m를 달리는 데 20초, 30초, 1분 등이 걸릴 수도 있다. 그런데 만일에 100m를 10초에 달릴 수 있는 사람이 15초에 달린다면, 그것은 최선을 다한 것이 아니다. 물론 16-20초에 달린 사람보다는 빠른 기록이다. 그러나 16-20초 기록자보다 최선을 다한 것은 아니다. 하나님의 일도 마찬가지이다. 10초 기록자에게는 10초의 기록이 요구되고, 15초 기록자에게는 15초의 기록이 요구된다. 그리고 1분 기록자에게는 1분의 기록이 요구된다. 예수께서 말씀하신 달란트 비유도 이와 비슷한 원리에 기초하고 있다(5, 2, 1달란트).

어느 교회나 그렇지만, 교회에 출석하는 성도들은 많지만 봉사하는 사람은 많지 않다. 성전 뜰만 밟고 다니는 사람이 많다는 얘기다. 하나님을 이렇게 믿어서는 안 된다. 무엇인가 하나님을 위해 봉사할 수 있는 일을 찾아야 한다. 그것은 교회 안에 있을 수도 있고, 교회 밖에 있을 수도 있다. 그리고 일단 하나님의 일을 할 때에는 결코 현실에 안주해서는 안 된다. 인간적인 조건에 매이지 말아야 한다. 성경의 내용을 잘 모른다면 읽으면서 배우면서 봉사하면 된다. 여러분은 늙은 여호수아에게 할 일을 명하신 하나님의 깊은 뜻을 잘 헤아리는 신실한 주의 사람들이 되시기 바란다. 어떠한 삶의 조건에서도 하나님을 위해 자신이 해야 할 일을 찾아 최선을 다하고자 하는 여러분 모두에게 하늘의 신령한 은혜와 복이 넘치기를 기원한다.

Judges

사사기

하나님이 함께 하신다면_삿 2:18-23

올바른 은사 활용_삿 16:23-30

하나님이 함께 하신다면
(삿 2:18-23)

사사기는 바로 앞의 여호수아서와는 약간 분위기가 다른 책이다. 여호수아서가 승리와 정복의 책이라면, 사사기는 실패와 좌절 및 심판의 책이다. 이 점을 상징적으로 보여 주는 것이 사사들의 시대를 무정부 상태로 보는 다음의 두 구절이다: "그 때에는 이스라엘에 왕이 없었으므로 사람마다 자기 소견에 옳은 대로 행하였더라"(삿 17:6; 21:25). 똑같은 표현이 두 번이나 되풀이되고 있다는 것은 사사 시대가 얼마나 어지럽고 혼란한 시대인지를 강조한다.

이 두 구절에 의하면, 사사들의 시대는 일종의 지도자 부재(不在)의 시대였다. 모세나 여호수아와 같은 신앙적인 지도자가 없었다. 사사들이 있기는 했지만 그들의 역할은 나라가 위기에 처해 있을 때 고통 속에서 신음하는 백성을 구하는 일에 한정되어 있었다. 그것도 주로 자기가 속한 지파와 주변의 몇몇 지파들에서 자원하는 사람들을 모집하여 군대로 편성한 다음에, 그들을 거느리고 나가서 이스라엘을 괴롭히는 나라를 쳐부수는 일이 그들이 한 일의 대부분이었던 것이다. 한마디로 사사들은 위기 시대의 군사 지도자들이었던 것이다. 따라서 그들은 모세나 여호수아와 같은 유형의 지도자, 곧 이스라엘 백성 전체의 삶을 항상 책임지는 신앙적인 지도자일 수가 없었다.

자기 백성과 함께 하신 하나님

그러나 이처럼 어려운 시절에도 하나님은 이스라엘을 버리지 않으셨고 그들 곁을 떠나지도 않으셨다. 사사 시대가 실패와 좌절의 시대임에는 틀림이 없지만, 그럼에도 불구하고 하나님의 구원이 이루어진 시대인 것이다. 이스라엘이 위기에 처하여 부르짖을 때마다 사사들을 세워 그들을 구원해 주신 것이 이를 잘 보여 준다. 사사들을 통한 하나님의 이러한 구원을 사사기 2:18은 이렇게 묘사하고 있다:

> 여호와께서 그들을 위하여 사사들을 세우실 때에는 그 사사와 함께 하셨고, 그 사사가 사는 날 동안에는 여호와께서 그들을 대적의 손에서 구원하셨으니, 이는 그들이 대적에게 압박과 괴롭게 함을 받아 슬피 부르짖으므로 여호와께서 뜻을 돌이키셨음이거늘.

우리는 이 말씀에서 몇 가지 중요한 교훈을 얻을 수 있다. 그중의 하나는 하나님께서 자신이 선택하여 세우신 사사들과 "함께 하여 주셨다"는 사실이다. "함께 하셨다"는 표현은 매우 간단한 구절이지만 그 안에 매우 깊은 내용을 포함하고 있다. 마가복음 3:14-15에도 이와 비슷한 표현이 나온다: "이에 열둘을 세우셨으니 이는 자기와 함께 있게 하시고 또 보내사 전도도 하며 귀신을 내어 쫓는 권세도 있게 하려 하심이러라." 여기서 예수와 "함께 있다"는 것은 매우 많은 내용을 포함하고 있는 압축된 표현이다.

예수와 함께 있다는 것, 예수께서 함께 하신다는 것, 하나님이 함께 하신다는 것은 정말 중요한 것이다. 그 안에는 매우 깊은 신앙적인 의미가 감추어져 있다. 이스라엘 역사를 보면 사무엘을 포함하여 모두 13명 정도의 사사가 나오는데, 이들은 한결같이 평범한 보통 사람들이었다. 그중에는 드보라는 여자도 포함되어 있었다. 그렇다면 이처럼 평범한 사람들이 어떻게 해서 하나님의 위대한 구원을 이룰 수 있었을까? 그 이유는 바로 하나님께서 그들과 함께 하셨다는 데에 있었다.

하나님은 어느 시대에든 자신의 구원을 이루기 위하여 필요한 일꾼들을 택하여 세우시는데, 사사들도 그러한 사람들이었다. 그러나 하나님은 결코 자기가 세운 일꾼들을 빈손으로 보내지 않으신다. 반드시 그에게 하나님의 일을 할 수 있는 믿음과 능력을 주신다. 하나님께서 사사들과 "함께 하셨다"는 것이 바로 그것을 가리킨다. 하나님은 아무런 무기도 주지 않으신 채로 자기가 세운 일꾼들을 싸움터로 몰아내시는 분이 아닌 것이다.

이스라엘 백성이 애굽의 압제로부터 구원받을 수 있었던 이유는 어디에 있었던가? 하나님께서 그들과 함께 하셨기 때문이다. 하나님께서 함께 하셨으므로 애굽 사람들에게 재앙이 임해도 이스라엘 백성에게는 재앙이 침범하지 못했던 것이다. 홍해 바다에서의 구원도 마찬가지이다. 하나님께서 함께 하셨기에 홍해를 마른 땅 같이 건널 수 있었다. 여호수아의 인도하에 가나안 땅에 들어간 이스라엘 백성이 여리고 성을 힘 하나 안 들이고 정복한 것도 마찬가지이다. 다윗이 골리앗을 이길 수 있었던 가장 큰 이유 역시 하나님의 함께 하심에 있었다. 다윗을 죽이고자 했던 사울조차도 그 점을 인정한 적이 있다:

"여호와께서 나를 사자의 발톱과 곰의 발톱에서 건져내셨은즉 나를 이 블레셋 사람의 손에서도 건져 내시리이다." 사울이 다윗에게 이르되, "가라. 여호와께서 너와 함께 계시기를 원하노라"(삼상 17:37).

자신의 영을 부어주시는 하나님

사사들의 경우는 어떠했는가? 사사기 3:10에 보면 하나님의 신(영)이 사사들과 함께 했다는 설명이 있다: "여호와의 영이 그에게 임하셨으므로 그가 이스라엘의 사사가 되어 나가서 싸울 때에, 여호와께서 메소보다미아 왕 구산 리사다임을 그의 손에 넘겨주시매 옷니엘의 손이 구산 리사다임을 이기니라." 옷니엘 뿐만이 아니다. 기드온도 입다도 하나님의 신으로 충만한 가운데 이스라엘 백성을 구원하였다: "여호와의 영이 기드온에게 임하시니, 기드온이 나팔을 불매 아비에셀이 그의 뒤를 따라 부름을 받으니라"(6:34), "이에 여호와의 영이 입다에게 임하시니, 입다가 길르앗과 므낫세를 지나서 길르앗의 미스베에 이르고 길르앗의 미스베에서부터 암몬 자손에게로 나아갈 때에"(11:29). 사사들 중에서도 특히 하나님의 신에 대한 언급이 가장 많은 인물은 삼손이다:

> 그 여인이 아들을 낳으매 그의 이름을 삼손이라 하니라. 그 아이가 자라매 여호와께서 그에게 복을 주시더니, 소라와 에스다올 사이 마하네단에서 여호와의 영이 그를 움직이기 시작하셨더라 (삿 13:24-25).

> 여호와의 영이 삼손에게 강하게 임하니, 그가 손에 아무것도 없이 그 사자를 염소 새끼를 찢는 것 같이 찢었으나, 그는 자기가 행한 일을 부모에게 알리지 아니하였더라… 여호와의 영이 삼손에게 갑자기 임

하시매, 삼손이 아스글론에 내려가서 그 곳 사람 삼십 명을 쳐죽이고 노략하여 수수께끼 푼 자들에게 옷을 주고, 심히 노하여 그의 아버지의 집으로 올라갔고 (삿 14:6, 19).

삼손이 레히에 이르매, 블레셋 사람들이 그에게로 마주 나가며 소리지를 때, 여호와의 영이 삼손에게 갑자기 임하시매, 그의 팔 위의 밧줄이 불탄 삼과 같이 그의 결박되었던 손에서 떨어진지라 (삿 15:14).

이상의 말씀들에 의하면 하나님은 자기가 세운 사사들에게 자기의 영을 부어주셨다. 사사들은 이처럼 하나님의 영에 감동되었던 까닭에 하나님의 위대한 구원 역사를 이룰 수 있었던 것이다. 만일에 사사들에게 하나님의 영이 없었다고 생각해 보라. 그들은 아무런 일도 할 수 없었을 것이다. 여자 사사 드보라의 경우는 더욱 그러했을 것이다. 연약한 여자의 몸으로 어떻게 남자들만으로 구성된 남의 나라 군대를 무찌를 수 있겠는가? 그가 하나님의 영에 감동되지 않고서야 어찌 여자를 우습게 아는 이스라엘 남자들을 거느리고 싸움터에 나갈 수 있겠는가?

이 모든 것이 다 하나님께서 자신의 영을 사사들에게 부어 주심으로써 그들과 함께 해주셨기에 가능한 일이었다. 오늘의 우리도 마찬가지이다. 무슨 일을 하든 하나님께서 함께 하신다는 확신을 가져야 한다. 교회에서, 가정에서, 일터에서, 길거리에서, 어디에서든 하나님의 동행하심을 확신해야 한다. 언제 어디서든 항상 하나님이 함께 하신다는 확신을 가져야 한다. 그러한 확신이 있을 때 우리는 하나님께로부터 능력을 받을 수 있다. 하나님의 영으로 충만할 수가 있는 것이다. 곧 하나님의 도우심을 얻을 수 있다는 얘기다.

그 사사가 사는 날 동안에는

그리고 또 한 가지 우리가 주목해야 할 것은, 적어도 사사들이 있을 동안에는 이스라엘이 별다른 염려 없이 지낼 수 있었다는 사실이다. 하나님의 구원으로 인하여 평화를 누릴 수 있었다는 얘기다. 2:18을 다시 보도록 하자: "여호와께서 그들을 위하여 사사들을 세우실 때에는 그 사사와 함께 하셨고, 그 사사가 사는 날 동안에는 여호와께서 그들을 대적의 손에서 구원하셨으니…"

여기서 우리가 주목할 것은 "그 사사가 사는 날 동안에는"이라는 표현이다. 누구나 하나님의 일을 하는 사람이라면 적어도 "내가 있는 동안에는"이라는 각오를 가지고 봉사해야 한다. 이와 아울러 "내가 없으면" 잘 될 일도 안 될 수 있다는 각오를 가지고 봉사해야 한다. 그것은 교만도 자만도 아니다. 무슨 일이든 능동적으로, 적극적으로 참여해야 한다. "나 하나쯤이야" 하는 생각을 버려야 한다.

예를 하나 들어보자.

옛날에 어떤 왕이 생일잔치를 벌이면서 초청받은 사람들에게 포도주 한 병씩을 가져오도록 했다. 생일날이 되어 사람들이 포도주 한 병씩을 가지고 오자 왕은 그것들을 모두 큰 통에 붓도록 했다. 그리고나서 그 통 속의 포도주를 생일잔치에 참여한 모든 사람에게 똑같이 나누어주어 마시게 했다. 그랬더니 포도주 맛은 별로 안 나고 거의 맹물 맛이나 다름이 없었다. 불행하게도 "나 한 명 정도 맹물 담아간다고 해서 그 큰 통 속에 부어진 포도주의 맛이 달라지겠는가!"라고 생각한 사람이 너무 많다 보니 그렇게 된 것이었다.

다시 본문으로 돌아가 보자. 사사기 2:19을 잘 읽어보라: "그 사사가 죽은 후에는, 그들이 돌이켜 그들의 조상들보다 더욱 타락하여 다른 신들을 따라 섬기며 그들에게 절하고 그들의 행위와 패역한 길을 그치지 아니하였으므로." 사사가 있을 동안에는 모든 것이 좋았다. 온갖 압제와 고통이 사라졌다. 나라가 평안했고 일상적인 삶이 행복했다. 하나님께서 사사들과 함께 해주셨기 때문이다. 그런데 사사가 죽은 후에는 모든 상황이 다시 예전으로 돌아가 버리고 말았다. 이스라엘 백성이 사사가 죽고 없자 모두가 자기 멋대로 행동했던 것이다.

그 결과가 얼마나 비참했는가? 20-21절에 그 결과가 언급되어 있다: "여호와께서 이스라엘에게 진노하여 이르시되 이 백성이 내가 그들의 조상들에게 명령한 언약을 어기고 나의 목소리를 순종하지 아니하였은즉, 나도 여호수아가 죽을 때에 남겨 둔 이방 민족들을 다시는 그들 앞에서 하나도 쫓아내지 아니하리니." 무슨 말씀인가? 이스라엘이 하나님의 언약을 어기고 그의 목소리(말씀)에 불순종하니, 이민족을 통하여 그들을 계속해서 괴롭히겠다는 것이다. 사사들이 떠나고 없으니 하나님의 함께 하심도 없었고, 그래서 이스라엘 백성에게는 고통과 괴로움이 계속 이어질 수밖에 없었다.

여러분은 어떠한 삶을 살고자 하는가? 하나님께서 함께 하시는 삶을 살 것인가, 아니면 하나님을 떠나 제멋대로 행동하는 삶을 살 것인가? 사사들이 사는 동안에만 한시적으로 순종하는 삶을 살 것인가, 아니면 사사들이 없는 동안에도 계속해서 순종하는 삶을 살 것인가? 어느 길을 선택하느냐에 따라 여러분의 행복과 미래가 결정된다. 아무리 세상 살기가 힘들고 온갖 유혹이 여러분을 유혹한다 할지라도, 적어도 여러분들만큼은 하나님과 함께 하시는 삶을 선택하시기 바란다. 항상 하나님과 동행하는 행복한 삶을 누리시기 바란다.

그리고 무엇보다도 사사들과 함께 하신 하나님께서 여러분과도 늘 함께 하시기를 간절히 바란다. 임마누엘하시는 하나님의 은혜가 여러분 모두에게 항상 넘치기를 바란다. 무엇보다 여러분에게 하나님의 영을 충만하게 부어주시는 은혜를 주시길 바란다. "내게 능력 주시는 자 안에서 내가 모든 일을 할 수 있다"는 바울의 확신이 여러분 모두의 신앙고백이 되기를 간절히 바란다. 그리하여 여러분이 있는 동안에는 늘 하나님의 은혜와 복이 여러분 주위를 떠나지 않는 그러한 기적을 날마다 체험하시기 바란다.

올바른 은사 활용
(삿 16:23-30)

1988년은 우리나라에서 처음으로 올림픽이 열렸던 해로 유명하다. 그때 올림픽을 상징하는 동물로 호랑이가 선택되었고 그 호랑이의 애칭은 호돌이로 결정되었다. 여러분 중에 그 호돌이 마크를 보지 않은 사람은 없을 것이다. 그런데 그 호돌이의 그림을 유심히 들여다보면 고개가 어느 한 쪽으로 기울어져 있음을 알 수 있다. 그 방향이 어느 쪽인지 여러분은 알고 있는가? 아마 자신 있게 대답할 사람은 거의 없을 것이다. 왜냐하면 호돌이의 모습을 아무리 많이 보아도 그 고개가 어느 쪽으로 기울어져 있는지에 대해서는 관심이 잘 가지 않기 때문이다. 그리고 그것은 우리가 그렇게 크게 관심을 기울일 필요가 없는 일이기도 하다.

세상에는 이처럼 우리가 관심을 가지지 않아도 되는 일들이 참으로 많다. 그러나 그 반대로 반드시 관심을 가져야 하는 일도 많다. 우리의 신앙생활도 이와 같지 않은가 하는 생각이 든다. 우리의 신앙생활 가운데에도 관심을 가질 필요가 없는 일들이 있는가 하면 반드시 관심을 가져야 할 일들도 있다. 그런데 교회 안에는 신경 쓰지 않아도 될 일에 지나치게 신경을 쓰는 사람들이 있는가 하면, 반드시 신경을 써야 할 일에 전혀 관심을 기울이지 않는 사람들이 많다. 특히 후자의 경우가 우리에게 가장 문제가 되는 것 같다. 그 가장 대표적인 경우가 바로 하나님의 은사(恩賜; gift)에 관한 것이다.

사사 시대의 상황

우리가 잘 아는 바와 같이 하나님은 자신의 일을 이루시기 위해 여러 종류의 사람들을 선택하신다. 그리고 그들에게 그 일을 할 수 있는 재능과 은사를 주신다. 우리는 이러한 사실을 예수님의 달란트 비유나 은사에 대한 바울의 설명에서 찾아볼 수 있다. 이 말씀들에 의하면 하나님의 자녀는 누구든지 자기에게 맞는 재능과 은사를 가지고 있게 마련이다. 그런데 그러한 은사나 재능을 아무 생각 없이 지나치는 사람이 적지 않다. 자신에게 어떤 은사가 있는지, 자신이 주님을 위해 어떠한 방법으로 영광을 돌릴 수 있는지에 전혀 관심이 없는 것이다. 그런가 하면 은사가 있음을 알면서도 그것을 사용하지 않거나 잘못 사용하는 경우가 많이 있다. 그 대표적인 인물이 바로 삼손이다. 삼손은 이스라엘의 12번째 사사였다.

삼손을 이해하려면 먼저 그가 살던 시대에 대해서 알아둘 필요가 있다. 사사 시대를 요약하고 있는 사사기 2:11-23에 의하면, 이스라엘은 여러 차례 하나님을 떠나 바알과 그의 배우자인 아세라를 좇는다(범죄). 이에 하나님은 그들을 다른 나라 사람들에게 붙이심으로써 그들을 벌하신다(징벌). 이스라엘은 이방 사람들에게 억눌려 괴로움 당하는 것을 견디지 못하고 마침내 하나님께 부르짖게 되고(회개), 하나님은 그들의 신음소리를 들으시고 그들을 불쌍히 여기신 나머지 사사들을 세워 그들을 건져주신다(구원). 그러니까 사사기는 우상 숭배의 죄, 징벌과 심판, 부르짖음과 회개, 사사들을 통한 구원 등의 네 가지 요소가 계속해서 반복되는 이야기를 담고 있는 것이다.

그렇다면 이스라엘이 하나님의 벌을 받으면서도 반복해서 바알 종교에 빠졌던 이유는 무엇일까? 그것은 바알 종교가 농경 문화권의 종교로서 다산(多産)과 풍요를 그 특징으로 가지고 있었기 때문이었다. 무엇보다도 당시의 바알 종교는 신전 창기(聖娼; sacred prostitute)와 성적인 관계를 맺으면 지상 생활에 풍요를 약속받을 수 있다는 식의 논리를 그 안에 가지고 있었다. 따라서 가나안 땅에 살던 이스라엘은 끊임없이 가나안 종교의 이러한 유혹에 직면하지 않을 수 없었다. 그들에게 있어서 부도덕하고 퇴폐적이기까지 한 가나안 사람들의 종교는 한편으로는 투쟁과 대결의 대상이면서도 다른 한편으로는 그들을 깊이 빨아들이는 무서운 함정이었던 것이다.

농경 문화권의 바알 종교가 갖는 이러한 특성은 사사 시대와 그 이후의 이스라엘을 두고두고 괴롭혔다. 그런데 사사 시대에 이 바알 종교에 맞서 싸운 사람들이 바로 하나님께서 이스라엘을 구원하시기 위해 세우신 사사들이었다. 사사들은 세습을 원칙으로 하는 왕(王)들과는 달리 하나님의 신(神)에 감동 받아 활동하는 자들로서 주로 위기 때에만 출현하였다. 그들은 싸움터에 나가기를 희망하는 사람들을 이끌고 이스라엘을 괴롭히는 이방 사람들을 물리쳤다. 그들은 이스라엘에 평화를 가져다주는 동시에, 이스라엘이 더 이상 바알 종교에 빠지지 않게 하는 방패막이 역할을 수행하였다.

삼손의 힘자랑

사사기를 보면 이러한 사사들이 모두 13명 나오는데 그중 맨 마지막 사사가 본문에 나오는 삼손이었다. 단 지파(아버지는 마노아)에 속한 삼손은 사무엘상에 나오는 마지막 사사 사무엘과 함께 사사들 중에 가장 잘 알려진 인물이다. 그런데 재미있는 것은 그의 생애가 힘자랑으로 시작해서 힘자랑으로 끝난 것 같다는 점이다.

첫 번째로 그는 부모의 반대를 무릅쓰고 딤나에서 블레셋 여인을 취하여 아내로 삼고자 했다(삿 14장). 결혼식을 위해 부모와 함께 딤나로 갔는데, 그곳의 포도원에서 하나님의 신에 감동되어 한 마리의 어린 사자를 염소 새끼를 찢음 같이 찢어 죽였다. 얼마 후 그 여인에게 가다가 사자 주검에서 벌떼와 꿀을 보고서는 그 꿀을 취하여 부모님께 갖다 드렸다. 혼인 잔치를 열 때 30명 친구들을 초청하여 수수께끼를 내면서 베옷 30벌과 겉옷 30벌을 내걸었다(잔치하는 7일 동안에): "먹는 자에게서 먹는 것이 나오고 강한 자에게서 단 것이 나왔다." 답을 생각지 못한 친구들은 삼손의 아내에게 "답을 가르쳐주지 않으면 너와 네 아비 집을 불사르겠다"고 협박하여 "무엇이 꿀보다 달겠으며 사자보다 강하겠느냐?"는 대답을 이끌어 낸다. 진상을 알게 된 삼손은 아스글론으로 내려가서 30인을 죽이고 노략하여 30벌의 옷을 친구들에게 주었다. 그후 삼손은 아비 집으로 가버렸고 그의 아내는 삼손의 친구에게 준 바 되었다.

두 번째로 삼손은 얼마 후 밀 거둘 때에 염소 새끼를 가지고 아내를 찾아간다(삿 15장). 아내를 보고자 했으나 장인이 딴 사람에게 주었으니 동생을 아내로 맞으라고 하자, 삼손은 삼백 마리 여우의 꼬리를 매고 그 사이에 홰를 매달아 곡식밭과 감람원을 불사른다. 블레셋 사람들이 장인과 아내를 불사르자 삼손은 블레셋 사람들을 크게 도륙한다. 이에 블레셋 사람들은 유다를 공격(보복)하러 진을 치고서는 삼손을 결박하여 인도하면 퇴각하겠다고 위협한다. 삼천 명의 유대인들이 삼손을 설득하여 결박, 인도한다. 블레셋과 마주치는 찰라 삼손에게 여호와의 신이 임하면서 나귀의 새 턱뼈로 천명을 죽였다.

세 번째로 삼손은 또 다시 소렉 골짜기의 들릴라를 사랑하게 되었다(삿 16장). 이에 블레셋 다섯 방백들은 삼손의 비밀을 알려 주면 각각 1,100달란트(은)를 주겠다고 유혹한다. 그러나 "마르지 않은 푸른 칡 일곱으로 결박하라, 쓰지 아니한 새 줄로 결박하라, 머리털 일곱 가닥을 위선에 섞어 짜면 된다"는 등의 답변으로 거짓말을 한다. 마지막으로 삭도로 머리를 깎으면 된다(나실인이므로)는 답변에 효력을 본다. 삼손의 머리털을 밀어버림으로써 그의 힘을 완전히 빼앗은 블레셋 사람들은 그의 눈을 빼고 놋줄로 맨 다음에 옥중에서 맷돌을 갈게 하였다. 그들은 삼손 체포를 인하여 자기들이 섬기던 다곤(Dagon) 신에게 큰 제사를 드리고 백성들과 함께 큰 축제를 벌인다. 그 축제에서 삼손은 블레셋 사람들을 위해 재주를 부린다. 두 기둥 사이에 선 삼손은 곁에 있던 소년에게 기둥을 잡을 수 있게 해달라고 부탁했고, 하나님께 기도함으로 마지막 힘을 쓴다. 이로 인해 삼천 명 이상이 죽는다. 삼손 자신도 죽었다.

은사를 소홀히 여기지 말라

삼손은 나실인으로서 역사상 가장 힘이 센 인물이었다. 그는 사사로 있으면서 많은 불레셋 사람들을 죽였다. 그러나 불행하게도 그는 나실인으로서는 해서는 안 될 일을 많이 했다. 나실인의 법을 소개하는 민수기 6장에 의하면, 나실인은 성별된 사람이었으므로 자신의 몸을 부정하게 하면 안 되었다. 그런데도 그는 부정한 것, 곧 사자의 시체를 만졌을 뿐만 아니라, 이방 여인들을 가까이 하면서 포도주와 독주를 즐겨 찾았으며, 마지막에는 머리털이 다 깎이는 수모를 당하기까지 했다. 그는 사적인 감정으로 블레셋 사람들을 죽이는 경우는 있었어도 사사 본래의 직무에는 충실하지 못했던 것이다.

물론 하나님께서는 그를 사사로 세우시고 그를 통해서 블레셋 사람들을 징계하심과 동시에 이스라엘을 구원하셨지만, 그의 활동은 앞서 활동했던 사사들의 경우와는 크게 다른 것이었다. 그 결과는 어떠한 것들이었는가? 마침내 그는 이방 여인에게 속아 넘어가고 말았다. 그는 하나님의 은사를 잘못 사용함으로써 길게 자랐던 머리털을 밀리우고 그 엄청난 힘을 다 잃은 채로 비극적인 최후를 맞이해야 했던 것이다.

완전히 똑같지는 않지만 모세에게서도 이와 비슷한 사례가 발견된다. "반석에게 명령하여 물을 내라"는 하나님의 명령에 불순종하여 반석을 지팡이로 두 번 치면서 백성들에게 화를 냈다: "반역한 너희여, 들으라! 우리가 너희를 위하여 이 반석에서 물을 내랴?"(민 20:10-11) 모세는 출애굽의 지도자로서 하나님의 은사를 소유하고 있었다. 그러나 은사를 잘못 활용함으로 하나님의 영광을 가리웠고 그로써 가나안 진입에 실패하고 말았다. 누구보다도 뛰어난 지도자요 하나님께서 특별히 선택한 종이었건만 단 한 번의 실수로 약속의 땅에 들어가지 못했던 것이다.

사울은 또 어떠했는가? 그는 기름 부음을 받은 이스라엘의 초대 왕이었다. 하나님의 신으로 충만했다(삼상 10:10). 그러나 자신에게 주어진 하나님의 은사를 잘못 활용해서 왕권을 유다 지파에 속한 다윗에게 빼앗기고 말았다. 그는 불행하게도 두 가지의 중대한 잘못으로 인하여 자신의 왕권을 자기 아들인 요나단에게 물려주는 데 실패하고 만 것이다. 첫 번째 실수는 그가 길갈에서 사무엘을 제쳐놓고 자기 손으로 제사를 드린 일이었고(삼상 13:1-14), 두 번째 실수는 그가 하나님의 말씀을 어기고서 아말렉을 진멸하지 않았다는 데에 있었다(삼상 15장). 결국 그는 골리앗을 죽인 다윗의 눈부신 활약과 인기 상승에 정신적인 충격을 받은 나머지 악신에 들리게 되었고, 나중에는 블레셋 사람들과의 길보아산 전투에서 중상을 입고서 스스로 목숨을 끊는 비참한 최후를 맞는다(삼상 31장).

여러분은 하나님께서 여러분에게 주신 은사들이 무엇인지를 잘 알고 있는가? 그 은사들을 잘 활용하고 있는가? 내가 주님을 위해 해야 할 일이 무엇인지를 부지런히 생각하면서 세상을 살고 있는가? 아니면 마땅히 관심을 가져야 할 일에 전혀 무관심한 것은 아닌가? 전혀 불필요한 일에 신경 쓰느라고 주님의 일을 제대로 못하고 있지는 않는가? 혹시나 삼손과 같은 잘못을 범하고 있지는 않는가? 자신의 영광을 위해서나 정욕을 위해서가 아니라 오로지 하나님 영광을 위해서만 은사를 사용하기 바란다.

사무엘상·하

하나님의 섭리를 앞세우는 신앙_삼하 1:1-16
벌거벗은 사람, 온전한 신앙_삼상 12:1-5
청소년의 바람직한 신앙생활_삼상 18:1-9
종으로 봉사하는 사람들_삼상 28:3-19

하나님의 섭리를 앞세우는 신앙
(삼하 1:1-16)

　사무엘상은 사무엘과 사울 및 다윗 등의 세 사람을 주요 등장인물로 그리고 있는 역사서이다. 반면에 사무엘하는 그 마지막 인물인 다윗에 대해서만 다룬다. 우리가 읽은 본문은 사울이 죽은 직후에 있었던 일을 다루고 있다. 다윗이 통일 왕국의 왕이 되기 전에 겪은 맨 처음 사건에 해당하는 셈이다. 우리의 본문을 포함하고 있는 사무엘하 1장은 크게 두 부분으로 나누인다. 첫 번째 부분은 사울의 죽음에 관한 보고이고(1-16절), 두 번째 부분은 사울과 요나단의 죽음 앞에서 다윗이 지어 부른 애도의 노래를 싣고 있다(17-27절).

　오늘 읽은 1-16절의 내용을 요약하자면 이렇다: 사울이 죽은 직후에 한 아말렉 청년이 아직 시글락에 머물러 있던 다윗을 찾아와 사울의 죽음에 대해서 보고한다. 그 청년은 그 보고에서 자기가 사울을 죽였다고 말한다. 이에 다윗은 사울과 요나단의 죽음을 슬퍼하면서, 하나님께서 기름 부어 세운 지도자를 어떻게 함부로 죽일 수 있느냐면서 그를 칼로 쳐서 죽인다. 우리는 이상의 내용에서 크게 세 가지의 교훈을 얻을 수 있다. 아말렉 청년의 보고에서, 사울의 죽음에 대한 다윗의 반응에서, 그리고 마지막으로 사울의 왕권을 다윗에게 넘겨주시는 하나님의 섭리에서 말이다.

아말렉 청년의 등장

먼저 아말렉 청년의 보고를 살펴보도록 하자. 1절에 의하면 사울이 죽은 후에 다윗은 아말렉 사람들을 진멸하고서 시글락으로 돌아왔다. 이로부터 삼일째 되는 날에 사울의 진에 있던 한 아말렉 청년이 다윗에게 나아왔다(2절). 아마도 그는 이스라엘 사람이 아닌 이방인(아말렉 사람)으로서 특별한 재주로 인하여 사울의 군대 조직에 소속되었을 것이다. 일종의 용병인 셈이다. 아니면 전쟁 포로가 되어 전쟁터에 소환되었을 수도 있다. 다윗에게 나아와 땅에 엎드려 절할 때 그는 옷이 찢어지고 머리에 흙을 뒤집어쓴 채로 있었다(2절). 이것은 단순히 그가 전쟁터에서 싸우다가 빠져나왔기 때문에 그런 것이 아니다.

전쟁터에서 옷이 찢어지는 일은 충분히 가능한 일이었겠지만, 머리에 흙이 있다는 것은 전쟁의 상황과는 전혀 무관한 것이었다. 먼 길을 달려왔기 때문이라는 설명도 불충분하다. 도리어 그것은 사울과 요나단의 죽음을 애도하는 외적인 표시에 해당한다고 볼 수 있다. 실제로 이스라엘에서 옷을 찢고 머리에 흙을 뒤집어쓰는 것은 흔히 누군가의 죽음을 애도할 때 취하는 행동을 가리켰다. 아이 성을 공격했다가 36명이나 되는 사람들이 목숨을 잃는 안타까운 상황 앞에서 탄식하던 여호수아의 행동이 그 점을 잘 보여 준다: "여호수아가 옷을 찢고 이스라엘 장로들과 함께 여호와의 궤 앞에서 땅에 엎드려 머리에 티끌을 뒤집어쓰고 저물도록 있다가"(수 7:6).

아말렉 청년은 이스라엘 사람들의 일반적인 애도의 표시를 잘 알고 있었을 것이다. 따라서 그는 사울과 요나단의 죽음에 대한 그 나름의 슬픔을 표현하기 위해, 일부러 옷을 찢고 머리에 흙을 뒤집어쓴 채로 다윗을 찾아왔던 것이다. 다윗은 자기 앞에 엎드려 절하는 아말렉 청년에게 그가 어디에서 왔는지를 묻는다. 이에 그 청년은 자신이 이스라엘 진에서 가까스로 살아서 빠져나왔다고 말한다(3절). 그러자 다윗은 그 청년에게 전쟁터의 상황이 어떻게 결말지어졌는지를 물었다.

아말렉 청년의 거짓 보고

다윗의 질문에 아말렉 청년은 전쟁터에서 목숨을 건지기 위하여 도망하는 이스라엘 병사들이 많았고, 또 그들 중에 죽은 자가 많았다고 보고한다. 그리고 마지막으로 그는 사울과 그의 아들 요나단이 죽었다는 가장 중요한 사실을 보고한다(4절). 그는 이스라엘 군대에서 근무했었기에 사울의 얼굴을 금방 알아보았을 것이다. 요나단의 경우도 마찬가지였을 것이다. 왜냐하면 요나단은 사울의 큰 아들이요, 사울의 뒤를 이어 왕위를 계승할 자로 널리 알려져 있었기 때문이다.

그는 사울 왕과 요나단의 죽음이 다윗에게는 기쁨의 소식이 될지도 모른다고 생각했다. 그러나 상황은 그 반대였다. 다윗은 아말렉 청년의 보고에 크게 놀란다. 사울과 요나단이 죽었다는 소식은 그에게 큰 충격을 주었다. 특히 요나단의 죽음이 그러했다. 그러나 무작정 그 청년의 보고를 믿을 수만은 없었다. 그리하여 다윗은 그에게 두 사람의 죽음을 어떻게 알게 되었는지를 확인하고자 했다: "사울과 그의 아들 요나단이 죽은 줄을 네가 어떻게 아느냐?"(5절)

그러자 아말렉 청년은 6-10절에 설명된 내용을 다윗에게 보고한다. 그의 보고를 정리하자면 이렇다. 그는 "우연히" 싸움이 격렬하게 벌어지는 길보아산에 올랐다가 중상을 입은 사울이 창으로 몸을 버티고 서 있는 모습을 목격했다. 적군이 그에게 바짝 다가오고 있는 상황에서 사울은 아말렉 청년을 불렀다. 그의 신분을 확인한 사울은 그에게 자신을 죽이라고 명했다. 이에 그 청년은 사울이 더 이상 소생할 수 없음을 알고서 그를 죽였고, 그의 죽음에 대한 증거로 그가 머리에 쓰고 있던 왕관과 팔에 끼고 있던 팔찌를 빼어서 가지고 왔다는 것이다.

그러나 아말렉 청년의 보고는 사무엘상 31:1-7의 설명과 일치하지 않는다. 이 설명에 의하면, 블레셋 사람들이 사울과 그의 아들들을 바짝 추격하여 먼저 세 아들 요나단과 아비나답과 말기수아를 죽인다. 싸움이 치열해지면서 전세가 사울에게 불리해지는 중에, 활을 쏘는 군인들이 사울을 알아보고서 활을 쏘아 명중시킨다. 중상을 입은 사울은 자신의 무기를 맡은 병사에게 할례받지 못한 이방인들이 자기를 능욕하지 못하도록 자기를 찔러 죽이라고 명한다. 그가 겁을 먹은 나머지 사울의 명을 거부하자, 사울은 자신의 칼을 뽑아서 그 위에 엎어져 스스로 목숨을 끊고 말았다. 사울은 다른 누가 죽인 것이 아니었던 것이다.

불의한 욕심의 결과

이것은 아말렉 청년이 다윗에게 거짓 보고를 했음을 뜻한다. 왜 그랬을까? 당시에 사병들이나 백성들은 사울이 나라를 다스리지는 않고 다윗을 죽이기 위해 혈안이 되어 있었다는 사실을 잘 알고 있었다. 아말렉 청년도 예외가 아니었을 것이다. 그 까닭에 그 청년은 우연히 사울과 요나단의 시신을 발견하고서, 순간적으로 잘못된 욕심에 사로잡혔을 것이다. 이 둘의 죽음을 다윗에게 보고하되, 자기가 그 둘을 죽였다고 허위 보고하고, 또 그 증거로 사울의 왕관과 팔찌를 가지고 가면, 틀림없이 다윗이 자기에게 큰 포상을 하리라고 생각한 것이다.

그리하여 그는 사울과 요나단의 죽음을 애도하는 모습을 보이면서도, 다른 한편으로는 큰 희망과 기대를 가지고 다윗을 찾아갔다. 하지만 불행하게도 그를 기다리던 것은 그가 기대하던 포상이 아니라, 하나님께서 기름 부으신 자를 죽인 행동에 대한 다윗의 분노요, 사형 처벌이었다. 다윗은 그가 사울을 죽였다는 보고를 듣고서 당장에 그를 죽이도록 명했던 것이다. 그는 불의한 탐욕에 사로잡힌 나머지 다윗 앞에서 거짓말을 했다가 목숨을 잃고 만 것이다.

오늘의 우리 사회는 어떠한가? 우리 자신은 또 어떠한가? 아말렉 청년처럼 불의한 욕심에 사로잡혀 있지는 않은가? 불의한 욕심에 사로잡히게 되면 아말렉 청년처럼 거짓을 말하게 된다. 거짓을 말하게 되면 어떻게 되는가? 최악의 경우 그처럼 죽을 수도 있다. 아나니아와 삽비라의 경우가 그러했다(행 5장). 이 둘은 그들 소유의 땅을 팔되, 그 값에서 얼마를 감추고서는 나머지를 사도들에게 드린다. 그것을 알게 된 베드로는 "아나니아야, 어찌하여 사탄이 네 마음에 가득하여 네가 성령을 속이고 땅 값 얼마를 감추었느냐?"고 책망한다. 이 말을 듣는 순간 아나니아는 혼절하여 죽고 만다. 아내 삽비라도 죽는다.

성경은 돈이나 물질에 대한 탐욕이 얼마나 위험한지를 곳곳에서 밝히고 있다. 두 개의 본문만을 예로 들어보자:

> 욕심이 잉태한즉 죄를 낳고
> 죄가 장성한즉 사망을 낳느니라 (약 1:15).

> 돈을 사랑함이 일만 악의 뿌리가 되나니
> 이것을 탐내는 자들은 미혹을 받아
> 믿음에서 떠나 많은 근심으로써 자기를 찔렀도다 (딤전 6:10).

깨끗하고 맑은 양심으로 산다는 것은 정말 중요한 일이다. 불의한 욕심에 사로잡히면 안 된다. 자기가 노력하여 벌어들인 것이 아니면 어떤 것도 탐내서는 안 된다. 이러한 품성은 하루아침에 만들어지는 것이 아니다. 어려서부터 훈련받은 사람들에게서만 가능하다. 이를테면 가정에서 자녀들을 교육시킬 때 방바닥에 떨어진 동전 하나라도 자기 것이 아니면 가져가지 못하게 하는 것이다. 어려서부터 이러한 훈련이 잘 된다면 우리 사회 전체가 맑아질 것이다. 더 나아가서 하나님의 것을 하나님께 드리는 훈련(현금 생활) 역시 중요하다. 하나님의 것에 대한 탐욕은 바람직하지 못하다. 언젠가는 하나님께서 빼앗아갈 것이다.

하나님의 섭리에 대한 믿음

둘째로 사울의 죽음에 대한 다윗의 반응을 보도록 하자. 어떻게 보면 사울의 죽음은 여러 차례 생명의 위협을 느꼈던 다윗에게 충분히 경축할 만한 소식이었다. 아말렉 청년은 그러한 생각에 기초하여 행동한 사람이다. 그는 자신이 다윗에게 왕권을 가져다준 것이나 다름이 없으니 큰 상급이 있을 것이라 기대했다. 아마 그 상황에 있었다면 누구나 그랬을 것이다.

그럼에도 다윗은 예상 밖의 태도를 보인다. 누구나 생각했음직한 반웅이 다윗에게서 나오지 않은 것이다. 아말렉 청년의 행동을 칭찬하고서 그에게 큰 상금을 내릴 줄로 알았는데, 그게 아니었다. 다윗은 현직 왕인 사울의 죽음이나, 그의 왕위 계승 후보자인 요나단의 죽음을 도무지 기뻐하지 않는다. 그는 두 사람의 죽음을 경축하지도 않는다. "이제야 왕권 획득을 위한 길이 열렸구나!" 하면서 감격하지도 않는다. 도리어 그는 왕과 그의 아들이 죽었다는 소식에 충격과 슬픔을 느낀다. 아말렉 청년에게서 두 사람의 죽음을 최종 확인한 그는 옷을 찢고 슬퍼하며, 저녁때까지 울면서 금식한다.

그가 진정으로 슬퍼한 것은 하나님께서 선택하신 종인 사울과 그의 사랑하는 아들 요나단이 죽었다는 사실이었다. 다른 어떤 생각도 그에게는 없었다. 그 까닭에 그는 두 사람을 죽였다고 허위 보고한 아말렉 청년에게 분노하였다. 어떻게 하나님께서 기름 부어 세우신 지도자를 사람의 손으로 함부로 죽일 수 있느냐는 것이 그의 생각이었다. 하나님께서 하실 일을 어떻게 사람이 함부로 할 수 있느냐는 것이다.

다윗은 하나님께서 자기를 왕 삼으시리라는 것과 사울의 죽음을 완전히 별개의 것으로 생각했다. 어떻게든 자신을 향한 하나님의 뜻이 이루어질 것이라는 내적인 확신이 있었기에, 다윗은 두 사람의 죽음을 자신의 왕권 계승 문제와 결부시켜 생각하지 않았다. 다윗의 위대성이 바로 여기에 있다. 그는 누구나 기뻐할 만한 일에 기뻐하지 않고 도리어 크게 슬퍼한다. 자신을 그토록 죽이고자 했던 사울과 그의 아들 요나단의 죽음은 누가 보아도 정말 기뻐할 일이었으나, 그는 자신의 이익을 위하여 행동하는 소인배가 아니었다.

그는 당장 자신에게 닥칠 이익보다는 하나님께서 선택하신 왕의 불행을 더 소중하게 생각했다. 그는 자기를 괴롭히던 사울이 죽었으니 정말 다행스러운 일이라고 안도하지도 않았다. 원수 갚는 일이 하나님께 있다는 믿음이 그에게 있었기에, 그는 이제껏 선으로 악을 이기고자 하여 최대한으로 사울을 예우했다(롬 12:18-21). 따라서 그는 사울의 죽음을 진정으로 슬퍼할 수 있었다. 이처럼 자신의 이익에 초연할 수 있는 다윗의 태도는 정말 본받을 만한 것이다. 남의 불행을 자신의 불행으로 알고서 슬퍼할 수 있는 마음의 여유는 아무에게나 있는 것이 아니다. 그것은 진정 하나님을 닮은 사람에게서나 찾을 수 있는 것이다.

그것은 하나님께서 우리 인간의 삶과 역사를 이끌어 가신다는 확고한 신앙을 가진 사람, 곧 하나님 중심주의의 신앙을 가진 자에게서나 찾을 수 있는 것이다. 눈앞의 사소한 이익에 감동하고 남의 불행을 자신의 기쁨으로 받아들이는 사람에게서는 찾아질 수 없는 것이다. 요즘처럼 삭막한 세상에 정말 필요한 것이 바로 이러한 삶의 태도이다. 자신의 사적인 감정이나 이익보다는 공동체 전체의 이익을 먼저 생각하는 삶의 자세, 그리고 남의 불행과 기쁨을 자신의 것으로 알고 그와 함께 슬퍼하고 기뻐하고자 하는 마음의 여유가 오늘의 우리에게 필요한 것이다: "너희를 박해하는 자를 축복하라. 축복하고 저주하지 말라. 즐거워하는 자들과 함께 즐거워하고 우는 자들과 함께 울라"(롬 12:14-15).

반드시 이루어지는 하나님의 섭리

셋째로 사울의 왕권을 다윗에게 넘겨주시는 하나님의 섭리에서 우리는 중요한 교훈을 얻는다. 사울과 요나단의 죽음으로 인하여 다윗은 생각지도 않은 방식으로 왕위 계승자로 떠오르게 된다. 또한 그는 전혀 뜻하지 않게 아말렉 청년에게서 왕관과 팔찌를 받음으로써 왕권 계승자로서의 자격을 부여받는다(10절). 그가 왕권을 상징하는 왕관과 팔찌를 아말렉 청년으로부터 받게 된 것은 도무지 생각지 못한 일이었다. 그것은 전적으로 하나님의 섭리에 의한 것이었다. 하나님께서 일찍이 사무엘을 통하여 다윗에게 기름을 부어 왕을 삼고자 했지만, 그 일이 언제 어떠한 방식으로 이루어질지는 아무도 몰랐다. 그런데 그 일이 블레셋과의 전쟁을 계기로 가능하게 된 것이다.

하나님의 섭리는 인간의 생각과 지혜로 도무지 알 수 없는 방식으로 이루어진다. 그 가장 대표적인 예를 우리는 요셉 이야기에서 확인할 수 있다. 이집트의 총리가 된 요셉은 곡물을 사러 온 형들을 만나 자신의 신분을 밝힌 후, 두려움에 사로잡힌 형들을 위로하기 위하여 이렇게 말한다: "당신들이 나를 이곳에 팔았다고 해서 근심하지 마소서. 한탄하지 마소서. 하나님이 생명을 구원하시려고 나를 당신들보다 먼저 보내셨나이다"(창 45:5, 7; 참조, 50:20).

요셉은 형들의 시기심에 의해 죽을 뻔한 일, 이집트에 종으로 팔린 일, 보디발의 아내의 유혹을 피하려다 억울하게 감옥에 갇힌 일, 두 시종장의 꿈을 해석해 준 일, 이집트 왕 바로의 꿈을 해석한 후에 이집트 총리가 된 일, 칠 년간의 풍년과 칠 년간의 흉년, 기근으로 인한 형들의 이집트 방문 등의 파란만장한 삶을 통해서 하나님의 주권적인 섭리를 발견한 것이다.

모세가 이집트 왕실에서 40년 동안 고등교육을 받고 또 미디안 광야에서 40년 동안 목자 생활을 한 것도 알고 보면 마찬가지이다. 그것은 모세를 출애굽의 지도자로 삼기 위한 하나님의 뜻과 계획 속에서 이루어진 일이었다. 한 가지만 더 예를 들어보자. 에스더서에서 모르드개가 왕비 에스더에게 말하는 다음의 말도 사람이 예측할 수 없는 방식으로 이루어지는 하나님의 섭리를 강조한다: "이 때에 네가 만일 잠잠하여 말이 없으면, 유다인은 다른 데로 말미암아 놓임과 구원을 얻으려니와, 너와 네 아버지 집은 멸망하리라. 네가 왕후의 자리를 얻은 것이 이 때를 위함이 아닌지 누가 알겠느냐?" (에 4:14)

이 말에서 모르드개는 에스더의 왕비 자리가 하만의 흉계하에 몰살당할 위기에 놓인 유대 백성을 구원하기 위한 하나님의 섭리와 계획 속에서 주어진 것이라고 말한다. 우리는 하나님의 섭리에 대한 이러한 확신을 가지고서 신앙생활을 해야 한다. 인간의 삶과 역사라는 것은 결코 사람의 생각과 계획대로 되지 않는다. 도리어 그것은 역사의 주관자이신 하나님의 뜻과 섭리에 따라 움직인다. 다윗은 하나님의 섭리에 대한 굳은 믿음을 가지고 있었기에, 아말렉 청년의 불순한 의도에 넘어가지 않았다.

오늘의 우리도 마찬가지이다. 우리는 매사에 하나님의 뜻과 섭리를 앞세우는 순전한 믿음을 가지고서 세상을 살아야 한다. 아무도 예측할 수 없는 방식으로 구원을 이루시고 은총을 베푸시는 하나님을 믿을 때 비로소 우리의 삶이 안전해질 것이다. 바울이 로마서 8:28에서 한 다음의 말은 인간의 뜻과 계획을 초월하시는 하나님의 섭리에 대한 신앙을 가장 멋지게 표현한 것이라 할 수 있다: "우리가 알거니와 하나님을 사랑하는 자, 곧 그 뜻대로 부르심을 입은 자들에게는 모든 것이 합력하여 선을 이루느니라." 여러분에게도 이러한 믿음이 충만하기를 기원한다.

벌거벗은 사람, 온전한 신앙
(삼상 12:1-5)

하나님께서는 태초에 우주 만물을 창조하시고 창조의 끝날에 인간을 창조하신 후, 에덴 동산을 만들어 최초의 인간을 거기서 살게 하셨다. 아담과 하와가 바로 그들이다. 이들은 에덴 동산에서 살면서 부끄러울 것이 없는 삶을 살았다. 창세기 2:25는 이것을 다음과 같이 묘사한다: "아담과 그의 아내 두 사람이 벌거벗었으나 부끄러워하지 아니하니라." 범죄하기 전에 아담과 하와는 에덴 동산에서 벌거벗고 살았지만 부끄러운 줄을 몰랐다는 것이다. 그러다가 선악과를 따먹고 나서야 비로소 부끄러움을 느꼈고, 그 결과 무화과 나뭇잎을 엮어서 부끄러운 곳을 가렸다.

벌거벗었으나 부끄럽지 않다

여기서 우리는 궁금증을 갖게 된다. 하나님께서는 왜 처음 사람들을 벌거벗고 살게 하셨을까? 그들은 왜 자신과 상대방의 벌거벗은 모습을 보면서도 부끄러움을 느끼지 못했을까? 그것을 알기 위해서는 먼저 오늘 우리가 함께 읽은 본문의 의미를 곰곰이 되새겨볼 필요가 있다. 오늘의 말씀은 사무엘이 마지막으로 이스라엘 백성에게 주는 일종의 고별 설교에 해당하는 것이다. 그는 자신의 삶을 총정리하면서 백

성들에게 자신의 삶에 과연 흠이 있었는지를 묻는다. 2b-3절의 질문이 그렇다:

> 내가 어려서부터 오늘까지 너희 앞에 출입하였거니와, 내가 여기 있나니 여호와 앞과 그의 기름 부음을 받은 자 앞에서 내게 대하여 증언하라. 내가 누구의 소를 빼앗았느냐? 누구의 나귀를 빼앗았느냐? 누구를 속였느냐? 누구를 압제하였느냐? 내 눈을 흐리게 하는 뇌물을 누구의 손에서 받았느냐? 그리하였으면 내가 그것을 너희에게 갚으리라.

사무엘의 말을 들은 백성들은 그의 질문에 답하면서 그의 삶에 흠이 없었음을 인정한다(4절): "당신이 우리를 속이지 아니하였고 압제하지 아니하였고 누구의 손에서든지 아무것도 빼앗은 것이 없나이다." 우리는 이 대화에서 사무엘이 흠과 티가 없는 완전한 삶, 완벽한 삶을 살았구나 하고 생각할 것이다. 사무엘은 참으로 완벽한 인간이구나 하고 생각할 것이다. 그러나 본문의 핵심은 그것이 아니다. 땅 위에 발붙이고 사는 인간 중에 완전한 사람, 완벽한 사람은 있을 수가 없기 때문이다.

사무엘상 8장 1절 이하를 보면, 사무엘에게도 연약한 인간의 모습이 보이는 것을 알 수 있다. 그는 나이가 많게 되자 사사직이 하나님의 일방적인 선택에 의하여 이루어지는 것이지 혈통에 의하여 세습되는 것이 아니라는 것을 알면서도 불량한 두 아들을 사사로 임명하였다. 어렸을 때에는 성전에서 먹고 자고 생활하면서도 자신을 부르는 하나님의 음성을 알아듣지 못하여 세 번씩이나 엘리 제사장에게 달려간 적도 있었다. 하나님에 관해서 보고 듣고 배운 지식은 있었지만 하나님을 직접 만난 체험이 없었으니 그럴 만도 했다.

이처럼 사무엘도 다른 사람들이나 마찬가지로 흠과 티를 가진 인간이었다. 결코 완전하거나 완벽한 사람이 아니었던 것이다. 그럼에도 불구하고 그는 사람들 앞에서 자신의 삶을 있는 그대로 드러내 보인다. 자신의 일상생활 전체를 사람들 앞에 벌거벗긴 것이다. 사무엘의 일상생활을 낱낱이 잘 알고 있는 백성들은 벌거벗겨진 사무엘의 삶이 참으로 진실하고 정직한 것이었음을 인정한다. 크고 작은 실수가 없을 수 없었으나 지도자로서의 삶에 흠이 없었다는 얘기다. 적어도 남을 괴롭히거나 압제하는, 또는 불법적인 일에 가담하는 파렴치한 삶을 살지는 않았다는 것이다.

참된 신앙인의 모습

사무엘이 자신의 과거를 벌거벗긴 것은 결코 자신이 완전한 인간이었음을 자랑하고자 한 것이 아니었다. 그는 자신이 결점이 많은 사람이었음을 누구보다도 잘 알고 있었다. 이스라엘 백성도 그에게 있는 크고 작은 잘못들과 실수들을 잘 알고 있었을 것이다. 그럼에도 불구하고 사람들은 사무엘이 정말로 훌륭한 지도자였음을 인정한다. 지도자로서의 그의 모습에 감동한다. 무엇 때문인가? 그가 완전하고 완벽한 사람이어서인가? 아니다. 그들은 자신의 삶을 솔직하게 벌거벗기는 사무엘의 진실한 모습에 감동한 것이지, 그의 완전하고 완벽한 삶에 감동한 것이 결코 아니다.

우리는 그동안 여러 차례에 걸쳐서 무수한 지도자들이 국무총리나

장관으로 임명되기에 앞서 언론의 검증과 청문회를 거치면서 자신의 과거가 파헤쳐지는 바람에 해당 직무를 수행하지 못하는 경우를 목격하였다. 참으로 임명 동의안 통과 직전까지의 모든 삶의 흔적들이 모든 국민들 앞에 샅샅이 벌거벗겨진 것이다. 주민등록, 자녀들의 국적, 의료보험, 출신학교, 부동산, 아파트 개조 등등 걸리지 않는 것이 없었다. 자신과 가족 전체의 삶이 인터넷과 언론 매체에 낱낱이 공개되었으니 당사자들은 얼마나 부끄러웠겠는가?

사람들은 아마도 그러한 지도자들과 관련된 기사들을 보면서, 높은 자리에 오르게 되면 이처럼 모든 것이 벌거벗겨지고 만다는 것을 실감했을 것이다. 국회의원, 자치단체장, 시군구 의원 선거할 때도 마찬가지다. 상대 후보의 출생에서 지금까지 삶의 모든 흔적들을 남김없이 밝혀내고 이 중에서 흠이 될 만한 것은 만천하에 공개하고 만다. 상대방의 삶을 완전히 벌거벗기는 것이다. 그럴 때마다 우리는 가슴을 쓸어내리며 안도의 한숨을 쉰다. 나는 국무총리도, 국회의원도, 자치단체장도, 시군구의원도 될 생각이 없으니까 괜찮을 것이다라고 말이다.

그러나 정말 그럴까? 우리는 단순히 지도자가 아니기 때문에 안전한 것일까? 지도자가 되지 않을 것이기 때문에 크고 작은 잘못을 저질러도 괜찮은 것일까? 잘못을 범해도 벌거벗길 필요가 없으니 얼마든지 마음 편하게 세상을 살 수 있는 것일까? 더럽고 추한 자신의 모습을 마음껏 감출 수 있으니 손발 뻗고 마음 편하게 살자고 말할 수 있을까? 결코 그렇지 않다. 사실 우리는 지도자가 될 사람들처럼 모든 사람 앞에 자신의 삶을 벌거벗길 필요가 없다. 그러나 결코 그것이 신앙생활의 전부가 아니다. 우리는 하나님 앞에 설 때마다 자신의 모습을 남김없이 그에게 드러내지 않으면 안 된다.

여기서 우리는 왜 하나님이 에덴 동산에서 아담과 하와를 벌거벗게 하셨는지를 다시 생각해볼 필요가 있다. 어쩌면 그들의 벌거벗음은 모든 인간이 벌거벗어도 부끄러움이 없는 순전한 삶을 살 것을 하나님께서 원하셨기 때문일 것이다. 하나님의 창조 세계는 가릴 것이 하나도 없는 삶의 모습, 벌거벗어도 부끄러울 것이 없는 삶의 모습이 아니겠는가! 벌거벗어도 하나님과 사람 앞에서 부끄러움이 없는 삶, 이것이 바로 온전한 신앙의 모델이다. 그런데 불행하게도 우리는 자신을 다 드러내지 못하고서 부끄러운 삶을 살아갈 때가 너무도 많다. 감추어야만 하는 것이 너무도 많다. 숨기고 싶은 것도 많다.

아마 저나 여러분이나 위에서 언급한 고위 지도자들의 경우처럼 언론에 우리 자신의 삶이 완전히 벌거벗겨진다면 얼마나 떳떳할 수 있겠는가? 한 번 상상해 보라. 사무엘처럼 떳떳하게 자신의 순전함을 고백할 수 있겠는가? 비록 완벽하지는 않지만 크게 보아 하나님의 종으로서의 삶에 흠이 없었다고 자신 있게 말할 수 있겠는가? 성경에 나오는 모든 신앙의 사람들은 우리처럼 한결같이 불완전한 사람들이었지만, 어떤 형식으로든 자신의 삶을 그대로 벌거벗길 수 있는 사람들이었다.

바울의 고백

바울 사도의 경우를 보라. 그는 하나님의 종으로 부름 받아 사도로, 복음 전도자로 활동하던 자였다. 그러나 그에게도 아픔이 있고 고통이 있었으며, 무수한 인간적인 약점과 잘못이 있었다. 그는 그것을 로마서 7:15에서 이렇게 표현한다: "내가 행하는 것을 내가 알지 못하노니, 곧 내가 원하는 것은 행하지 아니하고 도리어 미워하는 것을 행함이라." 바울 사도는 19절에서도 같은 얘기를 한다: "내가 원하는 바 선은 행하지 아니하고 도리어 원하지 아니하는 바 악을 행하는도다." 바울처럼 위대한 사람도 자신에게 있는 악의 성향 때문에 많은 고통을 느꼈다. 그런데 그의 위대한 점은 이러한 인간적인 약점을 성도들에게 솔직하게 고백하고 있다는 데 있다. 사람들 앞에 자신의 모습을 있는 그대로 벌거벗긴 것이다.

그는 고린도교회 성도들에게 편지할 때에도 같은 모습을 보인다: "내가 너희 가운데 거할 때에 약하고 두려워하고 심히 떨었노라"(고전 2:3). 바울은 한 번도 자신을 흠과 티가 없는 완전한 사람, 완벽한 사람으로 말한 적이 없었다. 도리어 그는 자신을 훼방자요 핍박자요 포행자로 고백한다(딤전 1:13): "내가 전에는 비방자요 박해자요 폭행자였으나 도리어 긍휼을 입은 것은 내가 믿지 아니할 때에 알지 못하고 행하였음이라."

바울은 또한 자신을 일컬어 죄인 중의 괴수라 말한 적이 있으며(딤전 1:15), 만삭되지 못하여 난 자 같은 자로서 사도 중에 지극히 작은 자라고 말한 적도 있다(고전 15:8-9). 그런가 하면 그는 고린도 교회 성도들에게 자신의 약함을 자랑하겠다고 말하기도 한다: "내가 부득불 자랑할진대 내가 약한 것을 자랑하리라"(고후 11:30). 그는 또한 자신이 약할 때에 강하다고 말하기도 한다: "그러므로 내가 그리스도를 위하여 약한 것들과 능욕과 궁핍과 박해와 곤고를 기뻐하노니, 이는 내가 약한 그 때에 강함이라"(고후 12:10).

하나님의 자녀들은 모름지기 사무엘이나 바울처럼 살아야 한다. 자신이 완전하거나 완벽한 사람이 아니요, 무수한 약점과 잘못을 가지고 있는 자임을 인정하고 고백해야 한다. 자신의 연약함을 충분히 이해하고 그 연약함 속에서 소망을 갖는 믿음의 사람들이 되어야 한다. 아울러 우리는 자신의 삶을 낱낱이 벌거벗겨도 부끄러울 것이 없는 선하고 의로운 삶을 살 수 있어야 한다. 감출 것이 없는 떳떳하고 솔직한 삶을 살 수 있어야 한다. 여러분은 불꽃같은 눈으로 우리 삶의 구석구석을 들여다보시는 하나님 앞에서, 에덴 동산에 있던 아담과 하와처럼 벌거벗어도 부끄러울 것이 없는 하나님의 사람들이 되시기를 간절히 바란다.

청소년의 바람직한 신앙생활
(삼상 18:1-9)

맹모삼천지교(孟母三遷之敎)라는 말이 있다. 맹자의 어머니가 맹자의 교육을 위해 세 번 이사했다는 고사성어이다. 전국 시대 유학자(儒學者)의 중심 인물로서 성인(聖人) 공자에 버금가는 아성(亞聖) 맹자는 어렸을 때 아버지를 여의고 홀어머니 손에 자랐다. 맹자의 어머니는 처음 묘지 근처에 살았는데 어린 맹자는 묘지 파는 흉내만 내며 놀았다. 그래서 교육상 좋지 않다고 생각한 맹자의 어머니는 시장 근처로 이사했다. 그런데 이번에는 물건을 팔고 사는 장사꾼 흉내만 내는 것이었다. 이곳 역시 안 되겠다고 생각한 맹자의 어머니는 서당 근처로 이사했다. 그러자 맹자는 제구(祭具)를 늘어놓고 제사 지내는 흉내를 냈다. 서당에서는 유교에서 가장 중히 여기는 예절을 가르치고 있었기 때문이다. 맹자의 어머니는 이런 곳이야말로 자식을 기르는 데 더할 나위 없이 좋은 곳이라며 기뻐했다고 한다.

이 고사성어는 자라나는 어린이나 청소년들에게 교육 환경이라는 것이 얼마나 중요한 것인가를 가르쳐 준다. 요즘 중고등 학생들이 그렇다. 인터넷 세계를 들여다보면 청소년들을 유혹하는 해로운 사이트들이 한두 개가 아니다. 음란이나 폭력과 관련된 각종 사이트들이 청소년들의 성장 환경을 오염시키고 있다. 자살 사이트, 채팅 사이트, 원조 교제, 폭탄 제조 사이트 등등이 그렇다. 교실 붕괴라는 말이 나오고 있을 정도이다.

　상황이 이렇다 보니 절대 다수의 청소년들이 좋지 않은 환경 속에서 비뚤어지고 있다. 이러한 상황 속에서 오늘의 청소년들은 어떻게 자신을 지켜나가야 할 것인가? 학생으로서 어떻게 학교생활을 해야 할 것인가? 그리고 교회 다니는 청소년들은 신앙생활을 어떻게 해야 할 것인가?

맡겨진 일에 최선을 다하라

　첫째로 오늘의 기독교 청소년은 무엇보다도 자신에게 맡겨진 일에 최선을 다해야 한다. 본문의 5절에 보면 다윗은 사울이 보내는 곳마다 가서 "지혜롭게" 행하였다. 자신에게 맡겨진 일을 잘하기 위해 공부도 열심히 하고 나름대로 연구도 많이 했을 것이다. 그래서 사울의 신임을 얻었고 사울에 의해 군대의 장이 되었다. 온 백성도 그것을 합당하게 여겼다. 사울의 신하들도 마찬가지였다. 그만큼 열심이 있고 믿을 만한 인물이었기 때문이다. 이것은 다윗이 매사에 성실했고 자신에게 맡겨진 일에 최선을 다했음을 의미한다.

　오늘의 청소년들(중고등 학생들)도 마찬가지이다. 자신에게 맡겨진 일이 무엇이건 간에 그것에 최선을 다해야 한다. 여러분에게 가장 중요한 것은 공부이다. 공부에 열중해야 한다. 학생의 본분은 공부이기 때문이다. 잘하려고 하기보다는 열심히 하려고 노력해야 한다. 쉬는 시간, 노트 필기하는 시간을 최대로 활용해야 한다. 정신을 집중해서 공부해야 한다. 예수님도 3년 동안 최선을 다하셨다. 태풍이 부는 바다에서 주무실 정도였다. 열심을 다하는 것, 모든 일에 최선을 다하는 것은 하나님의 뜻이다.

잠언에 보면 이러한 말씀이 있다: "손을 게으르게 놀리는 자는 가난하게 되고 손이 부지런한 자는 부하게 되느니라"(잠 10:4). 그런가 하면 다음과 같은 말씀도 있다:

> 게으른 자여, 개미에게 가서 그가 하는 것을 보고 지혜를 얻으라.
> 개미는 두령도 없고 감독자도 없고 통치자도 없으되,
> 먹을 것을 여름 동안에 예비하며
> 추수 때에 양식을 모으느니라.
> 게으른 자여, 네가 어느 때까지 누워 있겠느냐?
> 네가 어느 때에 잠이 깨어 일어나겠느냐?
> "좀 더 자자, 좀 더 졸자,
> 손을 모으고 좀 더 누워 있자" 하면
> 네 빈궁이 강도 같이 오며
> 네 곤핍이 군사 같이 이르리라 (잠 6:6-11).

몇 년 전에 막내아들이 다니던 중학교에서 스승의 날 일일교사를 한 적이 있었다. 그런데 그 반을 통솔하는 반장 학생의 자세가 돋보였다. 수업을 열심히 듣는 태도가 아주 인상적이었다. 집중력이 있어서 그런지 성적도 좋았다. 공부라는 것은 노력한 만큼의 결과가 나타나기 마련이다. 다윗은 어땠는가? 다윗의 공부에 관한 말씀은 없지만 다윗은 어렸을 때에나 왕으로 기름 부음 받은 후에 공부를 열심히 했음에 틀림이 없다. 시편에 보면 다윗의 이름이 들어간 것들이 많이 있는데, 그것들을 읽어보면 다윗이 평소에 얼마나 공부를 많이 한 사람인지를 금

방 알 수 있다. 아는 것이 많았다는 얘기다. 생각도 깊었다.

구약과 신약의 대표적인 인물은 모세와 바울이다. 이 두 사람은 준비된 그릇이었다. 누구보다도 공부를 많이 한 사람들이었던 것이다. 이집트와 로마의 최고 학문에 통달한 사람들이었다. 오늘날 교회 다니는 중고등 학생들(청소년들)은 이 점을 명심하여 공부에 최선을 다하는 하나님의 귀한 아들, 딸들이 다 되기를 바란다. 좋은 대학, 좋은 학과에 가는 것도 중요하지만 자신의 적성에 맞는 분야를 잘 결정하여 그 분야의 1인자가 되겠다는 각오와 결심을 가지기 바란다. 자신이 좋아하는 것이 있으면, 그것을 위해 목숨을 거는 자세가 필요한 것이다. 미치면(狂) 미치는(及) 것이다.

마음을 바르게 가지라

둘째로 자신에게 맡겨진 일을 잘한다고 해서, 공부를 잘한다고 모든 것이 다 잘되는 것이 아니다. 마음을 바르게 가지는 것이 중요하다. 마음을 바르게 갖는 것은 사실 공부보다도 더 중요한 일이다. 마음이 비뚤어지면 아무리 공부를 잘해도 소용이 없다. 우리나라가 아직도 선진국 대열에 들어서지 못한 것에는 여러 가지 이유가 있지만, 그중에서도 중요한 이유가 바로 이것이다. 공부 잘하는 사람들이 나라를 이끌어 가지만 마음이 바로 잡히지 않아서 자꾸 문제가 생기는 것이다.

마음이 바로 잡혀야 한다. 신앙생활 한다고 해서, 교회에 다닌다고 해서 마음이 저절로 바로 잡히는 것은 아니다. 예수를 바로 믿어야 한다. 신앙생활 하는 사람들 중에도 예수를 닮지 못하고 비뚤어진 마음을 가진 사람들이 있기 때문이다. 우리에게 정말 필요한 것은 예수의 마음이다. 남을 이해하는 마음, 남을 생각하는 마음, 남을 배려하는 마음, 남을 섬기고자 하는 마음, 남을 위해 희생하고 봉사하고자 하는 마음, 어질고 착한 마음... 이런 마음이 우리에게 필요하다.

예수께서 세상에 오신 것은 인류의 죄악을 위해 자신을 희생하기 위해서였다. 세상에 계실 때에도 예수님은 늘 남을 생각하는 마음을 가지고 사셨다. 그는 가난하고 어려운 사람들을 가까이 하셨고, 세리와 죄인들의 친구가 되어 주셨다. 천대받던 사람들(어린이, 여자, 병자 등)의 이웃이 되어 주셨다. 병자들을 보시면 그냥 지나가지 않으셨다. 그들을 불쌍히 여기셨다. 긍휼히 여기셨다. 배고픈 군중들을 보시면 그들을 그냥 집으로 돌려보내지 않으셨다. 그들을 배불리 먹여 보내셨다. 물고기 두 마리와 보리떡 다섯 개로 남자만 오천 명이나 되는 사람들을 먹이셨던 것이다.

다윗의 경우는 어떠한가? 이스라엘의 초대 왕 사울이 자꾸 하나님께 불순종하자 하나님은 새로운 인물을 왕으로 세우고자 하셨다. 그가 바로 다윗이다. 하나님은 사무엘에게 베들레헴 사람 이새의 집을 찾아 하나님이 지시하는 사람에게 기름을 부어 왕을 삼으라고 명하셨다. 사무엘은 이새의 집을 찾아갔다. 엘리압, 아비나답, 삼마 등이 지나갔지만 하나님이 원하시는 인물이 아니었다. 아들 일곱이 다 사무엘과 면담했지만 아무도 하나님이 원하시는 그릇이 아니었다.

사무엘이 첫째 아들을 지목하고자 했을 때 하나님이 사무엘에게 주신 말씀이 있다: "그의 용모와 키를 보지 말라. 내가 이미 그를 버렸노라. 내가 보는 것은 사람과 같지 아니하니, 사람은 외모를 보거니와 나 여호와는 중심을 보느니라"(삼상 16:7). 하나님은 사람의 중심(마음)을 보시는 분이다. 중심을 보신다는 것은 무엇을 의미하는가? 어떤 마음을 하나님이 보신다는 것일까? 남을 생각하는 마음, 남을 위해 희생할 수 있는 마음을 의미한다.

다윗에게는 그러한 마음이 있었다. 한 번은 다윗이 골리앗을 죽인 일이 있었다. 그때 사람들은 "사울이 죽인 자는 천천이요, 다윗은 만만이로다"(삼상 18:7)라는 노래를 지어 불렀다. 사울은 이 노래를 싫어했다. 그리하여 틈만 나면 다윗을 죽이려고 했다. 그러나 그때마다 다윗은 자신을 죽이려고 하는 사울을 용서했다. 사울을 죽일 수 있는 기회를 몇 번 만나기도 했지만 그를 죽이지 않고 용서했다. 모든 일을 하나님께 맡겼다.

몇 년 전에 지하철에서 일본인을 구한 한국인 유학생(이수현)의 경우를 보라. 일본 언론이 왜 떠들썩했는가? 남을 위해 희생하는 일을 좀처럼 만나기 어려운 때에 이수현씨의 아름다운 죽음을 보고서 그것을 사회 교육의 기회로 삼기 위해서였다. 오늘날 예수 믿는 중고등 학생들도 그처럼 아름다운 마음을 모두 갖기를 바란다. 예수님처럼 남을 위해 자신을 내어주는 마음 말이다. 남을 배려하는 마음, 남을 이해하는 마음 말이다.

그중에서도 여러분에게 가장 필요한 것은 부모에게 효도하는 마음이다. 다윗은 부모의 말씀을 잘 듣는 소년이었다. 사무엘상 17장에 보면 다윗은 아버지의 명령에 순종하여 전쟁터에 나가 있는 형들에게로 간다: "네 형들을 위하여 이 볶은 곡식 한 에바와 이 떡 열 덩이를 가지고 진영으로 속히 가서 네 형들에게 주고, 이 치즈 열 덩이를 가져다가 그들의 천부장에게 주고, 네 형들의 안부를 살피고 증표를 가져오라"(17-18절).

다윗은 아버지 말씀에 순종하여 어머니가 싸주신 도시락을 가지고서 전쟁터로 간다. 사춘기인 청소년 시절에는 부모에게 저항하려는 버릇이 있다. 그것을 잘 이겨야 한다. 대학 들어갈 때쯤 되면 철이 들어 부모의 마음을 알게 된다. 그러나 중고등학교 시절에도 부모 마음을 편하게 해드리려는 마음 자세가 필요하다. 힘들어하실 때 위로해 드리고 팔, 다리, 어깨도 주물러 드리고 피곤해 하시면 집안일도 때때로 거들어 드리려는 마음 자세를 가질 필요가 있다.

좋은 친구를 사귀라

셋째로 좋은 친구를 사귀는 데 힘써야 한다. 어떤 친구를 사귀고 있는지를 보면 그 사람을 안다고 한다. 착한 친구가 되어야 한다. 다윗에게는 요나단이라는 친구가 있었다. 요나단은 사울의 아들이었다. 요나단은 사울의 뒤를 이어 이스라엘의 왕이 될 사람이었다. 반면에 다윗은 사무엘에게 기름 부음을 받아 나중에 이스라엘의 왕이 되기로 작정된 사람이었다. 두 사람은 라이벌 관계에 놓여 있었다.

그런데도 요나단은 다윗을 전혀 경계하지 않았다. 오히려 다윗과 좋은 친구 관계를 지속하였다. 시기와 질투로 가득 차야 마땅한데도 다윗을 사랑하였다. 본문의 1절에 의하면 그는 다윗을 자기 생명 같이 사랑하였다. 3-4절은 다윗을 향한 요나단의 태도를 이렇게 설명한다: "요나단은 다윗을 자기 생명 같이 사랑하여 더불어 언약을 맺었으며, 요나단이 자기가 입었던 겉옷을 벗어 다윗에게 주었고 자기의 군복과 칼과 활과 띠도 그리하였더라."

요나단은 다윗에게 왕권을 양보하겠다는 언약을 맺었다. 왕세자의 권리를 포기한 것이다. 자기가 보기에 다윗이 자기보다 더 훌륭한 사람이라는 판단을 내렸기 때문이다. 다윗이야말로 하나님이 선택한 일꾼이라는 확신이 섰기 때문이다: "두려워하지 말라. 내 아버지 사울의 손이 네게 미치지 못할 것이요, 너는 이스라엘 왕이 되고, 나는 네 다음이 될 것을 내 아버지 사울도 안다"(삼상 23:17). 그 까닭에 그는 아버지 사울이 다윗을 여러 차례 죽이려고 했어도 그를 보호하고 감싸주었다.

다윗에게는 이처럼 훌륭한 친구가 있었다. 다윗 자신도 요나단에게 정말 좋은 친구로 남았다. 바벨론 제국에 포로로 잡혀간 다니엘에게도 훌륭한 친구들이 있었다. 사드락과 메삭과 아벳느고였다. 신앙의 정조를 지키기 위해 최선을 다했고 다니엘의 판단과 행동에 전적으로 찬성하였다. 다니엘은 이 세 친구들이 있었기에 바벨론과 페르시아 제국 시대에 신앙의 정절을 지키면서 국무총리로 크게 활동할 수 있었을 것이다. 여러분도 이처럼 좋은 친구들이 되고 또 좋은 친구들을 사귀기 바란다. 좋지 않은 친구는 가까이 하지 않는 것이 옳다. 도리어 그런 친구를 보면 바른 길로 이끌려고 노력해야 한다.

경건생활에 힘쓰라

마지막으로 가장 중요한 것은 신앙생활이다. 여러분은 매일의 삶 속에서 경건 생활에 힘써야 한다. 기도하는 생활, 말씀 묵상하는 생활에 힘써야 한다. 다윗은 골리앗과 싸울 때 그가 얼마나 깊은 믿음을 가지고 있는지를 우리에게 보여주었다. 골리앗을 향해 싸우겠다는 다윗을 만류하는 사울에게 그는 다음과 같이 말한다:

주의 종이 아버지의 양을 지킬 때에 사자나 곰이 와서 양 떼에서 새끼를 물어 가면, 내가 따라가서 그것을 치고 그 입에서 새끼를 건져내었고, 그것이 일어나 나를 해하고자 하면 내가 그 수염을 잡고 그것을 쳐죽였나이다. 주의 종이 사자와 곰도 쳤은즉, 살아 계시는 하나님의 군대를 모욕한 이 할례받지 않은 블레셋 사람이리이까? 그가 그 짐승의 하나와 같이 되리이다… 여호와께서 나를 사자의 발톱과 곰의 발톱에서 건져내셨은즉, 나를 이 블레셋 사람의 손에서도 건져내시리이다 (삼상 17:34-37).

또한 다윗은 골리앗에게 이렇게 말한다.

너는 칼과 창과 단창으로 내게 나아오거니와, 나는 만군의 여호와의 이름, 곧 네가 모욕하는 이스라엘 군대의 하나님의 이름으로 네게 나아가노라. 오늘 여호와께서 너를 내 손에 넘기시리니, 내가 너를 쳐서 네 목을 베고 블레셋 군대의 시체를 오늘 공중의 새와 땅의 들짐승에게 주어 온 땅으로 이스라엘에 하나님이 계신 줄 알게 하겠고, 또 여호와의 구원하심이 칼과 창에 있지 아니함을 이 무리에게 알게 하리라. 전쟁은 여호와께 속한 것인즉 그가 너희를 우리 손에 넘기시리라 (삼상 17:45-47).

시편을 보면 다윗의 신앙생활이 얼마나 모범적이었는지를 알 수 있다. 다윗은 성전을 짓지는 못했지만 성전 예배를 위해 많은 준비를 했다. 성가대를 조직했고 많은 노래를 불렀다. 시편에 있는 노래들 중의 73개가 다윗의 이름을 표제에 가지고 있다. 시편에 있는 노래들의 가사를 보면 다윗의 신앙심이 얼마나 좋았는지를 알 수 있다.

우리아의 아내 밧세바를 범했을 때에도 다윗은 자신의 잘못을 솔직하게 시인하고 하나님께 용서를 구했다. 시편 51편에 보면 당시의 다윗이 어떠한 심정으로 하나님을 찾았는지를 알 수 있다:

> 하나님이여, 주의 인자를 따라 내게 은혜를 베푸시며
> 주의 많은 긍휼을 따라 내 죄악을 지워 주소서.
> 나의 죄악을 말갛게 씻으시며
> 나의 죄를 깨끗이 제하소서.
> 무릇 나는 내 죄과를 아오니
> 내 죄가 항상 내 앞에 있나이다…
> 우슬초로 나를 정결하게 하소서.
> 내가 정하리이다.
> 나의 죄를 씻어 주소서.
> 내가 눈보다 희리이다…
> 주의 얼굴을 내 죄에서 돌이키시고
> 내 모든 죄악을 지워 주소서.
> 하나님이여, 내 속에 정한 마음을 창조하시고
> 내 안에 정직한 영을 새롭게 하소서…
> 하나님께서 구하시는 제사는 상한 심령이라.
> 하나님이여, 상하고 통회하는 마음을
> 주께서 멸시하지 아니하시리이다… (1-2, 7, 9-10, 17절)

우리도 마찬가지이다. 하나님께 잘못한 일이 있으면 바로 뉘우치고

회개하기 바란다. 그리고 말씀을 들을 때마다 자신의 말과 행동이 말씀과 일치하지 않으면, 그 말씀에 자신의 삶을 일치시키려고 노력하기 바란다. 그리고 하루하루의 삶을 하나님께 고백하고 무슨 일을 하건 간에 그 시작과 과정과 결과를 온전히 하나님께 맡기는 삶의 자세를 가지기 바란다. 그러할 때 하나님께서 여러분 모두에게 풍성한 은혜를 부어주실 것이다. 자신에게 맡겨진 일에 최선을 다하고 예수님의 마음을 갖기 원하며 또 좋은 친구가 되고 하나님을 열심히 믿고 살기 원하는 여러분 모두에게 하나님의 은혜와 평강이 넘치기를 바란다.

종으로 봉사하는 사람들
(삼상 28:3-19)

지금 우리가 살고 있는 시대는 21세기이다. 앨빈 토플러(Alvin Toffler)가 『제3의 물결』에서 21세기적 현상에 대해서 언급한 이래로 21세기에 대한 관심이 부쩍 늘었다. 미래학에 대한 관심도 늘고 있다. 언젠가 "21세기 신학교육과 목회"라는 주제의 특강을 들었던 기억이 난다. 21세기의 목회, 21세기의 신학교육에 관한 세미나였다. 그때 특히 인상 깊게 들었던 것은 21세기에는 종교 인구가 크게 늘어나리라는 전망이었다. 왜 그럴까? 몇 가지의 이유가 있다.

늘어나는 종교 인구

첫째로 1000년 단위로 세상이 크게 바뀐다는 풍문 때문이다. 많은 사람들이 20세기에서 21세기로 넘어가면서 대변혁이 있을 것이라고 말한다. 시대적인 전환기마다 위기의식을 느낀다. 그리하여 지금도 지구촌 전역에서 때때로 발생하는 천재지변이나 기상이변, 각종 사고를 그러한 대변혁과 관련시킨다. 그리고 그러한 위기의식을 해소하기 위해 종교를 찾는다. 그래서 각종 이단, 사이비 종교가 생겨난다. 20세기 말부터 지금에 이르기까지 무수한 이단, 사이비 집단이 우리나라에 들끓고 있다는 사실이 그 점을 뒷받침한다.

둘째로 21세기에 들어서면서 종교 인구가 늘어나는 이유는 급격한 변화와 발전을 따라가지 못하는 사람들, 곧 정보화 시대의 변화와 발전으로부터 소외된 사람들이 사이비 종교나 신비주의에 빠져들기 때문이다. 정신적인 진보가 물질적인 진보와 발전을 따라가지 못하는 것도 그 한 원인이다. 실제로 사람들 사이에 신비주의에 대한 관심도 점점 고조되고 있다. 특히 서양 사람들 사이에 동양 사상이나 동양의 신비주의에 대한 관심이 늘어나고 있다. 각종 초인(슈퍼맨)에 대한 관심이 영상 매체로 제작되는 것도 그러한 관심과 무관하지 않을 것이다.

기독교 인구가 줄고 있지 않느냐는 염려는 이것과 관련될 것이다. 많은 사람들이 십자가와 부활의 복음보다는 무당들의 예언에 더 많은 관심을 갖고 있다. 성경의 진리보다는 신들린 사람들의 말에 더 관심을 가지고 있다. 예수 믿는 사람들에게서 말씀의 위력을 느끼지 못하고 있다. 교회 생활에서 활력을 느끼지 못하고 있다. 아마 21세기가 앞을 향해 나아갈수록 이러한 경향은 더욱 확산될 것이다.

말씀이 희귀한 시대

이러한 경우에 우리 믿는 사람들은 어떻게 대응해야 할까? 그 해답을 우리는 사울에 관한 이야기에서 얻을 수 있다. 사울은 사사 시대에서 왕정으로 넘어가는 과도기 내지는 혼란기에 이스라엘 초대 왕이 되었다. 당시의 시대 상황은 사사기 21:25에 잘 묘사되어 있다: "그 때에 이스라엘에 왕이 없으므로 사람이 각기 자기의 소견에 옳은 대로 행하였더라." 사무엘이 소명받기 전의 상황을 묘사하는 사무엘상 3:1도 마찬가지이다: "아이 사무엘이 엘리 앞에서 여호와를 섬길 때에는 여호와의 말씀이 희귀하여 이상이 흔히 보이지 않았더라."

사무엘의 시대와 사울의 시대는 혼란기였다. 사무엘의 시대가 좀 더 낫기는 했으나 전체적으로 보면 사울의 시대와 마찬가지로 사사 시대에서 왕정 시대로 넘어가는 과도기였다. 사무엘상 28:3에 의하면 사울은 사무엘이 죽고 나서 장례식을 치루고 또 신접한 자와 박수를 그 땅에서 쫓아내었다. 이것은 무엇을 말하는가? 사무엘이 있었어도 이스라엘의 신앙적인 탈선이 여전하였음을 보여준다. 사울이 왕이 되어 새 시대를 열어가고자 했으나 별다른 변화가 없었다는 얘기다.

사울의 통치에 관한 말씀을 읽어보면 그 점을 알 수 있다. 사울은 왕이 된 지 얼마 되지 않아서 새 시대의 일꾼으로 갖추어야 할 모습을 보여주지 못했다. 길갈 번제와 아말렉 사건이 그러하다. 사울의 시대는 여전히 사사 시대의 혼란상을 그대로 간직하고 있었다. 하나님의 말씀을 대언할 사무엘 같은 예언자가 없었다. 사사 시대처럼 하나님의 말씀이 희귀했다. 하나님의 응답도 없었다.

블레셋 군대에 관하여 묻는 사울에게 하나님은 도무지 응답하지 않으셨다. 꿈으로도, 우림으로도, 선지자로도 대답지 않으셨다. 그래서 사울은 결국 옛날 버릇으로 돌아가고 말았다. 신접한 여인을 찾아가서 죽은 사무엘의 영을 불러내고자 한 것이다. 일종의 강신술을 사용한 셈이다. 사울은 죽은 사무엘의 영에게 하소연하고 사무엘은 아말렉 사건을 그의 잘못으로 지적한다. 사울의 불순종이 그러한 결과를 가져왔다는 것이다. 하나님 말씀을 모든 것의 기준으로 삼아야 하는데, 새 시대의 일꾼인 사울은 그렇게 못했던 것이다.

길갈 번제와 아말렉 사건이 그러했고 강신술을 사용한 그의 행위도 마찬가지였다. 그는 자신의 잘못을 가지고서 하나님 앞에서 겸손하게 회개했어야 마땅했다. 한 나라를 다스리는 왕이 하나님의 말씀을 무시하는 상황 속에서 어찌 나라의 기강이 바로 설 수 있었겠는가! 하나님 말씀이 나라의 기준이 되지 못하니까 무당이 판을 친 것이다. 그 시대를 판가름할 기준이 없었다는 말이다. 영적인 혼란, 정신적인 혼란이 계속되었다.

21세기 초반기를 살아가고 있는 우리도 마찬가지일 수 있다. 하나님 말씀이 기준이 되지 못하니까 각종 사이비 종교, 신비주의가 판을 친다. 이것은 역설적으로 오늘의 교회와 그리스도인들이 하나님 말씀을 충실하게 대변하지 못했다는 얘기가 된다. 많은 사람들이 예수 믿는 사람들에게서 어떤 표준을 보지 못하고 있다. 또 보려고도 하지 않는다. 믿을 수가 없다는 것이다. 신실하지 못하고 정직하지 못하다는 것이다. 입으로만 떠들 뿐이지 실천하고 행동하는 신앙이 없다는 것이다.

말씀에 대한 순종

그렇다면 이 위기를 어떻게 극복해야 할까? 방법은 하나이다. 지금부터라도 말씀의 권위를 회복해야 한다. 말씀에 충실하고자 최선을 다해야 한다. 성경책 들고 다니는 사람은 100% 믿을 만한 사람이라는 모습을 보여주어야 한다. 집 문패에 교회 표시가 붙여진 집도 마찬가지일 것이다. 아마도 우리는 빌립보서 2:5-8에서 그 해답을 얻을 수 있을 것이다. 그것은 바로 종이라는 개념이다. 우리는 빌립보서 본문에서 두 가지 종의 개념을 얘기할 수 있다.

그 하나는 말씀에 대한 순종의 자세이다. 예수님은 하나님의 명령(말씀)에 죽기까지 복종하셨다. 종은 주인에게 절대 복종해야 한다. 오늘의 교회에게 이러한 자세가 요청된다. 사울처럼 해서는 안 된다. 말씀을 무시하고 제멋대로, 세상적인 방법대로 하면 안 된다. 말씀대로 하면 손해 본다는 생각을 버려야 한다. 손해 볼지라도 말씀을 고수해야 한다. 진리가 무엇인지를 몸으로 보여주어야 한다. 사람의 힘으로 감당키 어려우므로 성령의 도움을 받아야 하고 기도로 자신을 이겨야 한다.

참된 봉사자의 삶

두 번째로 좋은 봉사자이다. 말씀에 대한 순종이 신앙생활의 수직적인 차원을 얘기하는 것이라면, 세상과 이웃을 섬기고 봉사하는 삶(디아코니아)은 신앙생활의 수평적인 차원을 얘기하는 것이다. 오늘의 기독교인들은 신앙생활의 수직선과 수평선이 조화를 이루게 해야 한다. 그러기 위해서는 말씀에 대한 순종과 더불어 종의 자세로 세상에 봉사하는 모습을 늘 견지해야 한다. 그리스도인은 타인을 위한 존재(Being for Others)이다. 빌립보서 본문은 예수님이 만인을 위해 자기 생명을 희생하셨음을 밝히고 있다. 그것은 세상을 향한 봉사의 극치라 할 수 있다.

이제까지 한국교회는 너무도 내향적이었다. 예배 중심적이었고 모이는 것 중심이었다. 또한 한국 교회는 상향적이었다. 건물들의 꼭대기가 뾰족하게 하늘을 향해 치솟은 형태의 중세 고딕 건물 양식을 연상해 보면 잘 이해가 될 것이다. 그 결과가 어떻게 되었는가? 교회와 세상이 분리되고 결국은 세상이 교회를 외면하고 말았다. 이제는 외향적인 봉사가 필요하다. 요즘 사회봉사관 짓는 교회가 많다. 일반 사회

단체나 언론매체에서도 자원봉사 캠페인을 벌이는 경우가 있는데 많은 사람들이 자발적으로 참여하고 있다.

수직적인 차원의 제자 훈련으로 끝나서는 안 된다. 수평적인 차원에서 사도로 파송해야 한다. 제자 훈련에 주력하고 있는 복음서에서 끝나면 안 된다. 사도 파송에 초점을 맞추고 있는 사도행전으로 가야 한다. 제자에서 사도로 변화되어야 한다는 얘기다. 사람의 몸도 먹는 것에만 치중하면 성인병에 걸리기 십상이다. 배출을 잘 해야 한다. 운동을 해야 하는 것이다. 교회의 사회봉사는 배출이요, 운동에 해당하는 것이다. 섬기는 종의 자세를 가질 때 비로소 교회가 살아날 수 있고 신뢰를 회복할 수 있고 또 말씀의 권위를 되찾을 수 있다.

사랑하는 성도 여러분, 예수님의 복음 전도나 사도 바울의 전도 방식에서 교훈을 얻으시기 바란다. 그들의 전도는 회당 중심이 아니었다. 사람들이 오가는 길거리에서 이루어졌다. 성도 여러분은 이 점을 늘 명심하기 바란다. 영적인 전쟁의 시대에 자신의 신앙을 잘 관리하는 한편으로, 위에서 얘기한 것들을 잘 지키시기 바란다. 아울러 그러한 신앙의 원리를 실천하면서 하나님과 이웃을 잘 섬기시기 바란다. 그렇게 살고자 다짐하는 여러분 모두에게 하나님의 신령한 은혜와 복이 넘치기를 간절히 소망한다.

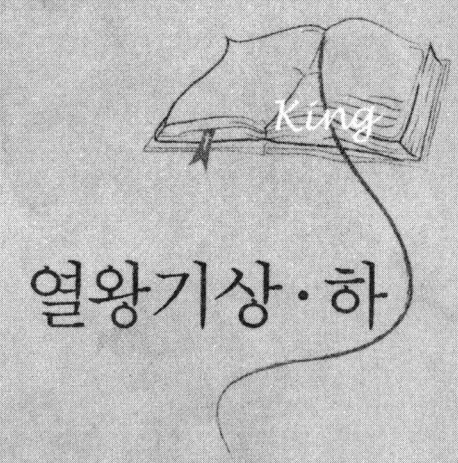

열왕기상·하

하나님이 기뻐하시는 소원_ 왕상 3:4-9
좌절과 고통 속에서 겪는 은혜_ 왕상 19:1-8
빵만으로 살 수 없는 세상_ 왕하 4:42-44; 요 6:47-58
함께 듣는 말씀_ 왕하 23:1-3

하나님이 기뻐하시는 소원
(왕상 3:4-9)

우리나라 전래 동화에 금도끼 은도끼 이야기가 있다.

옛날 옛날에 마음씨 착한 나무꾼이 살았다. 나무꾼은 매우 가난했다. 하루는 나무꾼이 나무를 하다가 도끼를 연못에 빠뜨렸다. "앗, 도끼를 연못에 빠뜨렸네!" 산신령님이 금도끼를 들고 나타났다: "이 도끼가 네 도끼냐?" "아니에요, 아니에요." 산신령님은 다시 은도끼를 들고 나타났다: "이 도끼가 네 도끼냐?" "아니에요, 제 도끼는 쇠도끼예요." 산신령님은 정직한 나무꾼에게 금도끼, 은도끼, 쇠도끼를 모두 주었다. 나무꾼은 금도끼와 은도끼를 팔아 큰 부자가 되었다.

욕심쟁이 나무꾼이 마음씨 착한 나무꾼의 이야기를 들었다: "나도 금도끼를 받아 와야지." 욕심쟁이 나무꾼은 쇠도끼를 연못에 던졌다: "금도끼를 연못에 빠뜨렸네, 아이고…" 산신령님이 쇠도끼를 들고 나타났다: "이 도끼가 네 도끼냐?" "아니에요, 제 도끼는 금도끼예요." 산신령님은 다시 금도끼를 들고 나타났다: "이 도끼가 네 도끼냐?" "네, 그 금도끼가 제 도끼예요." "이놈, 누구 앞에서 거짓말이냐?" 욕심쟁이 나무꾼은 금도끼는커녕 쇠도끼도 받지를 못했다.

솔로몬의 일천 번제

솔로몬에게도 이와 비슷한 이야기가 있다. 오늘의 본문이 그렇다. 솔로몬이 하나님께 일천 번제를 드릴 때 하나님은 그에게 소원이 무엇인지를 묻는다. 이에 솔로몬은 자신의 소원을 말하고 하나님은 그 소원을 기쁘게 받으시는 것이다. 그런데 공교롭게도 일천 번제를 드린 일은 솔로몬의 집권 초기에 이루어진 일이다. 왜 솔로몬은 집권 초기에 하나님께 일천 번제를 드렸을까? 우리는 그 해답을 열왕기상 1장에서 찾을 수 있다. 열왕기상 1장에 의하면, 솔로몬은 사울이나 다윗처럼 하나님의 지시를 받은 예언자(사무엘)에 의해 기름 부음을 받아 왕이 된 것이 아니었다. 나단과 밧세바의 노력, 그리고 다윗의 도움에 의해 왕이 된 것이었다.

1장의 내용을 좀 더 구체적으로 살펴보도록 하자. 다윗이 죽을 무렵이 되자 다윗의 아들 아도니야가 모반을 일으켜 왕이 되고자 한다. 이 때 나단이 밧세바를 찾아와 아도니야의 모반에 관해 말하면서, 밧세바로 하여금 다윗을 찾아가 솔로몬을 왕위 계승자로 삼겠다고 한 약속을 상기시키라고 말한다. 밧세바는 그대로 하여 다윗에게 그 약속을 상기시킨다. 이에 다윗은 속히 제사장 사독으로 하여금 솔로몬에게 기름을 붓게 하여 그를 왕으로 삼는다(왕상 1:39).

왕이 된 후에 솔로몬은 자신의 왕권에 맞섰던 사람들을 축출한다. 그리고 나서 그는 기브온 산당에 가서 하나님께 일천 번제를 드린다. 1천 마리의 희생 제물을 바친 것이다. 번제를 일천 번에 걸쳐서 드린 것이다. 아마도 며칠이 걸렸을 것이다. 솔로몬은 왜 하나님께 일천 번제를 드리고자 했을까? 그는 무엇보다도 하나님이 자신의 왕권을 인정해 주시기를 원했다. 이른바 정통성 결여를 메우기 위한 특별한 조치가 필요했던 것이다. 또한 하나님께서 등극 초기의 민심 분열과 상처를 치료하여 나라를 안정되게 해주시기를 원했다. 그래서 간절한 마음으로 하나님께 일천 번제를 드린 것이다.

하나님은 꿈 속에 솔로몬에게 나타나셔서 그의 통치를 인정하신다. 그리고서 그에게 필요한 것이 무엇인지를 묻는다. 이에 솔로몬은 자신의 소원을 하나님께 밝히기에 앞서서 아버지 다윗에 관해서 이렇게 말한다(6절):

> 주의 종 내 아버지 다윗이 성실과 공의와 정직한 마음으로 주와 함께 주 앞에서 행하므로 주께서 그에게 큰 은혜를 베푸셨고, 주께서 또 그를 위하여 이 큰 은혜를 항상 주사 오늘과 같이 그의 자리에 앉을 아들을 그에게 주셨나이다.

솔로몬의 이 말은 하나님이 어떠한 사람에게 은혜와 복을 주시는지를 잘 보여 준다. 다윗처럼 성실과 공의와 정직한 마음으로 주의 앞에서 행하고 그와 동행하면 하나님께서 큰 은혜를 주신다는 것이다. 하나님께서 홍수로 세상을 심판하실 때 유일하게 구원받은 사람은 누구인가? 바로 노아가 아닌가? 창세기 6:8-9은 노아에 관해서 이렇게 말한다: "그러나 노아는 여호와께 은혜를 입었더라… 노아는 의인이요 당대에 완전한 자라. 그는 하나님과 동행하였으며."

솔로몬의 간절한 소원

솔로몬이 다윗 이야기를 먼저 꺼낸 이유는 어디에 있을까? 아마 자신도 다윗처럼 나라를 통치하여 하나님의 큰 은혜를 입고 싶다는 마음에서였을 것이다. 그것은 어려서부터 다윗의 통치를 보면서 그가 느끼고 경험한 것이었다. 자신도 아버지 다윗처럼 그렇게 하나님의 은혜와 복을 받고 싶다는 것이 그의 간절한 소원이었던 것이다. 실제로 그는 자신이 간구와 소원을 이렇게 밝힌다:

> 나의 하나님 여호와여, 주께서 종으로 종의 아버지 다윗을 대신하여 왕이 되게 하셨사오나 종은 작은 아이라, 출입할 줄을 알지 못하고 주께서 택하신 백성 가운데 있나이다. 그들은 큰 백성이라, 수효가 많아서 셀 수도 없고 기록할 수도 없사오니, 누가 주의 이 많은 백성을 재판할 수 있사오리이까? 듣는 마음을 종에게 주사 주의 백성을 재판하여 선악을 분별하게 하옵소서 (7-9절).

솔로몬의 이러한 소원은 하나님께서 기뻐하실 만한 것이었다. 10절은 이 점을 다음과 같이 밝힌다: "솔로몬이 이것을 구하매 그 말씀이 주의 마음에 든지라." 그리하여 하나님은 그가 자신을 위하여 장수나 부귀영화를 구하지 않고 또 원수들의 생명 멸하기를 구하지도 않고 백성을 잘 판결할 수 있는 지혜를 구한 것을 칭찬하신다(11절). 그러면서 그에게 전에도 없었고 후에도 없을 지혜롭고 총명한 마음을 주시고 아울러 그가 구하지 아니한 부와 영광도 주겠다고 말씀하신다(12-13절). 그러면서 만일에 그가 아비 다윗처럼 하나님의 길로 행하며 그의 법도와 명령을 지키면 그의 날을 길게 하겠다고 말씀하신다(14절).

사람에게는 누구나 간절한 소원이 있고 희망 사항이 있다. 그런데 그러한 소원과 희망이 어떠한 것이냐에 따라 그 사람의 삶이 다르게 나타난다. 독립운동가 김구는 자신의 소원이 첫째도 대한 독립이요, 둘째도 대한 독립이요, 셋째도 대한 독립이라고 했다. 그는 자신의 개인적인 성공과 출세를 구하지 않았다. 그의 마음속에는 오로지 민족의 독립과 해방이 있었다. 솔로몬은 처음에 왕위에 올랐을 때 매우 약한 지위에 있었다. 아도니야를 따르던 사람들이 적지 않았던 탓이다. 제사장 아비아달과 군대장관 요압이 그를 지지했었고 많은 백성들이 그를 따랐다.

나단과 밧세바의 도움으로 간신히 왕위에 오른 솔로몬은 자신의 통치가 매우 불안정하다는 것을 알고 있었다. 그래서 하나님께 일천 번제를 드릴 생각을 했다. 하나님의 마음에 합한 통치자가 되겠다는 각오에서였다. 그리고 하나님께 인정을 받고 싶은 간절한 마음에서였다. 그 까닭에 그는 하나님께서 그의 소원을 물었을 때 솔직하게 대답했다. 정직한 마음으로 자신의 소원을 말했던 것이다. 백성을 잘 다스릴 지혜를 달라고 한 것은 결코 꾸며낸 말이 아니다. 하나님께 잘 보이려고 한 것이 아니었다. 그의 진심에서 우러나온 말이었다. 그는 금도끼를 구한 욕심쟁이 나무꾼처럼 하고 싶지 않았다. 오로지 그의 마음속에는 어떻게 나라를 잘 다스리고 백성을 잘 섬길 것이냐에만 있었다. 그것이 그의 간절한 소원이었다. 그런데 하나님은 솔로몬의 그러한 소원을 인정하셨다. 마음에 들어 하신 것이다.

소원을 말하는 자의 삶

여러분의 마음속에도 솔로몬처럼 하나님께 아뢰고픈 자신의 간절한 소원이 있을 것이다. 여러분은 그러한 소원을 솔직하고 진실하게 하나님께 아뢸 필요가 있다. 하나님께 소원을 아뢸 때에는 솔직하고 정직해야 한다. 마음속 깊은 곳에 있는 소원을 하나님께 아뢰어야 한다. 그러나 그것이 오로지 자신의 유익만을 위한 것이어서는 안 된다. 하나님은 그러한 소원을 외면하신다. 궁극적으로는 그 소원을 통하여 하나님께 영광을 돌리고자 하는 마음을 가져야 한다. 하나님 나라와 그의 의를 구하는 우선순위를 지킬 때 하나님은 솔로몬에게 하신 것처럼 다른 것들까지 부차적으로 선물로 주신다.

자신만을 위한 소원에는 한계가 있다. 하나님은 더 큰 목적을 가지고서 소원을 아뢰기를 원하신다. 자신을 위한 것만이 아니라 남을 위한 것, 하나님의 영광을 위한 것 말이다. 자녀를 위한 소원을 예로 들어보자. 자녀를 위한 기도는 단순히 자녀가 성공하고 출세하게 해달라는 간구가 되어서는 안 된다. 도리어 자녀가 잘 되어 하나님께 영광을 돌리고 하나님의 이름을 빛내는 자들이 되게 해달라는 간구가 되게 해야 한다. 그리고 필요하다면 내 주변의 다른 사람들을 위한 소원, 도움과 사랑이 필요한 사람들을 위한 소원, 나라와 민족을 위한 간절한 소원 등을 하나님께 아뢸 수 있어야 한다. 그러한 소원을 하나님은 기뻐하신다.

하나님은 우리의 소원을 들어주기를 기뻐하시는 분이다. 그는 또한 자기가 선택한 사람들의 소원을 들어주시고 그대로 이루어주시는 분이다. 그렇게 하기를 좋아하시는 분이다. 그러나 하나님은 소원을 말하는 사람들의 간구를 아무 조건 없이 들어주시는 것은 아니다. 하나님은 소원을 가진 자들이 의롭고 정직한 삶을 살기를 원하신다. 하나님께 소원을 말하는 사람은 선하고 의로운 마음을 가져야 하고 부족하지만 그렇게 살려고 노력해야 한다. 다윗처럼 성실과 공의와 정직한 마음으로 주님을 기쁘시게 하는 삶을 살아야 한다. 소원을 아뢰되 진실하고 정직해야 하는 것이다. 그리하면 하나님은 다윗과 솔로몬에게 주신 큰 은혜를 여러분 모두에게 똑같이 내려주실 것이다.

하나님의 마음에 합한 소원

사무엘상 1장에 보면 한나라는 여인에 관한 이야기가 나온다. 엘가나라는 남자는 아내를 둘 거느리고 있었다. 한나와 브닌나가 그렇다. 브닌나는 왕성한 출산력을 가지고 있어서 자녀를 잘 낳았지만 한나는 그렇지 못했다. 그래도 엘가나는 한나를 더 사랑하였다. 왜 그랬을까? 얼굴이 예뻐서였을까? 아니다. 그것은 한나가 믿음의 사람이요, 의롭고 착하고 성실한 사람이었기 때문이다. 그녀는 참으로 기도의 여인이었다. 그런데 불행하게도 아들을 낳지 못했다. 남편의 사랑을 많이 받았지만 자식이 없어서 늘 마음이 아팠다. 그래서 한나는 가족 모두가 실로에 있는 하나님의 성소에 제사 드리러 갔을 때 하나님 앞에서 자신의 고통과 슬픔을 아뢴다. 그런 후 자신의 소원을 하나님께 말한다:

한나가 마음이 괴로워서 여호와께 기도하고 통곡하며 서원하여 이르되, "만군의 여호와여, 만일 주의 여종의 고통을 돌보시고 나를 기억하사 주의 여종을 잊지 아니하시고 주의 여종에게 아들을 주시면, 내가 그의 평생에 그를 여호와께 드리고 삭도를 그의 머리에 대지 아니하겠나이다"(삼상 1:10-11).

한나는 하나님께 자신의 소원을 말했지만 그것은 순전히 자신의 유익을 위한 것만이 아니었다. 궁극적으로는 하나님께 영광을 돌리게 될 아들을 달라고 간구했던 것이다. 평생을 하나님을 위해 헌신할 아들을 달라는 것이었다. 엘리 제사장은 처음에는 한나가 취한 줄로 알았으나 나중에 한나로부터 자초지종을 전해 듣고서 다음과 같이 말한다: "평안히 가라! 이스라엘의 하나님이 네가 기도하여 구한 것을 허락하시기를 원하노라!"(삼상 1:17) 엘리의 이 말에 한나는 어떠한 반응을 보이는가? "'당신의 여종이 당신께 은혜 입기를 원하나이다' 하고 가서 먹고 얼굴에 다시는 근심 빛이 없더라"(삼상 1:18).

한나의 반응에 대해서 기록하고 있는 이 말씀은 정말 귀한 말씀이다. 하나님께 소원을 말하고 제사장으로부터 그렇게 되기를 원한다는 말을 듣고서 그것을 굳게 믿은 한나는 집으로 돌아가서 기쁜 마음으로 식사를 하고 얼굴에 다시는 근심 걱정하거나 괴로워하는 기색이 없었다는 것이다. 얼마나 멋진 믿음인가? 여러분 모두에게도 이처럼 훌륭한 믿음이 있기를 바란다. 솔로몬에게도 그러한 믿음이 있었다. 꿈에서 깨어난 솔로몬은 예루살렘으로 돌아가 여호와의 언약궤 앞에서 번제와 감사의 제사를 드린 후에 모든 신하들을 위하여 잔치를 벌인다(왕상 3:15).

여러분도 하나님께 한나나 솔로몬처럼 솔직하게 자신의 간절한 소원을 아뢰기 바란다. 하나님께서 기뻐하시는 소원을 말할 수 있기 바란다. 그리고 하나님께 소원을 말한 후 다시금 생활에 활기를 되찾게 된 하나의 기쁨이 여러분 모두에게 있기를 바란다. 소원을 아뢴 후에 하나님의 응답을 받고서 감사의 제사를 드리면서 잔치를 벌인 솔로몬의 기쁨이 오늘 일천 번제를 작정하면서 하나님께 간절한 소원을 아뢰고자 하는 여러분 모두에게 충만하기를 간절히 바란다.

좌절과 고통 속에서 겪는 은혜
(왕상 19:1-8)

오늘 읽은 말씀은 북왕국 이스라엘의 아합 왕(주전 869-850년) 때를 배경으로 하고 있다. 아합은 오므리 왕조(주전 876-842년)를 창건한 오므리 왕(주전 876-869년)의 아들로서 왕위에 올랐다. 그는 당시의 강대국이던 시돈 나라의 공주 이세벨을 왕후로 맞이하였다(왕상 16:31). 둘 사이의 결합은 북왕국 이스라엘과 시돈 사이의 우호 관계 수립을 목적으로 하는 것이었다. 이른바 정략결혼이었던 것이다.

그러나 이세벨과의 결혼은 뜻하지 않은 결과를 가져왔다. 열렬한 바알 숭배자이던 이세벨은 이스라엘의 수도인 사마리아를 바알 종교의 중심지로 만들어 버렸다(왕상 16:32-33; 18:19). 또한 이세벨은 백성들로 하여금 여호와 신앙을 버리고 바알을 숭배하게 만들었으며(왕상 18:21; 바알 종교의 국교화), 여호와의 예언자들을 무자비하게 탄압하였다(왕하 18:4). 아합은 왕후 이세벨의 영향을 받아 바알 숭배자로 바뀌면서(왕상 16:31) 이세벨과 더불어 그 악명 높은 철권통치의 문을 연다.

엘리야의 활동 배경

본문의 엘리야는 이러한 철권통치의 상황 속에서 활동한 예언자이다. 한마디로 말해서 그가 활동하던 시대는 여호와 신앙이 바알 종교에 의해 말살 당하던 때였다. 따라서 그의 예언 활동은 당연히 바알 종교에 맞서 여호와 신앙을 되살리는 데에 초점을 맞출 수밖에 없었다. 그의 첫 번째 예언 메시지가 이 점을 가장 잘 보여준다. 그는 비(또는 풍요)를 가져다주는 신이 바알이 아니라 여호와 하나님임을 선언하였고(왕상 17:1), 갈멜산 대결에서의 승리를 통하여 여호와야말로 유일한 참 신임을 입증하였다(왕상 18:1, 30-46). 여호와 신앙의 승리는 자연스럽게 가뭄의 해제와 풍성한 비의 허락으로 이어진다.

그러나 불행하게도 갈멜산에서의 승리는 곧바로 바알 종교의 붕괴로 이어지지 않는다. 바알 종교에 근거한 아합과 이세벨의 철권통치는 여전히 계속된다. 북왕국 이스라엘이 머잖아 여호와 하나님을 중심으로 하는 신정 공동체로 거듭날 것이라는 엘리야의 기대는 산산조각이 난다. 우리의 본문은 이처럼 승리를 거둔 후에 생겨난 상황의 반전을 담고 있다. 우리는 이 본문에서 하나님의 권능으로 충만한 17-18장의 엘리야 대신에 절망과 좌절에 빠진 엘리야를 만나게 된다. 본문의 흐름을 다시 살펴보도록 하자.

먼저 1-2절을 보자. 갈멜산 대결의 결과를 목격한 아합은 경건치 못한 아내의 광란을 침묵시키고 이스라엘 백성 모두에게 바알을 버리고 오직 여호와만을 섬길 것을 촉구하는 용기를 보여주었어야 마땅했다. 그러나 그는 그렇게 하지 못했다. 도리어 그는 바알 선지자들이 패한 일과 엘리야가 기손 시내에서 그들을 칼로 죽였음을 낱낱이 이세벨에게 보고했다. 그는 아내의 지배를 받았고, 바알 종교에 대한 미련을 버리지 못했다. 이것은 아합의 통치가 바알 숭배자인 이세벨에 의해 좌우되고 있음을 분명하게 보여준다. 나중에 신실한 신앙의 사람 나봇을 죽이고 그의 포도원을 강제로 빼앗은 자도 이세벨이 아니던가(왕상 21장).

아합의 보고를 듣고서 격분한 이세벨은 엘리야에게 사자('말락')를 보내어 맹세코 24시간 안에 그의 생명('네페쉬')을 취하겠다고 위협한다. 이세벨의 이러한 위협은 엘리야를 추방함으로써 그의 활동을 중단시키려는 경고의 의미를 강하게 가지고 있었다. 처음부터 그를 죽이겠다고 작정했다면 단순한 심부름꾼이 아니라 왕궁에 속한 병사들이나 자객을 보냈을 것이다. 이세벨은 갈멜산 승리를 직접 목격한 백성들의 여론을 쉽게 무시하지 못한 것으로 보인다.

절망에 빠진 엘리야

이어지는 3-4절의 내용을 보면, 갈멜산 대결에서 하나님의 능력을 체험한 엘리야였지만, 이세벨의 생명 위협 앞에서는 두려움을 느끼지 않을 수 없었다. 그도 연약한 인간이었기 때문이다(약 5:17). 마침내 그는 자기 생명('네페쉬')을 구하기 위해 브엘세바로 피신한다. 브엘세바에 자기 시종을 남겨 둔 채 홀로 광야로 들어간 그는 절망에 빠진다. 여호와 하나님이야말로 비와 풍요를 주시는 유일한 참 신임을 아합 왕을 비롯한 모든 이스라엘 백성에게 입증했음에도 불구하고 상황이 호전되기는커녕 도리어 악화되어 이제는 자기 목숨마저 위태롭게 되었기 때문이다.

절망의 구렁에 빠진 그는 심신의 피곤함을 견디지 못한 채 광야에 있는 한 로뎀나무 아래 앉아서 휴식을 취하고자 한다. 로뎀나무는 밤에는 바람을 막아주며 낮에는 햇빛을 가리워주기 때문에 야영지로서 적합했다. 로뎀나무 아래 앉은 엘리야는 하나님께 기도하면서 죽기를 간청한다. 이세벨이 구하던 생명('네페쉬'), 이세벨의 위협 앞에서 구하고자 했던 생명('네페쉬')을 이제는 하나님께서 가져가 달라고 간구한 것이다.

그 근거로 엘리야는 자신의 사역이 조상들의 위대한 업적들에 비교가 되지 않음을 밝힌다. 엘리야가 조상들과의 비교에서 열등의식을 느끼고 있다는 것은 그가 갈멜산 대결 이후 상당한 자신감에 차 있었음을 암시한다. 그러나 이제는 그렇지 않다. 그는 자신이 조상들보다 못하고 따라서 더 살 필요가 없다고 보아 하나님께 하소연한다: "여호와여, 넉넉하오니 지금 내 생명을 거두시옵소서. 나는 내 조상들보다 낫지 못하니이다"(4절).

회복시켜 주시는 하나님

이처럼 죽기를 각오한 엘리야는 굶주림과 피곤에 지친 몸으로 로뎀나무 아래 누워 잠이 든다. 그러나 하나님은 절망에 빠진 엘리야를 그대로 내버려두지 않으신다. 그에게는 아직 할 일이 많이 남아 있었기 때문이다. 그리하여 하나님은 죽음의 사자('말락'; 2절)에게 쫓기는 엘리야에게 생명을 주는 천사('말락')를 보내신다. 천사는 잠에 빠진 엘리야를 깨우고서 숯불로 뜨겁게 달군 돌에다가 구워 낸 떡과 한 병의 물을 그에게 공급한다(5-6절).

천사가 준 떡과 물을 먹고 다시 잠이 든 엘리야는 두 번째로 천사를 통해 양식을 공급받는다. 그는 그 음식을 먹고서 힘을 얻은 후에 밤낮 사십 일 동안을 걸어 하나님의 산 호렙에 도착한다. 시내산으로도 불리는 호렙산은 한때 모세가 율법을 받았고 하나님께서 이스라엘과 더불어 언약을 세우신 곳이었다. 왜 엘리야는 호렙산으로 갔을까? 아마도 그는 모세를 통해 역사하신 하나님을 새롭게 경험함으로써 새로운 힘을 얻으려는 의도를 가지고 있었을 것이다. 실제로 그는 호렙산에서 세미한 음성으로 말씀하시는 하나님을 경험하고, 바알에게 무릎 꿇지 않은 7천명의 의인이 있다는 희망의 메시지를 듣는다. 이로써 엘리야의 절망은 완전히 극복되고 다시금 하나님의 일을 할 수 있는 기초가 마련된다.

승리한 후의 좌절

우리는 이상의 본문에서 세 가지 중요한 교훈을 발견할 수 있다. 첫째로 초기의 엘리야(17-18장)는 하나님의 권능과 힘으로 충만하지만(17장=비 예언, 사르밧 과부의 가루와 기름, 과부의 아들 되살려냄; 18장=갈멜산 대결 승리), 본문의 엘리야는 전혀 다른 모습으로 나타난다. 용감하게 왕을 책망하던 그가 이제는 분노한 왕후의 위협을 두려워하여 피신한다. 그는 갈멜산의 승리가 아합과 이세벨의 굴복을 가져올 줄로 생각했지만 현실은 그렇지 않았다. 그 결과 그는 기대감의 좌절에서 오는 허탈감과 사명의 과중함에서 오는 심신의 피곤함을 견디지 못한 채로 절망한다. 엘리야가 홀로 광야로 피신했다는 것은 그의 절망감이 어느 정도였는가를 실감나게 보여준다.

여기서 우리는 인간 엘리야의 연약한 모습을 본다. 하나님은 왜 엘리야에게 이토록 심한 좌절감을 안겨주셨을까? 그것은 갈멜산에서 승리를 거둔 후에 의기양양해 있을 엘리야를 훈련시키는 하나님의 한 방법일 수도 있다. 엘리야에게는 이세벨도 이제는 꺾이겠지 하는 자만심이 있었을 것이다. 어쩌면 그는 갈멜산에서의 외형적인 성공에 도취되어 있었는지도 모른다. 그는 갈멜산에서의 승리가 백성들의 회개를 불러일으키고 그들을 하나님께로 돌이키게 할 것이라고 기대했을 것이다.

그러나 참된 성공은 그렇게 쉽게 이루어지는 것이 아니다. 눈에 보이는 기적에 도취되어서는 안 된다. 흥분된 감정을 가라앉히고 조용히 하나님의 음성을 들을 필요가 있다(왕상 19:12). 엘리야는 호렙산에서 크고 강한 바람이 산을 가르고 바위를 부수나 그 안에서 하나님을 보지 못하였으며, 지진과 불 속에서도 마찬가지였다. 그에게는 조용한 하나님의 음성이 필요했다. 승리의 기쁨을 억누른 채로 하나님의 세미한 음성을 들어야 할 때였던 것이다. 바울이 선 줄로 생각하는 자는 넘어질까 조심해야 한다고 말한 것은 이를 가리킨다(고전 10:12).

진정한 성공의 길

우리 시대 사람들은 어떠한가? 요즘 사람들은 눈에 보이는 성공을 위해 모든 노력을 경주한다. 순간적인 성공에 만족하는 사람도 많다. 그러나 눈에 보이는 성공 또는 순간적인 성공은 오래 가지 못해 금방 무너지는 수가 있다. 진정한 성공은 쉽게 이루어지지 않는 법이다. 그런데도 많은 사람들이 금방 사라질 일시적인 성공에 집착한다. 적지 않은 사람들이 성공 만능주의에 사로잡혀 있으며, 성공을 향한 조급증에 붙들려 있다. 한때의 성공에 자만하다가는 자신도 모르는 사이에 깊은 절망의 수렁에 빠질 수도 있음을 그들은 망각하고 있다.

신앙생활 역시 예외가 아니다. 순식간에 성공하기를 원하고 순식간에 풍성한 은혜와 복을 받고자 한다. 최단기간에 이루는 성공이야말로 하나님의 복이라고 우기는 사람도 있다. 그러나 하나님의 은혜는 그런 것이 아니다. 오랜 고통과 인고의 세월을 기다린 후에야 오는 성공도 있다. 어쩌면 그것이야말로 하나님이 원하시는 진정한 성공일 것이다. 하나님의 시간을 기다리는 데 익숙한 사람은 설령 순식간에 이루어지는 성공이 있다 할지라도 그럴수록 더욱 겸손하게 자신을 가다듬고자 할 것이다.

성공에서 오는 지나친 흥분은 억제하는 것이 좋다. 한 번의 성공이 이루어진 다음에는 차분하게 또 다른 성공을 위한 목표를 세우는 것이 바람직할 것이다. 그러나 엘리야는 그렇게 하지 못했다. 바로 이 때문에 하나님은 갈멜산의 승리에 도취되었을 엘리야를 꺾으신 것이 아니겠는가. 우리는 여기서 일시적인 성공에 절대 만족해서는 안 되며, 마지막 순간까지 최선을 다해 전진하는 삶이야말로 하나님께서 받으시는 것임을 기억해야 할 것이다. 예수님의 경우를 보면 이 점이 분명해진다. 그는 공생애 기간 동안에 무수한 성공을 거두셨지만, 한 번도 그러한 성공들에 도취되지 않으셨다. 도리어 그는 큰 성공을 거둘 때마다 조용히 사람들을 피하여 하나님께 기도함으로 자신을 다스리고자 했다(막 6:45-46).

좌절과 고통의 의미

둘째로 엘리야는 죽음과도 같은 절망감 속에서 몸부림친다. 그것은 참으로 처절한 것이다. 절망의 고통처럼 괴로운 것도 없다. 더욱이 엘리야처럼 억울하게 당하는 고통은 더 말할 나위가 없다. 목숨을 내걸고 하나님의 일을 했음에도 불구하고 애매하게 생명의 위협을 당하고 있으니 얼마나 고통스럽겠는가. 그러나 여기에도 하나님의 깊은 뜻이 감추어져 있다. 누구나 승리를 거둔 후에는 슬픔과 좌절의 시기를 경험한다. 한없이 좋은 일만 계속되는 것은 아니며 늘 승리가 이어지는 것도 아니다. 그리고 대부분의 사람들은 승리의 때가 아니라 좌절과 실망의 때에 깊고도 새로운 교훈을 배운다.

이세벨의 분노에 직면한 엘리야는 힘도 용기도 잃고 말았다. 기대에 대한 좌절, 자신의 사명이 실패했다는 느낌, 장기간의 굶주림, 오랜 여행으로 인한 신체적인 피로 등으로 지쳐 있었다. 그래서 그는 광야의 고적한 곳에서 자기의 생명을 하나님께 맡기고는 그분이 모든 것을 결정해주기를 희망했다. 그러나 역설적이게도 그가 피신한 광야는 하나님의 도우심과 위로하심을 맛볼 수 있는 곳이었다. 그에게 있어서 광야는 하나님을 새롭게 만나는 곳이었다. 우리에게 있어서도 마찬가지이다. 광야의 시간은 자신을 바라보는 시간이요, 동시에 오로지 하나님만을 의지하는 시간이다. 이스라엘의 40년 광야 유랑이 그러하였으며, 예수님의 40일 광야 금식(마 4:1-2)이 그러했다. 바울의 아라비아 광야 수행도 마찬가지이다(갈 1:16-17).

그러나 우리가 사는 현실은 그렇지 못하다. 어떻게 해서든 우리 삶으로부터 광야를 제거하려고 애쓴다. 사실 예로부터 사람들은 고통과 절망으로부터 자유롭기 위해 애써 왔다. 문명의 발전과 진보는 그러한 노력의 산물이라 할 수 있다. 이 점은 오늘날에도 마찬가지이다. 우리가 경험하는 모든 세상 문화는 한결같이 안락과 평안을 추구하고 있다. 과학 기술문명(생명공학, 생명복제)이 그 대표적인 예에 속한다. 그러다 보니 고통과 절망을 겪는 중에 얻는 풍성한 삶의 교훈이 별다른 의미를 갖지 못한다. 모든 사람들이 한결같이 그저 편해지려고만 하기 때문이다.

이러한 세상 풍조는 교회와 기독교인들의 신앙 양태에까지 영향을 주고 있다. 많은 신앙인들이 세상 사람들과 똑같은 방식으로 고통과 절망을 배제한 채로 평안과 안락만을 추구한다. 그 결과 복음의 핵심이요 신앙의 요체인 십자가와 고난의 의미가 날로 퇴색해 가고 있다. 사람들의 생각 속에는 언제부터인가 십자가 없는 구원, 십자가 없는 부활이 상당한 자리를 차지하고 있다. 하나님과 이웃을 향한 봉사와 수고, 고통과 슬픔을 생략한 채로 하나님의 구원과 복만을 바라고 있다. 그러나 이러한 신앙 양태처럼 기독교 복음의 실체를 왜곡시키는 것도 없을 것이다.

광야에서의 원기 회복

셋째로 하나님은 자신의 신실한 일꾼들이 고통과 절망 속에 빠져 있게 내버려두지 않으신다. 하나님은 자신의 택한 종이 절망적인 상황에 있을 때 그에게 오셔서 그를 회복시키시고 그에게 능력을 주시며 더 나은 승리를 예비하신다. 신앙의 눈으로 볼 때에 절망은 새로운 희망을 만나기 위한 디딤돌과도 같은 것이다. 하나님께서 천사를 통해서 절망에 빠진 엘리야에게 먹을 양식을 제공해 주시는 것이 그 점을 뒷받침한다. 절망은 누구에게나 있게 마련이다. 그러나 절망과 고통은 자주 하나님의 구원을 가능하게 하는 원동력이 된다. 엘리야는 아무도 함께 하지 않는 광야의 외로움 속에서 절망하지만, 바로 그 광야에서 하나님의 위로하심과 도우심을 경험한다.

광야는 참으로 하나님의 방법으로만이 살 수 있는 곳이다. 광야는 외롭고 쓸쓸한 곳이요, 사람이 없고 험한 가시밭이 있는 곳이다. 광야는 후회와 낙심으로 삶의 의욕을 상실한 곳이다. 그럼에도 불구하고 하나님은 부요하고 풍족한 곳에서보다는 모든 것이 부족한 결핍의 땅 광야에서 소명을 주셔서 새로운 삶을 허락하신다. 엘리야의 경우가 보여주듯이 하나님의 도우심은 극단적인 절망의 상황 속에서 주어진다. 그리고 하나님의 도우심은 예기치 않은 방법(까마귀, 사르밧 과부, 천사 등)에 의해 이루어진다. 하나님의 도우심은 시련의 때를 이기게 해준다. 좌절에 빠진 엘리야가 그러했고 성경에 나오는 모든 신앙의 위인들이 그러했다. 이 점은 오늘의 기독교인들에게도 똑같이 적용된다.

광야는 하나님의 신령한 세계를 맛보기 위한 준비 장소이다. 광야는 지상의 모든 것들로부터 완전히 단절된 곳이다. 오로지 하나님만을 의지해야 하는 곳이다. 광야의 절망 속에서 엘리야는 이제 모든 것이 끝장났다고 생각했을지 모르지만, 하나님께는 그렇지 않았다. 하나님은 엘리야에게 '죽음' 대신에 '잠'을 주심으로써(시 127:2) 절망과 고통을 잊게 하신다. 탈진한 그의 몸을 회복시키기 위해 잠을 주시고 음식물을 공급하신다. 더 나아가서 하나님은 그에게 새로운 교훈의 말씀을 주시며 위로의 말씀을 주신다.

하나님의 일을 하다가 당하는 고통과 절망은 유익한 것이다. 비록 그것이 당장은 억울하겠지만, 시간이 지나면 그것이 유익함을 알 수 있다. 모든 그리스도인의 신앙은 시련과 시험을 통해 성장한다. 엘리야는 어려운 시대에 하나님을 위하여 일하다가 많은 고난을 당하였다. 바알 숭배를 강요하는 한편으로 하나님의 선지자를 죽이고 추방하는 박해의 시기에 하나님의 일을 한다는 것은 실로 어려운 일이었다. 그러나 그는 광야의 절망 속에서 하나님의 위로를 경험할 수 있었고, 마침내는 호렙산에서 세미한 음성을 통해서 하나님을 새롭게 만나는 동시에 바알에게 무릎 꿇지 않은 7천인의 남은 자들이 있다는 놀라운 소식을 전해들을 수 있었다.

야고보서(1:2-4)는 고통과 시련에 직면한 성도들을 위로하면서 그들에게 닥치는 시련이 때로는 온전한 신앙을 가능케 한다고 가르친다:

> 내 형제들아, 너희가 여러 가지 시험을 당하거든 온전히 기쁘게 여기라. 이는 너희 믿음의 시련이 인내를 만들어 내는 줄 너희가 앎이라. 인내를 온전히 이루라. 이는 너희로 온전하고 구비하여 조금도 부족함이 없게 하려 함이라 (참조. 벧전 1:6-7).

여러분들도 당장의 성공에 도취하지 않고 자만하지 않으며, 좌절과 고통 속에서도 하나님의 손길을 느낄 수 있는 온전한 믿음의 사람들이 되기를 간절히 바란다.

빵만으로 살 수 없는 세상
(왕하 4:42-44; 요 6:47-58)

이런 재미난 이야기가 있다. 하나님께서 만일에 에덴 동산에 한국 사람을 만들어 놓았다면 틀림없이 뱀에게 유혹을 받지 않고 도리어 그 뱀을 잡아먹었을 것이라는 얘기다. 그렇게 되었다면 인류는 에덴 동산에서 천년만년 살았을 것이라는 얘기다. 이 이야기는 한국 사람들이 몸에 좋은 음식물에 대단히 관심이 많다는 것을 보여 주는 단적인 예에 속한다. 그런데 이것도 사실은 생활 수준이 그만큼 나아졌기에 그렇게 된 것이다. 먹고 살만하니까 건강에 대한 관심이 생겨나게 된 것이다.

한때 유행했던 신토불이(身土不二)라는 말도 마찬가지이다. 사람의 몸과 그가 몸을 붙이고 사는 땅은 둘이 아니라 하나라는 것이다. 사람들은 이 말을 외제 농산물을 먹지 말고 우리 땅에서 난 농산물, 우리나라의 농부들이 생산해 낸 농산물을 먹자는 뜻으로 사용하였다. 그래야 몸에 좋고 건강에도 좋다는 것이다. 따라서 신토불이라는 말도 결국에는 생활 형편이 좀 나아진 것과 깊은 관계가 있다.

웰빙 시대의 먹거리 문화

그러나 상황이 좋건 나쁘건 간에 인간의 삶이 먹는 것에 달려 있다는 것은 누구도 부인할 수 없다. 굶주리지 않고 잘 먹어야 일단은 목숨을 부지할 수 있기 때문이다. 먹을 양식이 없어서 굶주리는 인구가 전 세계에 10억이 넘는다는 사실이 그 점을 잘 보여 준다. 사람이 살기 위해서는 다른 것은 몰라도 하루 세 끼 밥은 꼬박꼬박 챙겨 먹어야 한다. 그것도 가능하다면 즐거운 마음으로 맛있게 먹어야 한다. 그래야 건강하게 오래 살 수 있다.

그러나 하루 세 끼 밥을 맛있게 잘 먹는다고 인간의 삶이 완성되고 모든 문제가 해결되는 것은 결코 아니다. 예수께서는 일찍이 사람이 떡으로만 사는 것이 아니라 하나님의 입에서 나오는 말씀으로 말미암아 산다고 말씀하신 바가 있다(신 8:3; 마 4:4). 이 말씀은 인간의 삶이 음식물을 먹는 것과 하나님의 말씀을 먹는 것의 둘로 이루어져 있음을 우리에게 가르쳐 준다. 음식물을 제대로 먹지 못하면 인간의 몸이 상하듯이, 하나님의 말씀을 제대로 먹지 못할 경우에도 인간의 삶이 손상을 입을 수 있다는 것이다.

그 까닭에 예수께서는 오늘 본문에 나온 바와 같이 "나는 하늘에서 내려온 살아 있는 떡이니 사람이 이 떡을 먹으면 영생하리라. 내가 줄 떡은 곧 세상의 생명을 위한 내 살이니라"(요 6:51)고 설교하신 것이다. 또 예수께서는 다음과 같이 말씀하시기도 했다:

> 내가 진실로 진실로 너희에게 이르노니, 인자의 살을 먹지 아니하고 인자의 피를 마시지 아니하면 너희 속에 생명이 없느니라. 내 살을 먹고 내 피를 마시는 자는 영생을 가졌고 마지막 날에 내가 그를 다시 살리리니, 내 살은 참된 양식이요 내 피는 참된 음료로다 (요 6:53-55).

그런데 흥미롭게도 예수님의 이 말씀은 오병이어 사건이 있은 다음 날 이루어진 설교에 나타난다. 요한복음 6장을 1절부터 읽어보면 어린 아이가 가진 도시락, 곧 물고기 두 마리와 보리떡 다섯 개로 남자만 세었을 때 5천명이나 되는 많은 사람들이 배불리 먹었을 뿐 아니라 열두 바구니에 가득 담을 정도로 남게 되었다. 예수께서 이러한 기적을 행하시자 사람들은 예수님을 억지로 잡아 임금을 삼으려고 했다. 이것을 아신 예수께서는 사람들을 피해 혼자 산으로 가서서 밤새도록 기도하셨다.

6장 22절에 의하면, 오병이어 사건이 있은 다음날 예수께서는 갈릴리 바다 건너편에서 사람들을 만나 대화하시면서 설교를 하신다. 이 설교에서 예수님은 줄곧 자신을 떡(빵)으로 일컬으신다. 예수께서는 "나는 생명의 떡이니 내게 오는 자는 결코 주리지 아니할 터이요, 나를 믿는 자는 영원히 목마르지 아니하리라"(35절)고 말씀하시며, 48절에서는 자신을 일컬어 "생명의 떡"이라고 말씀하신다. 50절에 의하면 하늘로부터 내려오는 이 떡은 사람으로 하여금 먹고 죽지 않게 하는 것이다.

일용할 양식과 생명의 떡

우리는 이 비슷한 이야기를 구약 열왕기하 4장에서 찾을 수 있다. 42절 이하에 의하면 어떤 사람이 처음 익은 식물, 곧 보리떡 이십과 자루에 담은 채소를 하나님의 사람 엘리사에게 드린다. 이에 엘리사는 예언자 무리에게 그것을 주어 먹게 하라고 사환에게 명한다. 그러나 엘리사에게 수종 들던 사환이 100명이나 되는 사람들에게 그것을 어떻게 먹일 수 있느냐고 반문한다. 그럼에도 엘리사는 하나님께서 충분히 먹고 남을 수 있다고 말씀하셨으니 걱정하지 말고 사람들에게 주어 먹게 하라고 명한다.

사환이 엘리사의 말대로 했더니 하나님의 말씀과 같이 모두가 다 먹은 후에 음식물이 남았다. 이 일이 있은 직후에 엘리사는 아람 왕의 군대장관 나아만의 나병을 고치는 기적을 행한다. 요단강에서 일곱 번 목욕하면 나병이 치료될 것이라고 했는데 그대로 된 것이다. 이처럼 놀라운 기적을 경험하게 된 나아만은 자기가 믿던 신을 버리고 이스라엘의 하나님 여호와를 믿기로 작정한다. 여기서 우리는 하나님의 종 엘리사가 배고픈 선지자의 무리를 배불리 먹이는 일만 할뿐 아니라, 나병으로 시달리던 이방 사람 나아만의 질병을 고쳐주고 또 그에게 구원의 길을 보여주는 일을 하고 있음을 발견하게 된다.

요한복음 6장에 나오는 예수님의 오병이어 사건도 이와 비슷하다. 예수님은 배고픈 군중들을 배부르게 먹이실 뿐만 아니라, 하늘로서 내려온 산 떡이신 자신을 먹게 하심으로써 사람들에게 구원의 길을 보여주고 계신 것이다. 이렇듯 날마다의 양식을 제대로 먹는 일과 생명의 떡이신 예수님을 먹고 하나님의 말씀을 먹고 구원받는 일은 인간 삶의 가장 중요한 두 가지 차원에 속한다.

이것은 결국 인간이 빵만으로는 살 수 없는 존재임을 우리에게 가르쳐 준다. 열왕기하 4장이나 요한복음 6장의 핵심은 굶주리지 않아야 건강하게 살 수 있다가 아니며, 적은 음식물을 가지고서 많은 사람들을 배부르게 먹인 기적도 아니다. 도리어 중요한 것은 만물을 창조하신 하나님의 은혜와 능력을 체험하는 일이요(나아만), 생명의 떡이신 예수님을 먹음으로써 영생과 구원을 얻는 일이다(그리스도인).

성찬의 참된 의미

우리가 1년에 몇 차례씩 행하는 성찬식은 바로 예수님을 먹는 일에 해당한다. 예수 믿는 사람들은 예수의 살을 먹고 피를 마시는 성찬식에 참여함으로, 사람이 빵으로만 살 수 있는 것이 아니라는 사실을 깨닫게 된다. 참된 양식이요 참된 음료인 예수님을 먹고 마실 때 비로소 인간의 삶이 의미를 갖게 되고 참된 구원과 영생이 가능하게 됨을 새롭게 발견하게 된다.

그러나 예수님을 먹는다는 것은 단순히 예수님께서 나를 위해서 십자가 고난을 당하시고 죽으셨다는 사실을 마음속에 상상하는 것으로 끝나는 것이 결코 아니다. 도리어 그것은 나를 위해 죽으시고 부활하신 예수님과 하나가 되어 그가 원하는 섬김과 나눔의 삶을 살겠다는 결단을 포함한다. 나도 예수님처럼 남을 위해 내 삶을 드리겠다는 각오를 다지는 것이 성찬식의 궁극적인 목적이다.

따라서 성찬식에 참여하는 그리스도인이라면 예수의 살을 먹고 피를 마심으로 바울이 로마서 12:1-2에서 말씀하신 신앙적인 삶의 목표에 도달하고자 결심해야 할 것이다:

> 그러므로 형제들아, 내가 하나님의 모든 자비하심으로 너희를 권하노니, 너희 몸을 하나님이 기뻐하시는 거룩한 산 제물로 드리라. 이는 너희가 드릴 영적 예배니라. 너희는 이 세대를 본받지 말고, 오직 마음을 새롭게 함으로 변화를 받아, 하나님의 선하시고 기뻐하시고 온전하신 뜻이 무엇인지 분별하도록 하라.

성찬에 참여하면서 예배의 이러한 의미를 회복하고 주님의 희생과 봉사를 본받아 세상에서 섬김과 나눔의 삶을 살기로 다짐하는 여러분에게 하나님의 놀라운 은혜와 복이 넘치기를 간절히 바란다.

함께 듣는 말씀
(왕하 23:1-3)

몇 년 전에 장로회신학대학교에서 두 차례에 걸쳐서 목회자들을 대상으로 하는 성경통독 세미나가 열린 적이 있다. 거기서 구약과 관련된 강의를 하나 했다. 그때 강의를 시작하면서 그들에게 한 가지 질문을 던졌다. 오바댜서를 한 번이라도 설교한 적이 있는지를 물은 것이다. 1백 명이 넘는 사람들 중에서 손을 든 사람은 얼마 되지 않았다. 그래서 아직도 오바댜서를 가지고서 설교를 하지 않은 분은 한 달 안에 오바댜 본문으로 설교를 하시라고 웃으면서 권고했던 기억이 난다. 신구약 66권이 다 하나님 말씀이라 하면서 왜 설교하지 않는지를 지적하면서 말이다.

성경을 편식하는 현실

이 점은 목회자들에게만 한정되지 않는다. 평신도들에게도 똑같이 적용된다. 성경을 읽되 골고루 다 읽지 않고 편식하는 경향이 누구에게나 있다는 얘기다. 그러다 보니 한국 교회가 편식하는 성경 본문에 따라 교파가 나누어지고 말았다. 크게 보수와 진보로 나누인 것이다. 보수적인 교회는 사회 참여를 싫어하고, 영성에 치우치는 경향을 가지고 있다. 그래서 그런 본문을 주로 설교하고 그런 본문을 주로 읽는다.

반대로 진보적인 교회는 사회 참여를 강조하고, 영성보다는 사회성에 치우치는 경향을 가지고 있다.

그러나 성경에는 보수적인 신앙을 가진 사람이 좋아하는 구절만 있는 것이 아니다. 그 반대도 물론 아니다. 모든 영양분이 골고루 갖추어진 식탁이다. 집에서 밥을 먹을 때에도 똑같은 반찬만을 먹지는 않는다. 영양 섭취가 골고루 잘 되도록 신경을 써서 먹는다. 따라서 메뉴가 다양해질 수밖에 없다. 학교 식당이나 은행, 관공서 등 공공기관의 식당도 마찬가지이다. 하나님의 말씀은 참으로 많은 영양분을 골고루 가지고 있는 최상의 식당이나 다름이 없다. 따라서 성경은 편식해서는 안 되는 것이다. 모든 본문을 똑같이 골고루 읽어야 한다. 그리고 그 의미를 찾고 자신의 삶에 적용해야 한다.

물론 성경에는 다른 본문들보다 더 중요하기에 더 자주 읽고 설교해야 하는 중요한 본문들이 있다. 이신칭의(以信稱義; justification by faith) 교리 같은 본문이 그렇다. 그러나 66권 전체가 우리에게 주어진 하나님 말씀이라는 점을 고려한다면, 궁극적으로 성경은 편식해서는 안 되는 것이다. 특히 자신의 신앙적인 입맛에 맞추어 성경을 읽어서는 안 된다. 그래서인지 요즘 서울을 중심으로 하여 많은 교회들이 성경통독 운동에 관심을 기울이고 있다. 그들은 성경통독이야말로 한국교회의 편향적인 성경읽기 폐단을 극복함과 아울러, 분열과 분리를 특징으로 갖는 한국교회의 아픈 상처들을 치료할 수 있는 연합과 일치, 조화와 균형까지도 모색할 수 있는 좋은 방법이라고 생각한다. 틀린 게 아니다.

함께 모여 듣는 성경

그런데 성경을 골고루 읽으라고 아무리 강조해도 그것이 혼자만의 힘으로는 잘 안 된다. 그래서 성경을 함께 모여 읽는다. 아니 더 정확하게는 오늘 설교의 제목처럼 함께 모여 "듣는다." 3박 4일 또는 5박 6일 날을 잡아서 함께 성경 말씀을 듣는 것이다. 누군가가 낭독하면 그것을 성경을 눈으로 보면서 듣는 것이다. 녹음 테이프에 녹음된 목소리를 들으면서 하는 경우가 대부분이다.

이렇게 하는 것에는 그 나름의 근거가 있다. 사람들은 흔히 눈으로 읽는 것보다 귀로 듣는 것이 더 오래간다고 말한다. 맞는 얘기다. 강의나 설교의 경우가 그렇다. 설교집을 읽는 것과 설교를 듣는 것을 비교해 보면 금방 알 수 있다. 조선 시대의 이야기꾼(storyteller)을 예로 들어 보자. 한 이야기꾼이 장터에서 사람들을 모아 놓고 자기가 읽은 소설의 내용을 이야기로 풀어 전달한다. 악당에 관한 이야기를 신나게 하는데 청중에 속한 한 다혈질 인물이 정의감에 사로잡힌 나머지 흥분 상태에서 품에 숨겨 놓은 칼로 그를 죽이고 말았다.

소설을 조용히 읽어나가는 경우라면 이런 일이 일어날 수가 없다. 누군가의 이야기를 듣는 중에 이런 일이 발생한 것이다. 그것도 여러 사람이 함께 있을 때 말이다. 이것은 곧 어떤 이야기를 듣더라도 혼자 듣는 것보다 여럿이 함께 듣는 것이 더 효과적이고 잘 전달됨을 의미한다. 이야기꾼이 누군가에게 이야기를 전하는데 듣는 사람이 한 사람이라고 생각해 보라. 신바람 나게 이야기하지 못한다.

설교나 강의도 다 마찬가지이다. 듣는 사람이 많아야 그 분위기에서 흥에 겨워 똑같은 이야기라도 더 잘 전달하게 되는 것이다. 듣는 사람들도 마찬가지이다. 혼자 듣는 경우보다는 여럿이 호흡을 같이 하면서 같이 흥분하고 같이 감동하고 같이 웃고 같이 울면서 들을 때 더 잘 들을 수 있다("아멘" 하는 분위기). TV에서 야구 중계를 혼자서 보는 것과 야구장에 직접 가서 사람들의 함성 속에서 야구 경기를 보는 것이 같을 수는 없지 않은가!

신구약 시대의 상황으로 되돌아가 보자. 당시에는 성경이 사람들에게 읽히기 위해 만들어진 것이 결코 아니었다. 옛날에는 오늘날처럼 책이 대중화되지 않았다. 따라서 책을 읽는다는 것은 지극히 소수의 사람들에게만 한정되는 일이었다. 절대 다수를 차지하는 일반 대중은 누군가가 읽어주는 것을 귀로 듣는 방식을 통해서만 성경을 접할 수 있었다. 따라서 그때에는 다수의 사람들이 한 자리에 모여서 누군가의 성경 낭독을 듣는 방식이 널리 유행했었다(이를테면 복음서나 바울의 편지들). 당시에 성경은 혼자서 읽는(독자) 것이 아니라 다수가 듣는(청중) 책으로 인식된 것이다. 이것은 당시에 하나님의 말씀을 듣고 배우는 것이 철저하게 공동체적인 것이었음을 의미한다.

요시야 종교개혁의 출발점

오늘의 본문도 마찬가지이다. 남왕국 유다에 요시야라는 유명한 왕이 있었다. 그는 어렸을 때(8세) 왕위에 올랐지만, 나라 안팎의 상황이 매우 좋지 않았다. 특히 지도자들과 백성들의 신앙적인 탈선이 매우 심각한 상태에 이르러 있었다. 그래서 뭔가 개혁을 해야겠다는 생각을 했다. 그 일차적인 조치로 18세가 되던 때에 그는 성전을 청소·수리하게 했다(왕하 22장). 그런데 성전 수리 과정에서 율법책이 발견되었다.

신명기였을 것으로 추정한다. 요시야는 서기관 사반이 읽어주는 그 율법책의 말씀을 듣는 순간 옷을 찢고서 탄식한다. 여선지 훌다를 통하여 하나님의 엄한 진노와 심판의 말씀을 들은 요시야는 본문에 나온 대로 행한다.

우리가 흔히 말하는 요시야의 종교개혁은 사실 이렇게 한 다음에 본격적으로 실행된 것이다. 열왕기하 23:4 이하에 그 내용이 나온다. 달리 말해서 하나님의 말씀을 왕이 먼저 듣고 그 다음에 지도자들과 온 백성이 함께 모여 들은 것으로부터 종교개혁이 시작되었다는 얘기다. 함께 하나님 말씀을 들은 자들이 공감하지 않았다면 종교개혁이 성공하지 못했을 것이다. 이것은 곧 누군가 성경을 낭독하고 여러 사람이 그것을 함께 듣는 경우, 그 이해와 느낌은 개개인의 차원을 넘어서서 공동체적인 이해와 느낌으로 발전하게 됨을 의미한다.

어떻게 보면, 입으로 낭독하는 말씀이 문자로 고정된 오늘의 상황 속에서, 목회자들의 설교를 듣는 회중의 모습은 당시의 성경통독 청중과 너무도 유사하지 않은가! 여기서 한 가지를 덧붙인다면, 성경을 통독할 때 소리의 높낮이나 강약, 음성의 빠르고 느림, 말하는 자의 눈빛과 얼굴 표정, 감정 표현 등을 조금이라도 재현할 수 있다면 얼마나 좋을까 하는 것이다. 요컨대 성경 전체를 목표로 하는 공동체적인 성경통독, 그리고 성경 전체를 균형 있게 다루어주는 설교 등 이 두 가지야말로 한국교회의 영성과 사회성을 살리는 지름길이라 할 수 있다.

성경 통독의 실천

성경은 참으로 다양한 목소리가 공존해 있는 지혜와 지식과 실천의 보물창고이다. 성경통독을 통해서 다양한 성분의 자양분들을 골고루 섭취하는 것이 앞으로 한국교회가 나아가야 할 길이 아닌가 한다. 그리하여 마침내는 성경의 다양한 의미들을 올바로 이해하고 앎(正知)과 동시에, 그것을 교회와 세상에서, 역사와 삶 속에서 바르게 실천(正行)하는 것이야말로 한국교회와 한국사회의 살 길이다.

여러분도 성경을 줄기차게 읽되, 소리 내어 읽어보기도 하고, 가능하다면 몇 사람이라도 모여서 정기적으로 하나님의 말씀을 "함께 듣는" 훈련을 해보시기 바란다. 혼자서 성경을 읽거나 듣는 경우와는 색다른 경험을 하게 될 것이다. 구약 시대의 사람들이나 초대 교회 성도들처럼 말이다. 성경을 소리 내어 함께 읽고 들음으로써, 말씀의 바다에서 진리의 보화를 캐내고 그것으로 자신의 삶과 교회와 사회에 변화를 가져다주는 여러분이 다 되시기 바란다.

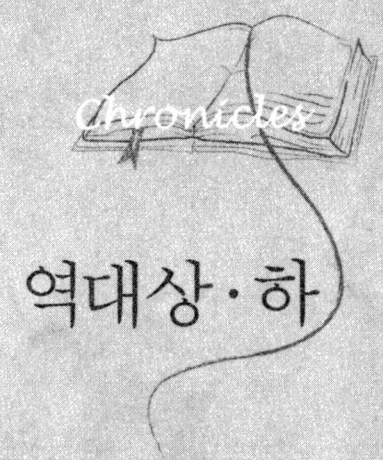

역대상·하

찬송의 골짜기_대하 20:20-30
웃시야의 16세_대하 26:1-8

찬송의 골짜기
(대하 20:20-30)

요즘 아이들은 노래를 들으면서 공부를 한다. 그래서인지 MP3를 귀에 꽂고서 길거리를 걷거나 공부하는 아이들의 모습을 늘 볼 수 있다. TV 프로그램에서도 항상 가수들의 노래가 끊이지 않는다. 노래나 음악을 좋아하지 않는 사람은 아마도 없을 것이다. 동물이나 식물도 마찬가지이다. 젖소에게 경쾌하고 기분 좋은 음악을 틀어주면 우유 생산량이 늘어나고 품질도 좋아진다. 그러나 베토벤의 운명 교향곡이나 무거운 음악을 틀어주면 생산량도 줄고 품질도 나빠진다.

좋은 음악의 힘

식물도 예외가 아니다. 좋은 음악을 틀어주면 성장 속도가 빠르고 열매도 질이 좋지만, 나쁜 음악을 틀어주면 성장도 느리고 열매의 질도 나빠진다. 하나님은 모든 생명체에게 음악이나 노래를 좋아하도록 만드신 것 같다. 하나님 자신도 노래와 음악을 대단히 좋아하신다. 그렇지 않고서야 동물, 식물, 인간 등이 음악을 알아듣고 그 음악을 좋아할 리가 있겠는가! 하나님 자신이 음악과 노래를 좋아하시니 자신이 창조하신 모든 생명체에게 노래와 음악을 알아듣게 하시고 노래와 음악 속에서 살아가게 하시는 것 같다.

요즘 유행하는 치료 중에 음악치료라는 것이 있다. 음악치료는 치료적인 목적, 즉 정신과 신체건강을 복원 및 유지시키며 향상시키기 위해 음악을 사용하는 것이다. 치료적인 환경 속에서 치료대상자의 행동을 바람직한 방향으로 변화시키기 위한 목적으로 음악치료사가 음악을 단계적으로 사용한다. 즉 훈련받은 음악치료사가 즐겁고 창조적인 음악적 경험을 음악치료 대상자와 나눔으로써 음악치료대상자의 심리적 · 신체적 · 정신적인 이상상태를 복원하여 이를 유지하고 나아가서는 향상시킬 목적으로 과학적이고 체계적으로 음악을 사용하는 일체의 활동을 말한다.

일반 음악에 치료하는 힘이 있다고 하는데, 우리가 부르는 찬송은 어떠하겠는가! 성경 주석가로 유명한 매튜 헨리(M. Henry)는 다음과 같이 말한 적이 있다: "하나님은 사람들이 진심으로 그를 찬미할 때 그들의 일을 도우시는 것을 즐기신다." 그 가장 대표적인 예로 우리는 초대 교회 신자들, 감옥에 갇힌 바울과 실라에게서 찾을 수 있다. 초대 교회 신자들은 온갖 핍박과 환란 속에서도, 죽음을 앞에 둔 절망적인 상황 속에서도 하나님 찬양하는 것을 잊지 않았다. 영화 "쿼바디스"를 보면 그러한 장면을 볼 수 있다. 그들의 찬양은 참으로 하나님을 기쁘시게 하는 신앙의 절정이었고 그들 모두를 천국으로 인도하는 구원의 사닥다리였다. 바울과 실라는 빌립보 감옥에 갇혀 있으면서도 하나님을 찬미함으로 기적을 체험했다.

이스라엘 민족은 세계 어느 민족보다도 찬송이 많다는 점에서 복 받은 민족이다. 이스라엘 백성의 찬양집이라 할 수 있는 시편을 보면 하나님을 향한 그들의 찬송은 크게 세 가지로 나누어진다. 찬양과 감사와 탄원 등이 그것이다. 찬양이 하나님의 일반적인 성품이나 속성을 노래하는 것이라면, 감사는 하나님의 구체적인 구원 은총을 노래하는 것이다. 그리고 탄원은 고통과 절망 또는 질병 등으로 인하여 하나님의 도우심과 구원을 호소하는 것을 가리킨다.

전쟁 앞에서의 금식과 기도

우리가 본문에서 읽은 찬송은 유다 족속의 찬양과 감사를 잘 표현하고 있다. 당시 남왕국 유다는 여호사밧 왕의 통치를 받고 있었다. 여호사밧의 통치에 대해서는 역대하 17:1-6이 다음과 같이 잘 설명해 주고 있다:

> 아사의 아들 여호사밧이 대신하여 왕이 되어 스스로 강하게 하여 이스라엘을 방어하되, 유다 모든 견고한 성읍에 군대를 주둔시키고, 또 유다 땅과 그의 아버지 아사가 정복한 에브라임 성읍들에 영문을 두었더라. 여호와께서 여호사밧과 함께 하셨으니, 이는 그가 그의 조상 다윗의 처음 길로 행하여 바알들에게 구하지 아니하고, 오직 그의 아버지의 하나님께 구하며, 그의 계명을 행하고 이스라엘의 행위를 따르지 아니하였음이라. 그러므로 여호와께서 나라를 그의 손에서 견고하게 하시매, 유다 무리가 여호사밧에게 예물을 드렸으므로, 그가 부귀와 영광을 크게 떨쳤더라. 그가 전심으로 여호와의 길을 걸어 산당들과 아세라 목상들도 유다에서 제거하였더라.

그런데 그의 통치 말년에 유다 왕국의 번성을 시기한 모압과 암몬의 연합군이 남왕국 유다를 침공해 들어왔다(대하 20장). 공격 소식을 들은 여호사밧은 낯을 여호와께 향하여 간구하였으며 온 유다 백성에게 금식을 선포하였다. 이에 온 유다 백성이 금식하며 예루살렘 성전에 모여 하나님께 도움을 간구했다. 부녀들과 자녀들, 어린이들까지 함께 할 정도로 열심히 간구했다(13절). 여호사밧은 성전에 모인 사람들 앞에서 하나님께 기도했다. 그의 기도를 요약하면 이렇다:

> "주의 손에 권세와 능력이 있사오니 능히 막을 사람이 없습니다. 침략군들이 하나님께서 우리에게 주신 땅에서 우리를 몰아내려 합니다. 우리를 치러 오는 이 큰 무리를 우리가 대적할 힘이 없습니다. 어떻게 할 줄도 알지 못합니다. 오직 주만 바라오니 구원하소서"(6-12절).

경배와 찬양을 통한 승리

여호사밧이 기도를 드린 후에 레위 사람 야하시엘에게 여호와의 신이 임하여 하나님의 말씀을 전하게 했다:

> 너희는 이 큰 무리로 말미암아 두려워하거나 놀라지 말라. 이 전쟁은 너희에게 속한 것이 아니요 하나님께 속한 것이니라… 이 전쟁에는 너희가 싸울 것이 없나니 대열을 이루고 서서 너희와 함께 한 여호와가 구원하는 것을 보라. 유다와 예루살렘아, 너희는 두려워하지 말며 놀라지 말고 내일 그들을 맞서 나가라. 여호와가 너희와 함께 하리라(15-17절).

이 말씀을 들은 여호사밧은 몸을 굽혀 얼굴을 땅에 대고 하나님께 경배했고, 온 유다 사람들과 예루살렘 거민들도 마찬가지로 하나님을 경배했다. 레위 사람들은 서서 심히 큰 소리로 하나님을 찬송했다(19절). 다음날 싸우러 나갈 때 여호사밧은 백성을 향해 말했다: "…너희는 너희 하나님 여호와를 신뢰하라. 그리하면 견고히 서리라. 그의 선지자들을 신뢰하라 그리하면 형통하리라"(20절). 그런 후 백성들과 의논하여 노래하는 자들을 택하여 거룩한 예복을 입히고 군대 앞에서 행하면서 하나님을 찬송하게 했다: "여호와께 감사하세. 그의 인자하심이 영원하도다"(21절).

전쟁 전날 기도하고 경배했던 그들은 전쟁 직전에 이처럼 하나님을 찬미했다. 하나님은 그러는 사이에 복병을 두게 하셔서 모압과 암몬 연합군을 치게 했다. 그들은 유다의 복병에 놀라 서로 싸우다가 패멸하고 말았다. 그들이 죽고 도망한 후에 전리품을 거두었는데 사흘 동안 운반해야 할 정도로 많았다. 나흘째 되는 날(전쟁 직후) 그들은 한 골짜기에 모여 하나님을 송축했다. 그리고서는 그곳을 "브라가 골짜기"라 이름하였다. 하나님을 송축한 골짜기, 하나님을 찬송하고 찬양한 골짜기, 그로 인하여 하나님이 복을 주신 골짜기라는 뜻이다.

유다 백성은 여호사밧을 앞세우고서 즐거워하면서 예루살렘으로 돌아왔다. 비파와 수금과 나팔을 합주하면서 성전으로 가서 다시금 하나님께 감사를 드렸다. 이방 모든 나라는 여호와께서 이스라엘의 적군을 치셨다 함을 듣고서 하나님을 두려워하였고 이로 인하여 여호사밧의 나라는 태평할 수 있었다. 하나님이 사방에서 저희에게 평강을 주셨기 때문이다(29-30절).

찬양의 위력

우리는 이상의 이야기에서 전쟁 직전과 승리 직후에 하나님을 찬미하는 일이 있었음을 확인할 수 있다. 우리는 여기서 찬양이 얼마나 위대한 것인가를 배운다. 찬양은 하나님을 기쁘시게 하며 그로 하여금 즐거운 마음으로 찬양하는 자를 돕게 한다. 위기에 처했을 때 하나님을 찬양하는 것만큼 좋은 것도 없다. 찬양이야말로 하나님의 도우심을 가능하게 하는 열쇠이다. 찬양할 때 하나님은 우리 편이 되어주신다. 우리를 위해 싸우신다. 우리를 대신하여 싸우신다. 하나님의 도우심으로 모든 어려운 문제를 해결할 수 있다.

시편 23편을 보면 다윗은 사망의 음침한 골짜기로 다닐지라도 해 받음을 두려워하지 않는다고 노래한다. 하나님께서 자기와 함께 하시기 때문이라는 것이다. 주의 지팡이와 막대기가 그를 안위하기 때문이라는 것이다. 우리들 역시 때때로 사망의 음침한 골짜기를 지나는 것 같은 시련과 환란을 경험할 때가 있다. 그럴 때마다 우리는 하나님께 기도하며 그를 찬미할 수 있어야 한다. 환란과 역경 속에서도 하나님을 찬양할 수 있어야 한다.

하나님께서는 사망의 음침한 골짜기라도 생명과 승리의 골짜기, 브라가 골짜기(송축, 찬송, 복의 골짜기)로 만드실 수 있기 때문이다. 그것은 개개인의 경우에만 해당하는 것이 아니라 가족이나 교회에도 해당한다. 가족 찬양은 찬양을 통해 하나님을 기쁘시게 하고 그의 도우심을 기대할 수 있는 매우 효과적인 수단임을 배우시기 바란다. 혼자 찬양하는 것보다는 함께 모여 찬양하는 것이 더 효과적이다. 여호사밧과 유다 백성이 그것을 우리에게 가르쳐 주고 있지 않은가!

가능하다면 평소에도 가족이 함께 모여 하나님을 찬미하도록 하자. 어려운 일이 있을 때마다 하나님을 찬양하도록 하자. 여러분 모두의 가정이 찬양이 넘치는 행복한 삶의 터전이 되기를 바란다. 무엇보다 찬양이 살아 있는 귀한 주님의 집들이 되기를 기대한다. 찬양으로 환란과 시험을 이기는 가정, 찬송함으로 질병을 치료받고 하나님의 기적을 체험하는 여러분들과 가정들이 되기를 간절히 바란다.

웃시야의 16세
(대하 26:1-8)

본문은 남왕국 유다의 열 번째 왕인 웃시야의 통치 초기에 관해서 기록하고 있는 말씀이다. 이 말씀에 의하면 웃시야는 16세에 왕이 되어 52년 동안 남왕국 유다를 다스렸다. 그런데 본문은 웃시야가 왕위에 오른 때가 16세였다는 것을 별스럽게도 강조하고 있는 듯 보인다. 왜냐하면 웃시야가 16세에 왕이 되었다는 표현은 1절과 3절에 두 번 반복되어 나타나기 때문이다: "유다 온 백성이 나이가 십육 세 된 웃시야를 세워 그의 아버지 아마샤를 대신하여 왕으로 삼으니… 웃시야가 왕위에 오를 때에 나이가 십육 세라…"(1, 3절)

웃시야의 즉위 배경

누가 보아도 16세의 나이는 왕이 되기에 적절한 나이가 아니다. 그런데도 웃시야는 아버지 아마샤가 일찍 돌아가시는 바람에 어쩔 수 없이 16세에 왕위에 올라야만 했다. 그러나 그가 16세에 왕이 되었다는 것은 사실 그에게 대단히 불리한 조건이었다. 우리 식으로 한다면 그는 미성년자에 지나지 않았다. 그는 불행하게도 자기 삶에 대하여 책임을 질 수 없는 나이에 왕이 되었던 것이다.

그뿐만 아니라 그는 아버지 아마샤로부터 좋은 교육을 받지도 못했다. 25장 2절에 보면 이런 말씀이 있다: "아마샤가 여호와께서 보시기에 정직하게 행하기는 하였으나, 온전한 마음으로 행하지 아니하였더라." 이 말씀에 의한다면 웃시야의 아버지 아마샤는 정직한 왕이기는 했으나 온전한 왕은 아니었다. 아마샤의 이러한 모습은 25장 14절에 매우 잘 나타나 있다. 이 본문은 아마샤가 에돔 족속을 공격하고 돌아오는 길에 에돔 사람들의 우상을 가져다가 자기의 신으로 세우고 그 앞에 경배하며 분향했다고 말한다.

하나님은 한 선지자를 통해서 아마샤의 이러한 잘못된 행동을 책망하셨다: "저 백성의 신들이 그들의 백성을 왕의 손에서 능히 구원하지 못하였거늘, 왕은 어찌하여 그 신들에게 구하나이까?"(대하 25:15) 그런데도 아마샤는 자신의 잘못을 뉘우치지 않고서 도리어 하나님의 선지자를 비난했다: "우리가 너를 왕의 모사로 삼았느냐? 그치라. 어찌하여 맞으려 하느냐?"(대하 25:16a) 그러자 그 선지자는 하나님의 심판을 선고한다: "왕이 이 일을 행하고 나의 경고를 듣지 아니하니, 하나님이 왕을 멸하시기로 작정하신 줄 아노라"(대하 25:16b). 이로 인해 아마샤는 자신을 반역하는 무리에게 죽임 당하는 벌을 받아야만 했다(대하 25:27). 아마샤의 말년이 이러했던 까닭에, 그의 아들 웃시야는 어렸을 때부터 아버지의 좋은 통치를 제대로 보지 못하고서 자라났다.

그가 보고 배운 것이라곤 아버지의 그릇된 모습들뿐이었다. 백성들이 반란을 일으켜 죽이지 않으면 안 될 정도로 그의 통치 말년은 문제투성이였던 것이다. 이런 그가 어찌 왕세자로서의 교육을 제대로 받았다고 할 수 있겠는가? 게다가 그는 아직 어린 나이에 나라 전체를 다스려야 하는 중요한 자리에 올랐다. 자기 스스로의 삶에 책임질 수 없는 어린 나이에 한 나라의 왕이 된 것이다.

웃시야의 성공적인 통치

웃시야가 이처럼 불리한 조건 아래서 왕이 된 까닭에 우리는 당연히 그의 통치가 매우 불안정했으리라고 생각할 것이다. 나이 어린 왕세자가 왕위에 올랐으니 어찌 나라의 기강이 바로 설 수 있었겠는가? 그런데 4절 이하의 말씀을 읽어보면 전혀 뜻밖의 상황이 전개되고 있음을 알 수 있다:

> 웃시야가 그의 아버지 아마샤의 모든 행위대로 여호와 보시기에 정직하게 행하며, 하나님의 묵시를 밝히 아는 스가랴가 사는 날에 하나님을 찾았고, 그가 여호와를 찾을 동안에는 하나님이 형통하게 하셨더라 (4-5절).

실제로 그는 블레셋과 아라비아 및 마온 등지의 사람들과 싸워 큰 승리를 거두었다(6-7절). 그뿐만이 아니었다. 암몬 족속은 남왕국 유다와 교제하는 것이 여러 가지로 유리할 것이라고 판단하고서 자진해서 남왕국의 웃시야에게 조공을 바쳐왔다. 이로 인해 남왕국은 갈수록 강성해졌고 마침내는 남왕국의 강성함이 당시의 대제국인 이집트의 변방에까지 널리 알려졌다(8절).

어떻게 해서 이러한 일이 가능하게 되었을까? 16살짜리 왕이 나라를 다스리면 나라가 무질서와 혼란에 빠져드는 것이 정상인데, 16살짜리 웃시야가 다스리던 남왕국은 그렇지 않았다. 불안정하기는커녕 안정과 형통을 누렸고 그 강성함이 여러 나라 사람들에게까지 알려졌다. 도대체 그 원인이 무엇인가? 그것은 바로 웃시야가 자신의 약함을 바로 알았기 때문이다.

그는 자신이 왕으로서의 교육을 제대로 받지 못했다는 것을 잘 알고 있었다. 또한 그는 자신이 한 나라의 왕이 되기에는 너무나 어리다는 것도 잘 알고 있었다. 그래서 그는 하나님의 예언자인 스가랴가 살아 있을 동안에 부지런히 하나님의 뜻을 물었다. 그리고 하나님의 말씀대로 정직하게 행했다. 어떻게 해야 나라와 백성을 잘 다스리는지에 대해서 부지런히 하나님의 뜻을 구했고 또 그대로 행한 것이다.

향기를 발하는 삶

우리는 16세의 웃시야가 취한 이상의 행동에서 어떠한 교훈을 얻을 수 있겠는가? 그것은 우리가 웃시야처럼 늘 하나님 앞에서 자신을 낮추는 태도를 가져야 한다는 것이다. 이솝(Aesop) 이야기 가운데 개구리와 송아지 우화가 있다. 사람 사는 세상을 짐승들이나 곤충들을 통해서 비유한 재미난 이야기 중의 하나이다: 하루는 새끼 개구리가 모처럼 밖으로 놀러 갔다가 자기 몸집보다 몇 백 배나 더 큰 송아지 한 마리를 보았다. 그는 깜짝 놀라 집으로 뛰쳐 들어왔다. 그런 후 아빠 개구리한테 자기가 본 것을 그대로 이야기했다. 이에 아빠 개구리는 애비로서의 체면을 세우기 위해 계속해서 자기 배를 내밀었지만 그게 어찌 송아지 크기를 당할 수 있겠는가? 불행하게도 배가 터져 죽고 말았다.

중세의 유명한 수도사 토마스 아 켐피스가(Tomas à Kempis) 쓴 책 중에 『그리스도를 본받아』가 있다. 우리말로도 번역된 책이다. 나는 대학 시절에 이 책을 읽고서 크게 감동을 받았었다. 이 책에서 토마스가 줄기차게 강조하는 것은 예수 그리스도의 겸손이다. 그는 마음이 온유하고 겸손한 예수 그리스도를 본받을 것을 처음부터 끝까지 강조한다(마 11:29). 겸손이란 무엇인가? 그것은 곧 자신을 낮추고 남을 나보다 낮게 여기는 태도를 가리킨다(빌 2:3).

한 가지 예를 더 들어보자. 한자 숙어에 "자대시 일개취자"(自大是 一個 臭字)라는 표현이 있다. 이 낱말은 본래 스스로 자(自) 자와 큰 대(大) 자가 합하면 냄새날 취(臭) 자가 된다는 뜻을 가지고 있다. 그러니까 스스로를 크다고 생각하는 자는 주위 사람들에게 악취를 풍기는 자요 역겨운 냄새를 풍기는 자라는 것이다.

이것은 신앙생활 하는 자에게도 똑같이 적용되는 말씀이다. 예수 믿는 사람은 누구나 주위 사람들에게 향기를 발하고 살아야 마땅하다. 그런데 그 반대로 안 좋은 냄새만을 풍기고 산다면 그 얼마나 주님께 욕된 일이겠는가? 그래서 그리스도인들은 늘 자신을 낮추면서 살아야 하고, 그럼으로써 주위 사람들에게 그리스도의 향기를 발하면서 주님의 이름으로 승리하는 삶을 살아야 한다.

무자격자에게 주어지는 복

우리는 이에 관한 또 다른 교훈을 창세기의 족장사(族長史; 12-50장)에서 찾아볼 수 있다. 족장사를 보면 장자권이 결코 장남에게 가는 법이 없다는 사실을 발견한다. 먼저 아브라함의 경우를 보자. 그는 하나님의 약속을 기다리지 못하고서 하갈을 통해 이스마엘이라는 아들을 낳은 적이 있다. 그러다가 나중에 본부인 사라를 통해 이삭이라는 약속의 자손을 얻게 되었다. 나중에 장자권은 누구에게로 돌아갔는가? 늦게 난 이삭에게였다.

이삭의 경우도 마찬가지이다. 그는 60세에 아내인 리브가를 통해 에서와 야곱이라는 쌍둥이를 낳았는데, 장남의 복은 먼저 난 에서가 아니라 나중에 난 야곱에게로 돌아갔다. 야곱도 예외가 아니다. 그는 레아와 라헬(실바와 빌하 포함)로부터 열두 아들을 두었다. 그런데 장자권은 큰 아들인 르우벤에게로 가지 않고 밑에서 둘째인 요셉에게로 갔다. 요셉은 므낫세와 에브라임이라는 두 아들을 두었는데 장자권은 또 다시 동생인 에브라임에게로 돌아갔다.

이상의 이야기가 반복해서 강조하는 것은 무엇인가? 그것은 곧 하나님의 약속 내지는 복은 자격이나 권리를 가진 자에게 돌아가지 않고 그 반대로 자격이나 권리를 전혀 갖지 못한 자에게 돌아간다는 사실이다. 물론 창세기 족장사 밖의 다른 데에서도 동생이 형보다 앞서는 경우가 많다. 모세나 다윗, 솔로몬 등이 그러하다. 그러나 동생이 형을 제치고 장자권을 가져간다는 주제가 이처럼 몰려서 나타나는 경우는 족장사 밖에 없다.

누가복음 18:9-14에 있는 바리새인과 세리의 기도를 보자. 바리새인은 서서 따로 기도하였는데, 그가 드린 기도의 내용을 보면 처음부터 끝까지 자신을 높이는 것뿐임을 알 수 있다: "하나님이여, 나는 다른 사람들, 곧 토색, 불의, 간음을 하는 자들과 같지 아니하고 이 세리와도 같지 아니함을 감사하나이다. 나는 이레에 두 번씩 금식하고 또 소득의 십일조를 드리나이다"(11-12절). 한마디로 말해서 그는 자기가 하나님의 복을 받을 권리와 자격을 가지고 있다는 것을 하나님께 마음껏 과시했다. 그 결과 그는 어떠한 모습으로 성전을 떠났는가? 의롭다 인정함을 받지 못한 채로 성전을 떠났다.

반면에 세리는 멀리 서서 감히 눈을 들어 하늘을 우러러보지도 못하고서 다만 "하나님이여, 불쌍히 여기옵소서. 나는 죄인이로소이다"라고 고백하면서 가슴을 칠뿐이었다. 그는 자신에게 권리와 자격이 없다는 것을 솔직하게 인정하였다. 그런데 뜻밖에도 그는 의롭다 인정함을 받고서 기쁜 마음으로 성전을 떠날 수 있었다.

교만한 자에게 임할 심판

웃시야는 누가 보아도 불리한 때에 왕위에 올랐다. 그러나 그는 자신의 약함을 누구보다도 잘 알고 있었기에 부지런히 하나님을 구했다. 그래서 강성해지게 되었고 형통함을 입었다. 그러나 본문은 우리에게 경고한다. 5절 말씀을 다시 보자. "하나님의 묵시를 밝히 아는 스가랴가 사는 날에 하나님을 찾았고, 그가 여호와를 찾을 동안에는 하나님이 형통하게 하셨더라." 마지막 후반부를 보면 "여호와를 찾을 동안에는"이라는 표현이 나온다. 이 표현을 뒤집어 보면 여호와를 구하지 않을 때에는 형통함을 입을 수 없다는 얘기가 된다.

그런데 웃시야는 바로 그러한 불행을 자초한 사람이었다. 우리가 읽지는 않았지만 역대하 26:16에 보면 이런 말씀이 기록되어 있다: "그가 강성하여지매 그의 마음이 교만하여 악을 행하여 그의 하나님 여호와께 범죄하되, 곧 여호와의 성전에 들어가서 향단에 분향하려 한지라." 나라가 강성해지니까 마음이 교만해진 것이다. 그래서 자기 멋대로 하려고만 했다. 이것을 제사장 아사랴가 다음과 같이 제지하자 그는 도리어 화를 내면서 아사랴에게 성질을 부렸다(18-19절):

웃시야여, 여호와께 분향하는 일은 왕이 할 바가 아니요, 오직 분향하기 위하여 구별함을 받은 아론의 자손 제사장들이 할 바니, 성소에서 나가소서. 왕이 범죄하였으니 하나님 여호와에게서 영광을 얻지 못하리이다 (18절).

그 결과 그는 어떻게 되었는가? 하나님의 치심을 받아 이마에 나병이 발하고 말았다. 그뿐만이 아니었다. 나병 때문에 그는 나라를 다스리지 못하고서 성전 출입을 금지 당한 채로 별궁에 갇혀서 살아야만 했다. 여러분은 어떠한가? 하나님과 사람 앞에서 어느 정도 자신을 낮추면서 살고 있는가? 행여나 "나는 대단한 사람이다!"고 생각하면서 교만한 마음을 품고 살지는 않는가? 그러나 그것처럼 위험한 것도 없다. 자신을 높이는 것은 곧 하나님을 대적하는 것이기 때문이다(벧전 5:5).

그러나 늘 자신의 부족함을 인정하면서 하나님을 의지하는 사람은 풍성한 복을 얻을 수 있다. 하나님께서 그러한 사람을 사랑하시기 때문이다. 여러분 모두가 웃시야의 16세를 끝까지 견지할 수 있기를 바란다. 그리하여 하나님과 사람 앞에서 향기를 발하고 자신의 약함 속에서 주님의 능력을 나타내는 신실한 신앙인들이 되시기를 진심으로 바란다.

Nehemiah

느헤미야

느헤미야에게서 배운다_느 5:14-19

느헤미야에게서 배운다
(느 5:14-19)

누구나 성경을 읽다보면 자기 마음에 드는 사람을 만나게 된다. 본인에게 느헤미야는 그중의 한 사람이다. 느헤미야는 바벨론 포로민 하가랴의 아들이다(느 1:1). 그는 페르시아 제국을 다스리던 아닥사스다 왕의 술관원(cup-bearer to the king, 느 1:11)으로 봉직했다. 그러던 그는 왕의 재임 20년 때인 주전 445년에 예루살렘 성을 중건하라는 왕의 특명을 받아 예루살렘으로 귀향했다. 예루살렘 총독으로 임명된 그는 아닥사스다 왕 20년에서 32년까지 12년 동안 총독으로 백성들을 다스렸다.

총독 느헤미야의 일상

본문은 총독 생활의 요약이다. 그의 신앙과 삶에 대한 요약이기도 하다. 첫 번째로 주목할 것은 그가 총독의 녹을 먹지 않았다는 사실이다. 14절에 그 점이 잘 설명되어 있다: "또한 유다 땅 총독으로 세움을 받은 때, 곧 아닥사스다 왕 제20년부터 제32년까지 12년 동안은 나와 내 형제들이 총독의 녹을 먹지 아니하였느니라." 18절에서는 느헤미야 자신이 총독의 녹을 요구하지 않았다고 밝힌다. 그 이유는 백성의 부역(성벽 건축)이 중했기 때문이다. 흉년도 겹쳐 있었다(느 5:1-5). 어쩔 수 없이 자녀를 종으로 파는 사람도 많았다.

이전 총독들은 어떠했는가? 15절에 의하면, 이전 총독들은 백성에게서, 양식과 포도주와 또 은 40세겔을 그들에게서 빼앗았고 또한 그들의 종자들도 백성을 압제하였으나 느헤미야는 하나님을 경외하므로 그같이 행치 아니하였다. 이 말씀에 의하면 이전 총독들은 부정과 부패와 부조리에 익숙해 있었다. 그러나 느헤미야는 달랐다. 느헤미야는 자기에게 꼭 필요한 것만 사용했다. 욕심이 없었다. 아무리 사소한 것이라 할지라도 그것이 자기 것이 아니면 탐하지 않았다. 남의 것에 손대지 않은 것이다. 자신이 땀 흘려 얻은 것이 아니면 가지려고 하지 않았다. 자신의 수고로 벌어들인 것이 아니면 소유하려고 하지 않았다. 자질구레한 것들에 대한 탐욕이 없었다. 그와 주변 사람들은 언제든지 부패할 수 있었으나 아무도 그렇게 하지 않았다. 친인척 동원도 없었다. 느헤미야의 철저한 자기 관리 때문이었다.

고린도후서 7:2에 있는 바울의 고백도 이와 맥을 같이 하고 있다: "우리는 아무에게도 불의를 행하지 않고, 아무에게도 해롭게 하지 않고, 아무에게서도 속여 빼앗은 일이 없노라."

사무엘상 12:3에 있는 사무엘의 고백도 마찬가지이다:

내가 여기 있나니, 여호와 앞과 그의 기름 부음을 받은 자 앞에서 내게 대하여 증언하라. 내가 누구의 소를 빼앗았느냐? 누구의 나귀를 빼앗았느냐? 누구를 속였느냐? 누구를 압제하였느냐? 내 눈을 흐리게 하는 뇌물을 누구의 손에서 받았느냐? 그리하였으면 내가 그것을 너희에게 갚으리라.

사무엘의 이러한 고백에 대하여 백성들은 "당신이 우리를 속이지 아니하였고 압제하지 아니하였고 뉘 손에서 아무 것도 취한 것이 없나이다"라고 말한다(삼상 12:4).

물론 느헤미야에게도 유혹이 있었다. 오늘의 본문 17-18절을 보면 그것을 알 수 있다:

> 또 내 상에는 유다 사람들과 민장들 150명이 있고, 그 외에도 우리 주위에 있는 이방 족속들 중에서 우리에게 나아온 자들이 있었는데, 매일 나를 위하여 소 1마리와 살진 양 6마리를 준비하며 닭도 많이 준비하고 열흘에 한 번씩은 각종 포도주를 갖추었나니.

이 말씀에 의하면, 평소에 항상 수많은 사람들이 느헤미야 총독 주변에 들끓었다. 총독인 그에게 환심을 사기 위해서였다. 뇌물을 바쳐서 한 자리 차지하려고 하는 사람들도 있었을 것이다. 무엇인가 부탁하기 위해서 느헤미야를 가까이 하는 사람들도 많았을 것이다. 그들은 매일 같이 느헤미야를 위하여 잔치를 벌이고 열흘에 한 번씩은 술잔치(주연)를 베풀 정도였다. 그럼에도 느헤미야는 그들의 뇌물 공세에 넘어가지 않았다. 그는 참으로 청렴결백한 관리였다. 자신을 잘 관리하는 깨끗한 양심의 소유자였다. 정말 양심적인 직장인이요, 정직한 하나님의 일꾼이었던 것이다.

정직과 진실, 그리고 하나님 경외

이것은 느헤미야의 삶이 정직, 진실, 검소한 삶이었음을 증거한다. 어떻게 그러한 일이 가능한가? 그 해답을 우리는 15절에서 찾아볼 수

있다: "나는 하나님을 경외하므로 이같이 행하지 아니하고." 하나님을 경외하고 그를 두려워하는 믿음이 느헤미야에게 있었기 때문에 그가 탈선하지 않은 것이다. 욥기 2:3에 의하면 욥은 순전하고 정직하고 하나님을 경외하며 악에서 떠난 자였다. 창세기의 요셉이 보디발 아내의 유혹을 물리칠 수 있었던 것도 하나님을 경외하는 믿음이 그에게 있었기에 가능한 일이었다: "내가 어찌 이 큰 악을 행하여 하나님께 죄를 지으리이까?"(창 39:9).

아브라함이 이삭을 제물로 바칠 수 있었던 것도 마찬가지이다: "네가 네 아들 네 독자까지도 내게 아끼지 아니하였으니, 내가 이제야 네가 하나님을 경외하는 줄을 아노라"(창 22:12). 하나님의 말씀을 받은 예언자 요나가 하나님의 명령을 거역하고 니느웨로 가기는커녕 다시스로 가는 배를 타고 도망한 것은 그에게 하나님 경외가 없었기 때문이다. 나중에 제비에 뽑히고서야 비로소 요나는 자기가 바다와 육지를 지으신 하늘의 하나님 여호와를 경외하는 자라고 실토한다(욘 1:9).

하나님을 두려워하는 자는 정직하고 진실한 삶을 살 수밖에 없다. 느헤미야는 이 점을 강조한 것이다. 하나님의 자녀들은 그 삶이 투명해야 한다. 바울은 고린도전서 2:3에서 자신의 약함을 솔직하게 인정한다. 자신을 투명하게 내벗긴 것이다: "내가 너희 가운데 거할 때에 약하고 두려워하고 심히 떨었노라." 그는 로마 성도들에게도 자신의 내면에 있는 갈등을 내보이는 데 주저함이 없었다: "내가 행하는 것을 내가 알지 못하노니, 곧 내가 원하는 것은 행하지 아니하고 도리어 미워하는 것을 행함이라"(롬 7:15). 여러분도 느헤미야나 바울처럼 투명한 삶, 정직하고 진실한 삶을 살기 바란다.

무슨 일이든 성실하게, 최선을 다하여

둘째로 총독 느헤미야는 열심히 일하는 사람이었다(16절): "도리어 이 성벽 공사에 힘을 다하며 땅을 사지 아니하였고, 내 모든 종자들도 모여서 일을 하였으며." 느헤미야 4장에 의하면, 예루살렘 성벽을 건축하는데 한 손에는 벽돌을 들고 다른 한 손에는 칼, 활, 창을 든 채로 (임전태세) 공사에 참여하였다. 성벽 재건을 훼방하는 무리들이 있었기 때문이다. 느헤미야는 또한 열심히 일하기는 했어도 일해서 번 돈으로 땅을 사지는 아니하였다. 불법한 방법으로, 권력을 이용하여 재산을 긁어모을 수도 있었으나 그는 그런 것에 관심이 없었다.

그는 워낙 성실한 사람이었기 때문에 타국인으로서 술 관원장이라는 고위직(절대 신임을 얻지 않으면 오를 수 없는 자리임)에 오르게 되었고, 나중에는 이스라엘 총독의 자리에 오른 것이다. 요셉의 경우도 마찬가지이다. 늘 하나님과 함께 하는 삶을 살았다. 어떠한 환경에서도 불평하거나 원망하지 않았다. 도리어 감사하는 마음으로 하나님을 의지하고 오직 그만을 신뢰했다. 그래서 하나님이 형통하게 해주셨고 대제국 이집트의 국무총리가 되게 해주셨다.

하나님의 종들, 그리고 예수 믿는 사람들은 느헤미야처럼 해야 한다. 성실하고 부지런해야 한다. 예수 믿는 자로서 모범을 보여야 한다. 자신에게 맡겨진 일에 최선을 다해야 한다. 결코 게으름을 피워서는 안 된다. 다윗도 그러한 사람이었다. 사무엘상 17-18장에 보면 다윗은 형들을 문안하러 갔다가 골리앗을 죽이게 되었고, 그 일을 계기로 하여 사울의 일을 거들게 되었다. 그런데 다윗은 사울이 맡기는 일마다 성실하게 잘 했다: "다윗은 사울이 보내는 곳마다 가서 지혜롭게 행하매, 사울이 그를 군대의 장으로 삼았더니, 온 백성이 합당히 여겼고 사울의 신하들도 합당히 여겼더라"(삼상 18:5).

"지혜롭게" 행했다는 것은 그가 자신에게 맡겨진 일을 잘하기 위해 공부도 열심히 하고 나름대로 연구도 많이 했음을 의미한다. 그래서 사울의 신임을 얻었고 사울에 의해 군대의 장이 되었다. 온 백성도 그것을 합당하게 여겼다. 사울의 신하들도 마찬가지였다. 그만큼 열심이 있고 믿을 만한 인물이었기 때문이다. 이것은 다윗이 매사에 성실했고 자신에게 맡겨진 일에 최선을 다했음을 의미한다.

땀 흘림이 있는 삶

십계명의 여덟 번째 계명은 "도적질하지 말라"고 말한다. 이 말을 뒤집으면 부지런히 땀 흘리는 삶을 살라는 것이다. 땀 흘림이 없는 삶을 피하라는 것이다. "불한당"(不汗黨)이라는 말의 의미를 곰곰이 새겨볼 필요가 있을 것이다. 이 표현의 사전적인 의미는 "떼를 지어 돌아다니며 재물을 마구 빼앗는 사람들의 무리" 또는 "남 괴롭히는 것을 일삼는 파렴치한 사람들의 무리"를 뜻하지만, 그 안에 담겨 있는 한자 어휘는 "불한당"이 "땀(汗)을 흘리지 않는(不) 사람들의 무리(黨)"를 가리키는 낱말임을 암시한다. 따라서 "도적질하지 말라"는 계명은 따지고 보면 "불한당"이 되지 말라는 것이나 마찬가지인 셈이다.

바울 사도는 데살로니가후서 3:10에서 이른바 "불한당" 기독교인들을 향하여 "누구든지 일하기 싫어하거든 먹지도 말게 하라!"고 강하게 비판한다. 게으르게 행하여 도무지 일하지 않고 일만 만드는 자들은 자기 양식을 먹을 자격이 없다. 기독교인들이라면 어느 누구도 요행수를 바라면 안 된다. 땀 흘리고 일하는 사회가 건강한 사회이다. 노동(일)의 신성함을 인정하는 사회가 건강하다. 예수님의 달란트 비유는 사실 다섯 달란트나 두 달란트를 가지고서 정직하고 성실하게 일했을 때 다시금 다섯 달란트와 두 달란트를 벌어들일 수 있다는 것이다.

예수 믿는 사람들은 항상 종교개혁자들의 직업 소명설을 늘 염두에 두어야 한다. 자신에게 주어진 직업은 그것이 어떠한 종류의 것이건 간에 하나님께서 주신 소명이라는 생각을 가져야 한다. 어떤 일을 하든 미칠 듯이 해야 한다. 자신에게 맡겨진 일에 미친 사람이 되어야 한다. 무슨 일이건 목숨을 거는 자세가 필요하다. 부지런히 자기 개발을 해야 한다. 책도 많이 읽고 공부도 많이 해야 한다. 자기 전공에 1인자가 되겠다는 각오와 결심이 있어야 한다. 세계적인 첼로 연주가인 하이페츠(Jascha Heifetz)는 "하루 연습을 안 하면 자기 손가락이 알고 이틀 안 하면 매니저가 알고 사흘 안 하면 청중이 안다"는 유명한 말을 남겼다.

은혜를 앞세우는 신앙

셋째로 느헤미야는 하나님의 은혜를 구했다: "내 하나님이여, 내가 이 백성을 위하여 행한 모든 일을 기억하사 내게 은혜를 베푸시옵소서!"(19절) 우리는 여기서 누가복음 18장에 나오는 바리새인과 세리의 기도를 참고할 필요가 있다. 바리새인은 자신의 의를 앞세우는 기도를 했다. 그는 자기중심적인 신앙, 이웃 사랑의 실천이 없는 수직 일변도의 신앙을 가지고 있었다. 그러나 느헤미야의 기도는 남(백성)을 위해 충성하는 자의 기도이다. 자신을 위해서가 아니라 남을 위해서 최선을 다한 다음에 하나님의 은혜를 구한 것이다.

그의 기도는 전적으로 하나님의 은혜에 의존하는 신앙이 어떠한 것인지를 잘 보여 준다. 종교개혁자들의 "오직 은총으로만"(sola gratia)이라는 구호가 그러하다. 은혜를 앞세우는 신앙, 은혜가 없으면 안 된다는 신앙이 우리에게 필요하다. 바울은 고린도전서 15:10에서 자신에게 주어진 모든 것들이 주님의 은혜로 된 것임을 고백한 바가 있다: "내가 나 된 것은 하나님의 은혜로 된 것이니, 내게 주신 그의 은혜가 헛되지 아니하여 내가 모든 사도보다 더 많이 수고하였으나, 내가 한 것이 아니요 오직 나와 함께 하신 하나님의 은혜로라."

하나님의 은총을 앞세우는 신앙은 역으로 자신의 연약함과 무능함을 하나님께 고백하는 태도를 필요로 한다. 자신의 힘과 지혜를 앞세우는 사람치고 하나님께 인정받는 경우는 찾아보기 어렵다. 바리새인의 기도가 그러했다. 그러나 세리의 기도는 달랐다. 그는 자신의 부정함과 무능함을 하나님께 고백했다. 그래서 의롭다 함을 받은 것이다.

출애굽기 2:23-24을 읽어보면 출애굽 사건이 어떻게 하여 가능하게 되었는지를 알 수 있다. 이집트에서 종살이하던 이스라엘은 자기들 힘으로 어찌할 수 없는 상황에서 하나님께 부르짖는다. 고통과 절망의 밑바닥에서 하나님을 찾았다. 살려달라고 외친 것이다. 하나님은 그들의 고통과 신음 소리를 들으시고 아브라함에게 주신 언약을 기억하신다. 그 결과 모세가 출애굽의 지도자로 세움을 입고 하나님의 놀라운 구원 역사를 이루게 된다.

하나님은 이스라엘이 이집트에서 고통 속에 신음하고 있다는 것을 뻔히 알면서도 그들을 내버려두셨다. 그들이 고통과 절망의 밑바닥에 이를 때까지 기다리신 것이다. 마침내 그들이 자신의 모든 노력을 포기하고 절망 중에 하나님께 부르짖었을 때 비로소 하나님은 그들을 긍휼히 여기시고 그들을 구원하기 위해 움직이셨던 것이다. 사람의 능력이 약할 때 하나님은 은혜를 주시고 또 능력을 부어 주신다. 사람이 자신의 능력을 자랑하지 않고 그것을 작게 여길 때 하나님은 성령을 통해 능력을 부어 주신다.

약한 것을 자랑하라

예수께서는 오늘날에도 우리에게 어린 아이 같은 자가 천국에 간다고 말씀하신다. 즉 어린 아이가 천국에 가는 것이 아니라 어린 아이 같은 자가 천국에 간다는 말씀이다. 이것은 곧 자신의 연약함을 아는 자, 그러기 때문에 하나님을 순전한 마음으로 신뢰하는 자가 천국에 갈 수 있음을 의미한다. 남을 섬기는 자가 큰 자라는 말씀도 동일하다. 자신을 적은 능력을 가진 자로 여기고 남을 나보다 낫게 여기는 자가 진정 큰 자이다.

바울은 고전 11:30에서 부득불 자랑할진대 자신의 약한 것을 자랑하겠다고 말한다. 또한 그는 "그러므로 내가 그리스도를 위하여 약한 것들과 능욕과 궁핍과 박해와 곤고를 기뻐하노니 이는 내가 약한 그 때에 강함이라"(고후 12:10)고 말한다. 하나님이 원하는 이상적인 일꾼은 완전하거나 강한 사람이 아니다. 도리어 자신의 연약함을 충분히 인정하는 사람이요, 자신의 완벽하지 못함을 솔직하게 인정하는 사람이다. 우리는 자신의 완전함과 강함 속에 희망을 둘 것이 아니라 자신의 연약함 속에서 희망을 찾아야 한다.

여러분도 느헤미야처럼, 바울처럼 매사에 자신의 능력보다는 하나님의 은혜와 능력을 의지하는 믿음의 사람들이 되시기를 바란다. 하나님의 은혜를 앞세우는 하나님의 사람들이 되시기를 바란다. 자신이 어떤 자리에 있건 그곳에서 하나님께 영광 돌리고, 또 주의 은혜와 능력으로 승리하기 원하는 여러분 모두에게 하나님의 은혜와 평강이 늘 넘치기를 간절히 기원한다.

욥기

욥에게서 배우는 감사_욥 42:1-5

욥에게서 배우는 감사
(욥 42:1-5)

고속도로 주행을 하다 보면 대개 시속 100-120km 정도의 속도로 차를 운전하게 된다. 그러나 시속 140km 정도의 속도로 운전하는 자에게는 시속 100km 속도의 자가용이 굼벵이처럼 느리게 느껴진다. 기네스북에 의하면 자동차가 처음 나왔을 때 영국에서는 시속 8km로 달린 차를 속도 위반으로 스티커를 발부했다고 한다. 지금 생각하면 참으로 우스운 일이 아닐 수 없다.

그만큼 우리가 사는 시대가 예전에 비해 엄청나게 빨라졌음을 의미한다. 삶의 구석구석이 몰라보게 빠른 속도로 변하고 있다. 이 변화를 따라가지 못하면 낙오자가 되어버린다. 그래서 우리 모두는 새해 벽두부터 낙오자가 되지 않기 위해 부지런히 달려왔다. 그러나 삶이라는 것은 한없이 앞을 향해 달려가는 것만이 능사가 아니다. 때로는 중간에 잠깐 쉬면서 자신을 점검할 필요가 있다. 즉 고속도로 중간 중간에 휴게소가 있는 것처럼 우리도 자신을 돌아보는 시간이 필요하다.

예배를 통하여 새 힘을 얻는다

우리가 주일날 하나님께 예배드리는 것은 마치 고속도로 휴게소에서 휴식을 취하는 것과도 같다. 고속도로 휴게소는 정신없이 앞만 보고서 달려오느라 피곤에 지친 심신을 새롭게 하고 다음 여행을 위해 에너지를 비축하는 곳이다. 예배도 마찬가지이다. 예배는 일상생활에 지친 사람들이 하나님과의 만남을 통해서 새 힘을 얻고, 말씀과 기도를 통해서 지난날들의 삶을 반성할 뿐 아니라 앞으로의 새로운 삶을 위해 하나님께로부터 능력을 공급받는 역할을 수행한다.

이런 점에서 오늘 우리는 하나님께 예배를 드리면서 지난 한 주간 동안의 삶을 반성하고 그것이 앞으로의 한 주간에 대하여 갖는 의미를 되새겨야 할 것이다. 더 나아가서 우리는 지나간 시절들의 삶을 돌이켜 보고 그것이 하나님 보시기에 어떠했는가를 차분하게 반성할 필요가 있다. 그렇게 할 때 비로소 우리는 날마다 하나님과 동행하는 삶을 살 수 있고, 하나님 앞에서 보다 나은 신앙생활을 할 수 있다.

따라서 예배를 제대로 드리게 되면, 신앙생활이 늘 새로워지며 한층 성숙한 신앙을 갖게 되고, 그럼으로써 하나님과의 관계가 더욱 깊어지게 된다. 우리는 예배를 통해서 이처럼 늘 새롭게 되는 것이 오늘의 본문에 나오는 한 표현인, 귀로 듣는 단계에서 눈으로 보는 단계로 나아가는 것과도 같다고 볼 수 있다. 예배를 드릴 때마다 하나님을 눈으로 직접 보는 경험을 하게 되는 것이다. 예배를 통해서 자기 삶을 하나님과 관련시켜 생각하게 되면 그렇게 될 수밖에 없다.

귀로 듣는 단계에서 눈으로 보는 단계를 향해 나아가는 신앙생활의 향상은 누구에게나 가능한 일이지만, 그것이 교회 다니는 모든 사람들에게서 저절로 이루어지는 일은 결코 아니다. 그렇다면 어떻게 해야 그러한 일이 가능할까? 우리는 구약성경의 욥기에서 가장 확실한 해답을 얻을 수 있다. 우리가 잘 아는 바와 같이 욥은 믿음도 좋고 가정환경도 괜찮은 사람이었다. 욥기 1:1에 의하면 그는 순전하고 정직하여 하나님을 경외하며 악에서 떠난 자였다. 아들이 일곱이요 딸이 셋인 부자였다.

욥에게 닥친 불행과 재앙

그런데 어느 날 갑자기 모든 재산이 한꺼번에 다 날아가고 열 명의 자녀들이 몇 시간 간격으로 일시에 다 죽고 말았다. 참으로 감당키 어려운 재난이었다. 그뿐만 아니라 나중에는 발바닥에서 정수리까지 몸에 악창이 나는 바람에, 재 가운데 앉아서 기왓조각으로 몸을 긁으면서 지내야만 하는 고통스러운 나날이 계속되었다. 당시의 비참한 상황은 3장 이후에 나오는 세 친구들과의 논쟁에서 확인할 수 있다.

3장 1절부터 보면 욥은 자신에게 닥친 고난을 견디지 못한 나머지 친구들 앞에서 자기가 태어난 날을 저주하기 시작한다:

> 그 후에 욥이 입을 열어 자기의 생일을 저주하니라.
> 욥이 입을 열어 이르되,
> "내가 난 날이 멸망하였더라면,
> 사내 아이를 배었다 하던 그 밤도 그러하였더라면…
> 어찌하여 내가 태에서 죽어 나오지 아니하였던가?
> 어찌하여 내 어머니가 해산할 때에
> 내가 숨지지 아니하였던가? (1-3, 11절)

욥은 논쟁이 거듭되는 동안 계속해서 자신의 결백을 주장한다. 그런 후 그는 왜 하나님께서 자기를 멸하기를 기뻐하시며(욥 6:9) 하나님께서 왜 자기를 주의 대적으로 삼으시는지(욥 13:24)를 알 수 없다고 말한다. 또한 그는 하나님께서 폭풍으로 자기를 꺾으시고 까닭 없이 그의 상처를 많게 하시며 그로 숨을 쉬지 못하게 하시며 괴로움으로 그에게 채우시는 이유를 알 수 없다고 말한다(욥 9:17-18; 16:9-15). 그러면서 그는 하나님께 자기를 정죄하지 마시고 무슨 연고로 그와 더불어 쟁변하시는지를 알게 해달라고 탄원한다(욥 10:2).

육체적인 고통에 더한 이러한 정신적인 고통은 그의 주변 사람들이 그를 조롱하는 것과도 관련된다(욥 12:4). 그는 자기를 존경하던 사람들이나 친구들, 일가친척들, 심지어는 동네 어린이들까지도 욥 자신이 나쁜 죄를 범했기 때문에 벌을 받는 것이라고 오해하고서 자신을 조롱하고 멸시하니 견딜 수 없다는 자신의 심경을 솔직하게 털어놓는다(욥 16:10; 17:2, 6; 19:13-19; 30:1, 9-10 등). 아울러 그는 자기가 하나님께 벌을 받을 만한 죄를 범한 적이 없으며 조롱받을 만한 일을 한 적도 없는 의로운 자임을 강조한다(욥 13:18; 16:17).

인과율에 근거한 친구들의 비난

그러나 욥의 세 친구들은 이처럼 자신의 결백함을 앞세우는 욥의 주장에 큰 문제가 있다는 점을 한결같이 지적한다. 그들은 번갈아 가면서 말하기를 욥에게 무엇인가 숨긴 죄가 있기 때문에 그가 고통을 당하는 것이라고 주장한다. 그들에 의하면 욥의 자녀들이 순식간에 재난을 당한 것은 그들이 하나님께 범죄하였기 때문이요, 이러한 사실은 욥에게도 적용될 수 있다는 것이다:

> 생각하여 보라.
> 죄 없이 망한 자가 누구인가?
> 정직한 자의 끊어짐이 어디 있는가?
> 내가 보건대 악을 밭 갈고
> 독을 뿌리는 자는 그대로 거두나니,
> 다 하나님의 입 기운에 멸망하고
> 그의 콧김에 사라지느니라…
> 네 자녀들이 주께 죄를 지었으므로
> 주께서 그들을 그 죄에 버려두셨나니 (욥 4:7-9; 8:4).

더 나아가서 그들은 욥이 속히 자신의 죄를 고백하고 하나님께 용서를 구해야 한다고 고집한다. 그래야만 하나님이 그를 돌아보시고 그의 의로운 집으로 형통케 하실 것이며 그에게 소망과 생명을 주신다는 것이다(욥 8:5-7; 11:13-19). 세 친구들의 이러한 변론은 고통이나 재난을 철저하게 죄의 결과로 보는 이스라엘의 전통적인 인과율 신앙을 대변하고 있다(욥 8:8). 죄와 불의를 감추면 하나님께 심판을 받는 것이요, 하나님을 찾아 자신의 죄와 불의를 고백해야 고통으로부터 해방되고 하나님의 심판을 면할 수 있다는 것이 그들의 일관된 주장이다.

이들의 주장은 결국 이 세상에는 까닭 없는 고통이라는 것이 존재하지 않는다는 것을 강변하는 셈이다. 그들은 이를테면 "아니 땐 굴뚝에 연기 나랴?"는 속담에서 보는 것과도 같은 인과율적인 신앙의 잣대로 모든 것을 해석하는 까닭에, 욥이 당하는 고난은 곧 죄에 대한 심판 이외의 다른 방식으로 설명할 길이 없다. 그러기에 그들은 결백한데도 재난을 당하는 이유를 모르겠다고 탄식하는 욥의 심정을 도무지 이해하지 못한다.

하나님과의 만남에서 얻은 해답

이처럼 답답한 욥의 마음은 하나님과의 만남을 통해서 해결된다. 하나님은 폭풍 가운데 그에게 임하시고서 그에게 말씀하시는데, 욥에게 주는 하나님의 답변은 거의 대부분이 의문문의 형태를 가지고서 나타나며, 창조 세계의 신비(mystery)와 하나님의 창조 주권을 강조하는 내용들로 이루어져 있다. 이러한 하나님의 답변은 사실 욥이나 욥기를 읽는 독자들이 바라는 논리적인 대답이 아니다. 그것은 일종의 동문서답과도 같은 것이다.

그런데도 이상하게 욥은 하나님의 답변 아닌 답변을 통하여 문제 해결을 보게 되었다고 고백한다. 그는 하나님의 답변을 듣고서 자신의 무지함을 솔직하게 인정함과 아울러 하나님에 관하여 새롭게 얻은 진리를 기쁨으로 고백하고 있다:

> 무지한 말로 이치를 가리는 자가 누구니이까?
> 나는 깨닫지도 못한 일을 말하였고,
> 스스로 알 수도 없고 헤아리기도 어려운 일을 말하였나이다…
> 내가 주께 대하여 귀로 듣기만 하였사오나,
> 이제는 눈으로 주를 뵈옵나이다 (욥 42:3, 5).

도대체 욥은 무슨 새로운 발견을 한 것일까? 하나님의 답변은 욥에게 어떠한 해답을 준 것일까? 그 답변은 무엇보다도 창조자와 피조자의 무한하고 절대적인 거리를 강조하는 성격을 갖는다. 이는 곧 피조물이며 유한한 인간은 하나님의 무한한 지혜와 그의 통치의 신비를 완전히 이해하지 못한다는 것을 뜻한다. 또한 이 답변은 인간 세계의 고통과 재난이 창조의 신비에 해당하는 것이요, 하나님의 창조 주권에 속한 것임을 밝히고 있다.

그러기에 인간은 먼저 자신이 가진 지혜와 지식의 한계를 솔직하게 인정하고 자신이 유한한 피조물임을 인정해야만 한다는 것이다. 아울러 그는 하나님의 전능하심과 그의 창조주이심을 인정하지 않으면 안 된다. 그럴 때에야 비로소 고난의 문제가 하나님의 신비로운 창조 주권의 차원에서, 그리고 창조주 하나님께 대한 신앙의 차원에서 해답을 얻을 수 있는 것이다.

귀로만 듣다가 눈으로 보는 체험

바로 이 때문에 욥은 자신이 이제까지는 하나님에 관하여 귀로 듣기만 했는데 이제는 눈으로 보게 되었다고 고백한다. 이제껏 전통적인 인과율의 신학에 붙잡혀 귀로만 듣는 일차원적인 신앙에 머물러 있었으나, 지금은 인과율을 초월하여 우주를 통치하시는 창조주 하나님을 직접 눈으로 보는 새로운 신앙의 경지에 도달했다는 것이다.

욥의 이러한 깨달음은 결국 1-2장의 서론 부분과 연결된다. 서론 부분에서 욥이 고통 중에서도 하나님을 찬미하고 그의 자유로운 통치 주권에 순종한 것은 38-42장에서 하나님과의 만남을 통해 얻어진 결론과 일치하고 있다:

내가 모태에서 알몸으로 나왔사온즉 또한 알몸이 그리로 돌아가올지라.
주신 이도 여호와시요 거두신 이도 여호와시오니,
여호와의 이름이 찬송을 받으실지니이다…
우리가 하나님께 복을 받았은즉 화도 받지 아니하겠느냐?

(욥 1:21; 2:10)

욥의 이러한 고백은 우리가 삶 속에서 만나는 어떠한 일도 다 하나님의 섭리 안에서 합력하여 선을 이룰 것이니(롬 8:28) 걱정할 필요가 없으며, 오로지 하나님께 감사할 뿐이라는 것을 의미한다. 귀로만 듣다가 눈으로 보게 되는 신앙은 바로 이것을 말한다. 눈으로 보는 신앙은 이 세상의 모든 일들을 하나님이 주관하신다는 확신을 가지고서 하나님께 감사하는 신앙을 가리키는 것이다.

결국 눈으로 보는 신앙이란 삶의 모든 일에 대하여 하나님께 감사하는 신앙을 가리키며, 범사에 감사하는 신앙이야말로 가장 성숙한 단계의 신앙임을 의미한다. 단순히 하나님을 믿는다는 것으로는 어린 아이 단계를 벗어나지 못한다. 감사할 줄 알아야 신앙생활의 향상이 이루어진다. 그래서 바울은 데살로니가전서 5:16-18에서 "항상 기뻐하라. 쉬지 말고 기도하라. 범사에 감사하라. 이것이 그리스도 예수 안에서 너희를 향하신 하나님의 뜻이니라"라고 가르친다.

신앙생활의 최고 단계인 감사

바울은 또한 골로새서 2:6-7에서 감사하는 생활이 신앙생활의 최고 단계임을 강조한다: "그러므로 너희가 그리스도 예수를 주로 받았으니 그 안에서 행하되, 그 안에 뿌리를 박으며 세움을 받아 교훈을 받은 대로 믿음에 굳게 서서 감사함을 넘치게 하라." 그런가 하면 고침 받은 열 명의 나병 환자들 중에 사마리아인 한 명만이 예수께로 와서 감사했다는 것은 믿음과 감사가 별개의 차원에 속한 것임을 보여 준다(눅 17:11-19).

우리는 욥이 고백한 신앙과 바울 사도의 가르침을 기준으로 하여 지난 세월 동안의 삶을 돌이켜 보아야 한다. 귀로만 듣던 어린 아이 단계를 벗어나 눈으로 하나님을 직접 보는 신앙의 자세로 자신의 삶을 돌아보아야 한다는 얘기다. 그렇게 되면 오로지 감사할 일들만 있음을 깨닫게 될 것이다. 내가 여기서 이렇게 건강한 모습으로 하나님께 예배드릴 수 있는 것은 오로지 하나님의 은혜와 복 때문이라는 고백이 절로 나오게 될 것이다.

앞으로의 신앙생활도 마찬가지이다. 언제 무슨 일을 만나든 간에 그 일로 인하여 마음 아파하며 괴로워할 필요가 없다. 우리를 사랑하시는 하나님께서 모든 것을 합력하여 선을 이루실 것이기 때문이다. 따라서 범사가 형통할 때뿐만 아니라 만사가 귀찮고 괴롭고 힘들 때조차도 우리는 하나님을 찬미하고 그에게 감사할 수 있어야 한다. 질병에 대하여 하나님께 감사하고, 사업의 실패를 인하여 하나님께 감사하고, 나를 괴롭히는 친구에 대하여 하나님께 감사하고, 신앙생활을 못하게 하는 불신 남편과 불신 식구들을 인하여 하나님께 감사하고, 아직 예수를 영접하지 못한 부모님을 인하여 하나님께 감사하면 모든 문제가 절로 해결된다.

이처럼 감사하는 삶이 넘치게 되면 모든 일을 기쁨으로 하게 된다. 신바람 나는 삶을 살 수 있게 되고, 그럼으로써 사람들에게 예수 믿는 자의 향기를 발할 수 있게 된다. 모든 일에 감사하는 사람은 늘 삶이 싱싱하고 새롭다. 몸과 마음이 건강하며 다른 사람들에게 유익을 주고 산다. 모든 일을 하나님의 눈으로 보고 또 긍정적으로 보기 때문이다. 이렇게 사는 사람에게는 질병도 쉽게 극복할 수 있게 된다. 또 질병이 금방 고쳐지기도 하며 어렵고 힘든 문제도 금방 해결된다.

여러분은 모두 욥처럼 눈으로 하나님을 보는 신앙, 범사에 하나님께 감사하고 그의 주권을 인정하는 신앙을 가지시기 바란다. 아무리 작고 사소한 일을 하더라도 그것을 부끄러워하지 않고 도리어 그러한 일을 주신 하나님께 감사하고 기쁨으로 신나게 그 일에 매달리는 여러분이 되시기 바란다.

어떠한 상황을 만나더라도 염려하거나 걱정하지 말고 도리어 그 일을 인하여 하나님께 감사하기 바란다. 눈으로 주님을 보는 신앙, 욥처럼 고통 중에서도 그 일을 인하여 하나님께 감사하는 신앙을 통하여 질병을 극복하고 삶의 온갖 굴레로부터 해방되는 은총을 누리는 여러분 모두가 되기를 주님의 이름으로 기원한다.

시편

정직한 자의 마땅히 할 일_시 33:1-7
도우시는 하나님_시 121편

…

정직한 자의 마땅히 할 일
(시 33:1-7)

이스라엘의 찬송가인 시편을 읽어보면 하나님께서 하신 일에 대한 신자들의 반응에 크게 두 가지가 있음을 알 수 있다. 감사와 찬양이 그 하나요, 탄식과 간구가 그 두 번째이다. 감사와 찬양은 하나님의 은혜와 사랑, 구원, 복을 경험한 자들이 보이는 반응이요, 탄식과 간구는 고통과 시련, 절망, 질병 중에 있는 자들이 보이는 반응이다. 본문 시편 33편은 전자에 해당한다.

대개의 경우 찬양과 감사의 노래는 복수 명령형의 찬양 권유로 시작하는데, 33편의 경우 1-3절이 그렇다. 오늘은 1-3절을 중심으로 말씀의 의미를 간단하게 생각함으로 은혜를 받도록 하자. 이 찬양 권유는 "누가, 누구를, 어떻게" 찬양해야 하는 것인지를 분명하게 밝히고 있다. 누구를 찬양할 것인지에 대해서는 하나님임이 분명하고, 그 구체적인 내용은 4절 이하에 나오기 때문에, 여기서는 "누가"와 "어떻게"에 초점을 맞추고자 한다.

찬양할 수 있는 자의 자격

먼저 "누가"에 해당하는 부분을 보도록 하자. 어떠한 사람이 하나님을 찬양해야 하는가? 찬양의 노래에서 찬양 권유를 받는 대상은 개개

노래들에 따라 매우 다양하게 나타나는 바(하늘, 땅, 동식물, 사람 등), 본문 1절에서는 "의인들"과 "정직한 자들"이 찬양 권유의 대상으로 나타난다:

너희 의인들아 여호와를 즐거워하라.
찬송은 정직한 자들이 마땅히 할 바로다.

이 구절은 찬양할 수 있는 자의 자격이 정해져 있음을 의미한다. 찬양은 아무나 하는 것이 아니다. 의롭고 정직한 자라야 찬양을 제대로 할 수 있다.

어떠한 사람을 의롭고 정직하다고 말하는가? 의롭고 정직한 자들은 하나님을 두려워하는 것을 삶의 기준으로 삼고 사는 사람들을 가리킨다. 그들은 하나님의 말씀에 따라 살려고 노력하는 사람들이요, 하나님 보시기에 올바른 것을 행하는 자들이요, 어떻게 해서든 악을 피하려고 애쓰는 사람들이다. 그들은 깨끗하고 맑은 양심으로 하나님의 뜻을 따라 살려고 노력하는 자들이다. 그런 사람들이라야 하나님을 바르게 찬양할 수 있으며, 하나님은 그런 사람들의 찬양을 기쁘게 받으신다.

따라서 우리는 하나님을 찬양할 때마다 내가 과연 찬양을 하기에 합당한지, 하나님의 말씀을 따라 의롭고 정직한 삶을 살고 있는지를 살펴야 한다. 하나님의 말씀을 따라 살지 못하는 불경건한 사람이 아무리 아름다운 목소리로 찬양한다 해도 그것은 결코 하나님께 받아들여지지 못할 것이기 때문이다. "주여, 주여!" 하는 자마다 천국에 들어가는 것이 아니라 하나님의 뜻대로 사는 자라야 한다는 말씀과 같은 이

치이다(마 7:21).

어떻게 찬양할 것인가?

그렇다면 어떻게 하나님을 찬양해야 할까? 2절에 의하면 수금으로 여호와께 감사하고 열 줄 비파로 찬송하라고 되어 있다. 3절은 "새 노래로 그를 노래하며 즐거운 소리로 아름답게 연주"하라고 명한다. 시편 전체에서 악기에 대해 처음으로 언급하는 33편 2절은 두 종류의 악기, 곧 수금과 열 줄 거문고만을 언급하고 있지만, 이 두 악기는 우리가 실제로 사용할 수 있는 모든 악기들을 총칭한다. 따라서 2절 말씀은 가능하다면 모든 악기를 다 동원하여 온 몸으로 찬미하며 경배하라는 얘기다. 150편 3-5절이 그 점을 잘 보여 준다:

> 나팔 소리로 찬양하며
> 비파와 수금으로 찬양할지어다.
> 소고 치며 춤추어 찬양하며
> 현악과 통소로 찬양할지어다.
> 큰 소리 나는 제금으로 찬양하며
> 높은 소리 나는 제금으로 찬양할지어다.

3절 하반절은 악기를 연주하되 "아름답게"(개역은 "공교히"; skillfully) 하라고 말한다. 악기를 재주껏 잘 연주하라는 것이다. 찬양할 때나 악기를 연주할 때 최선을 다하여 정확하게 찬양하고 연주하는 것을 하나님은 기뻐하신다. 음악을 전문적으로 하는 자라면 어떤 사람의 노래나 악기 연주가 얼마나 많은 기간 동안 성의 있게 준비된 것인지를 금방 알 수 있다고 한다. 찬양의 경우도 마찬가지이다. 찬양의 전문가라면 목소리 찬양이나 악기 연주가 얼마나 성의 있게 준비되었는지를 금방 알 수 있다. 어느 경우에든 전혀 연습이나 준비 없이 찬양을 하게 되면 바닥이 금방 드러난다. 단 몇 분 동안의 찬양이나 연주를 위해서 오랜 시간을 투자하여 연습한다는 것은 정말 중요한 일이다.

즐거움과 감사의 마음으로 찬양하라

하나님은 결과도 소중하게 생각하시지만 과정도 소중하게 여기시는 분임을 잊어서는 안 된다. 그러나 악기를 잘 연주하고 찬양을 정확하게 잘한다고 해서 끝나는 것이 아니다. 3절에 나온 것처럼 즐거운 소리를 내면서 해야 한다. TV에서 보니까 인간의 언어나 말에도 표정이 있고 색깔이 있다고 한다. "잘한다, 잘해"라는 표현은 그것을 어떻게 발음하느냐에 따라 격려와 응원의 뜻과 책망과 야단의 뜻으로 나누인다. 무더운 여름에 찬물로 샤워하면서 "시원하다"고 말하는 것이나 뜨거운 국물을 마시면서 "시원하다"고 하는 것, 또는 얄미운 사람이 넘어져 다쳤을 때 "시원하다"고 말하는 것도 마찬가지이다.

하나님을 찬양하는 자의 목소리와 악기 연주자의 악기로부터 나오는 소리는 어떠한 표정, 어떠한 색깔을 가져야 하는가? 1절은 "여호와를 즐거워하라"고 말하며 2절은 "감사하라"고 말한다. 목소리 찬양이나 악기 연주는 기쁘고 즐거워야 하며 하나님 은혜에 감사하는 마음이 있어야 한다는 얘기다. 이것은 악기를 동반한 찬양이 즐거움과 기쁨과 감사를 생명으로 가지고 있음을 보여준다. 이 세 가지 요소가 없으면 찬양을 통해 하나님을 만날 수 없다. 하나님의 능력을 힘입을 수도 없다.

늘 새롭게 찬양하라

여기에 한 가지를 더 추가한다면, 하나님을 찬미하는 우리의 태도가 늘 새로워야 한다는 점이다. 3절에서 "새 노래로 그를 노래하라"고 말하는 것이 그것을 가리킨다. 늘 새로운 노래를 불러야 한다. 성가대가 매주 똑같은 곡만 연주한다고 생각해 보라. 연습할 필요도 없으니 교회 빨리 나올 필요도 없고 예배 후에 연습할 필요도 없다. 너무 자주 해서 내용을 외울 정도가 되었기 때문이다. 그러나 그렇게 한다면 얼마나 성의 없는 찬양이겠는가! 가급적이면 새로운 노래를 발굴하여 찬양하는 것이 올바른 태도가 아니겠는가.

설령 어쩔 수 없이 똑같은 노래를 부른다 하더라도, 마음가짐을 새롭게 하여 찬양을 하면 하나님께서 기뻐 받으신다. 마치 주기도문이나 사도신경을 매주 고백하면서도 늘 새로운 마음으로 고백하면 하나님을 만날 수 있는 것처럼 말이다. 하나님을 제대로 찬양하는 자라면 똑같은 노래라도 늘 새롭게 흥겨운 마음으로 부를 수 있어야 한다. 하나님의 인자하심과 긍휼하심을 날마다 새롭게 느낄 수 있는 사람이야말로 새 노래를 부를 수 있는 것이다.

여러분은 오늘의 본문을 통하여 하나님이 어떠한 사람의 찬양을 기뻐하시는지를 배울 수 있기 바란다. 세상이 아무리 힘들고 어려울지라도 늘 기쁘고 즐거운 마음으로 주님을 찬양하시기를 바란다. 늘 새로운 마음으로 주님을 찬양함으로써 하나님의 능력을 체험하기 바란다.

늘 감사하는 마음으로 주님을 찬미하고자 하는 여러분 모두에게 놀라운 주님의 기적이 일어나기를 간절히 바란다.

도우시는 하나님
(시 121편)

시편 120-134편은 "성전에 올라가는 노래"라는 제목이 붙여져 있다. 더 정확하게는 "성전에 올라가면서 부르는 노래"라는 뜻이다. "순례자의 노래"라고도 불린다. 중요한 절기를 지키기 위해 순례 행렬 시 성전에 올라가면서 부르는 노래요 찬송이라는 뜻이다. 시편 121편은 그 두 번째 노래이다. 15개의 노래들 중에 가장 잘 알려진 노래이다. 찬송가 433장은 시편 121편을 가사로 하여 작곡된 찬송이다. 이 노래의 핵심은 1-2절에 있다. "하나님은 누구신가? 우리를 도우시는 분이다"라는 주장이 이 두 구절의 요지이다.

그렇다면 하나님은 어떻게 자기 자녀들을 도우시는가? 3절 이하에 그에 대한 상세한 설명이 나온다. 하나님은 우리를 지켜주시는 분이라는 것이다. 하나님은 자기 자녀들이 실족하지 않게 하신다. 자기 백성을 지키시되 졸지도 않고 주무시지도 않으신다. 그는 우리의 우편에서 그늘이 되심으로써 낮의 해가 상하지 못하게 하시며 밤의 달도 자기 백성을 해하지 않게 하신다. 더위와 추위를 이기게 하신다는 얘기다. 또한 그는 우리로 하여금 모든 환난을 면케 하시며 영혼을 지키신다. 우리의 출입을 지금부터 영원까지 지키신다.

우리를 도우시는 분

시편에 보면 하나님이 우리 인간을 도우시는 분이라는 설명이 매우 많이 나온다. "여호와는 우리의 도움이시요"라는 표현이 그렇다. 창조주이신 하나님은 근본적으로 연약한 우리 인간을 도우시는 분이다. 구경꾼이 아닌 것이다. 그래서 2절은 이렇게 노래한다: "나의 도움은 천지를 지으신 여호와에게서로다." 하나님이 우리를 돕는다는 것은 단순히 우리가 하는 일을 거들어준다는 얘기가 아니다. 하나님의 도우심은 인간에게 절대적으로 필요한 것이다. 만일에 하나님의 도우심이 없다면 어떻게 될까? 인간 역사가 제대로 진행될 수 있을까? 개개인의 삶이 정상적으로 유지되겠는가?

하나님의 도우심이 없다면 인간은 제멋대로 살게 될 것이고 결국에는 파멸에 빠질 것이다. 창세기 1-11장을 보면 하나님을 떠난 인간의 삶이 어느 정도까지 악해질 수 있는지를 알 수 있다. 선악과 사건, 형제 살인, 노아 시대의 폭력이 난무하는 무법 천지, 바벨탑 등이 그렇다. 그러나 하나님은 인류를 파멸에 내버려두지 않으신다. 그는 인류를 구원하기 위하여 아브라함을 선택하시고 그를 통해서 이스라엘 민족을 만드셨다. 인간을 도우려는 목적에서였다. 하나님의 도우심이 있기에 인간은 죽음과 파멸에서 건짐 받아 생명과 구원의 길을 갈 수 있다.

하나님의 도우심이 있었기에 이스라엘은 이집트에서 종살이하던 중에 건짐을 받는다. 하나님의 도우심이 있었기에 이스라엘 백성은 자기들을 추적하는 이집트 군대를 피하여 마른 땅으로 홍해 바다를 건널 수 있었다. 하나님의 도우심이 있었기에 이스라엘은 요단강을 건너 약속의 땅 가나안에 들어갈 수 있었다. 하나님의 도우심이 있었기에 이스라엘은 여리고 성을 무혈 점령할 수 있었다. 하나님의 도우심이 있었기에 이스라엘은 포로로 잡혀가 있던 바벨론에서 해방될 수 있었다.

하나님의 도우심은 그리스도의 십자가와 부활을 통해서 완성된다. 하나님은 지금도 성령님을 통하여 우리를 도우시고 계신다: "이와 같이 성령도 우리의 연약함을 도우시나니, 우리는 마땅히 기도할 바를 알지 못하나, 오직 성령이 말할 수 없는 탄식으로 우리를 위하여 친히 간구하시느니라"(롬 8:26). 참으로 하나님의 도우심은 인간의 삶을 가능케 하는 원동력이 된다. 하나님의 도우심은 또한 하나님의 본성이요 본질이다. 우리는 하나님을 사랑이시라고 말한다. 마찬가지로 하나님의 도우심 그 자체는 그분의 본질이다(히브리어로 '에제르').

평균케 하려는 목적

하나님은 졸지도 않고 주무시지도 않으시면서 우리를 지키시고 도우시는 분인 것이다. 따라서 그의 도우심은 절대적이다. 있어도 좋고 없어도 좋은 어떤 것이 아니다. 그러나 하나님은 아무런 조건 없이 아무나 도와주는 분이 아니다. 하나님의 도우심에는 일정한 원칙이 있다. 하나님은 누구나 차별 없이 돕고 싶어 하지만, 그중에서도 특히 고통 속에서 신음하는 사람을 도우시며, 약하고 힘없는 자들을 먼저 도우신다. 하나님은 본질적으로 약한 자들의 하나님이시다. 출애굽 사건에 그 점이 가장 잘 나타나 있다(출 2:23-25).

달리 표현하자면 하나님의 도우심은 높은 자들을 낮추시고 낮은 자들을 높이는 것을 기본 원리로 가지고 있다. 평균케 하려는 목적을 가

지고 있다는 얘기다. 사무엘의 어머니 한나가 부른 노래에 그 점이 잘 반영되어 있다:

> 여호와는 지식의 하나님이시라.
> 행동을 달아 보시느니라.
> 용사의 활은 꺾이고
> 넘어진 자는 힘으로 띠를 띠도다
> 풍족하던 자들은 양식을 위하여 품을 팔고
> 주리던 자들은 다시 주리지 아니하도다.
> 전에 임신하지 못하던 자는 일곱을 낳았고
> 많은 자녀를 둔 자는 쇠약하도다.
> 여호와는 죽이기도 하시고 살리기도 하시며
> 스올에 내리게도 하시고 거기에서 올리기도 하시는도다.
> 여호와는 가난하게도 하시고 부하게도 하시며
> 낮추기도 하시고 높이기도 하시는도다.
> 가난한 자를 진토에서 일으키시며
> 빈궁한 자를 거름더미에서 올리사
> 귀족들과 함께 앉게 하시며
> 영광의 자리를 차지하게 하시는도다 (삼상 2:3-8).

누가복음 1장에 있는 마리아의 찬가 역시 마찬가지이다:

> 그의 팔로 힘을 보이사
> 마음의 생각이 교만한 자들을 흩으셨고

> 권세 있는 자를 그 위에서 내리치셨으며
> 비천한 자를 높이셨고
> 주리는 자를 좋은 것으로 배불리셨으며
> 부자는 빈 손으로 보내셨도다 (눅 1:51-53).

사도행전 2장에 묘사된 초대 교회의 모습을 보라: "믿는 사람이 다 함께 있어 모든 물건을 서로 통용하고, 또 재산과 소유를 팔아 각 사람의 필요를 따라 나눠 주며"(44-45절). 그런가 하면 바울은 고린도 교회 성도들에게 예수께서 자신의 부요하심을 버리고 가난하게 되신 것은 우리를 부요케 하려는 의도에서임을 밝힌다: "우리 주 예수 그리스도의 은혜를 너희가 알거니와, 부요하신 이로서 너희를 위하여 가난하게 되심은, 그의 가난함으로 말미암아 너희를 부요하게 하려 하심이라" (고후 8:9).

사랑에 기초한 헌금의 원리

이에 기초하여 바울은 고린도 교회 성도들에게 올바른 헌금이란 어떤 것인지를 다음과 같이 설명한다:

> 이는 다른 사람들은 평안하게 하고 너희는 곤고하게 하려는 것이 아니요, 균등하게 하려 함이니, 이제 너희의 넉넉한 것으로 그들의 부족한 것을 보충함은, 후에 그들의 넉넉한 것으로 너희의 부족한 것을 보충하여 균등하게 하려 함이라. 기록된 것 같이 많이 거둔 자도 남지 아니하였고 적게 거둔 자도 모자라지 아니하였느니라 (고후 8:13-15).

헌금의 원리는 이렇듯이 예수를 본받아 유여한 자들의 것으로 부족한 자들을 보충하여 평균케 하려는 데에 있는 것이다. 교회가 지역사회를 섬기면서 어려운 학생들에게 장학금을 지급하는 것도 이와 동일한 원리에 기초하고 있다. 어려운 환경 속에서 공부하는 중고대학생들에게 장학금을 지급함으로써 그들로 하여금 힘을 얻어 공부에 전념할 수 있게 하는 것이야말로 바울이 말한 헌금의 원리를 충실하게 반영하고 있는 것이다.

그러나 우리는 여기서 멈추어서는 안 된다. 하나님의 도우심이 근본적으로 우리를 향한 사랑에 기초한 것임을 우리는 알아야 한다. 따라서 우리는 하나님의 심정으로 남을 돕되, 그것이 하나님의 사랑을 드러내는 것이 되게 해야 한다. 진정으로 남을 도울 줄 아는 사람은 예수님처럼 무엇보다도 남을 배려하는 마음, 남의 입장에서 생각할 줄 아는 따뜻한 마음을 갖게 마련이다. 하나님의 마음으로 사람을 이해하고 받아들일 수 있다. 새 신자에 대한 관심도 마찬가지이다. 도우시는 하나님의 사랑을 조금이라도 아는 사람이라면 새 신자에게 관심을 갖게 마련이다. 새 신자는 어떠한 사람들인가? 신앙과 교회 생활에 관한 한 약한 사람들이다. 그리고 가능한 한 모든 사람들에 대한 여유로운 마음을 가져야 한다. 어떠한 종류의 사람이건 가슴에 품을 수 있어야 한다는 얘기다. 하나의 예를 들어보자:

어떤 스승이 제자들이 함께 길을 가고 있었다. 한 무례한 사람이 나타나 스승에게 불손하게 대하므로 제자들이 화를 냈다. 그러나 스승은 제자들을 말렸다. 그 무례한 사람이 가고 나자 제자들은 흥분하면서 말했다:

"저런 사람은 혼을 내주어야 하지 않습니까?"

그때 스승이 조용히 제자들에게 물었다:

"너희는 길을 가다가 얼굴이 못생긴 사람을 보면 화를 내느냐?"

그러자 제자들이 대답했다:

"아닙니다."

이에 스승이 말했다:

"그렇다면 속이 못생긴 사람을 보고도 화를 낼 이유가 없지."

　사람들은 때때로 속이 못생긴 사람 때문에 속상해 하며 불편해 한다. 속이 못생긴 사람 때문에 짜증을 내기도 한다. 그러나 정말 마음이 넓은 "어른"이라면 그럴 필요가 없다. 그것은 마치 어린 아이의 부족함을 보면서도 그의 어리고 약함을 널리 이해하는 것과도 같다. 만일에 어린 아이의 부족함에 짜증을 내는 어른이 있다면 그야말로 속이 못생긴 사람일 것이다. 속이 못생긴 사람에게 화를 내는 사람이야말로 속이 못생긴 사람일 것이다. 예수 믿는 사람들은 속이 잘 생긴 사람들이다. 속사람이 예수를 닮아 예쁜 사람들이다. 따라서 모든 사람을 이해하고 수용할 수 있는 바다 같이 넓은 사랑을 가진 사람들이다.

감싸는 사랑, 나누는 사랑

　사실 하나님은 창조를 통하여 우리 몸에 그러한 원리를 심어주셨다. 우리 몸의 혈액에는 백혈구, 적혈구, 혈소판, 혈장이라는 성분들이 있다. 그중에서 백혈구는 우리 몸에 어떤 이상한 침입자(병균)가 들어오면 얼른 그 침입자를 처리하는 일을 한다. 그런데 백혈구가 그 침입자를 처치하는 모습을 보면 아주 큰 진리를 깨달을 수 있다. 백혈구는 과연 어떠한 방법으로 침입자를 처치하는가? 얼핏 생각하면 아주 강력한 어떤 방법을 쓸 것 같은 생각이 든다. 하지만 백혈구는 침입자를 향해 절대 무력을 쓰지 않는다. 대포도 쏘지 않고 기관총을 갈겨대지도 않는다. 화학약품을 쓰지도 않고 그렇다고 심한 욕설을 하는 것도 아니다.

백혈구는 그저 그 침입자를 품에 푹 껴안아 버린다. 그리고 아주 아주 깊은 사랑으로 그를 감싸준다. 백혈구에게 안긴 그 침입자는 백혈구의 사랑에 감동하여 그냥 녹아버린다. 참으로 백혈구의 사랑은 놀랍다. 보기 싫든 지저분하든 가리지 않고 모두 다 껴안아 준다. 적혈구도 백혈구처럼 아주 사랑이 많은 친구이다. 적혈구는 골수에서 태어나 폐에 가서 산소를 받아들여 자기 몸에 가진다. 우리 몸의 모든 기관은 산소를 얻어야 생명을 연장할 수 있다. 그래서 산소는 생명과도 같은 것인데 적혈구는 언제나 이런 생명의 산소를 풍성하게 얻어서 가지고 다니는 친구이다.

그런데 그 친구는 언제나 혈액 속에서 이리저리 다니면서 산소가 필요한 곳이 있으면 아낌없이 다 주고 나온다. 자기 것도 조금 챙겨두면 좋을 텐데 그렇지 않고 100% 다 줘 버린다. 그런 후 4일쯤 살아 있다가 비장에 가서 조용히 숨을 거둔다. 아마 우리 사람 같으면 자기 것은 조금 남겨두고 남에게 나누어주었을 것이다. 하지만 우리 몸의 모든 것들은 (세포 하나까지도) 자신을 위해 사는 친구가 하나도 없다. 모두가 남을 위해 산다. 내가 남을 위해 100% 봉사하듯이 남도 나에게 100% 봉사한다는 원리가 우리 몸에 있기 때문에 비로소 우리는 건강할 수 있다.

백혈구의 사랑은 모든 걸 사랑으로 감싸주는 반면, 적혈구의 사랑은 모든 걸 나누어주는 그런 사랑이다. 이것은 우리를 향한 하나님의 사랑과 도우심이 어떠한 성격의 것인지를 가르쳐 준다. 여러분 모두 하나님의 이러한 성품을 본받기를 바란다. 하나님의 도우심과 사랑에 취하여 살기 바란다. 그리하여 약하고 힘없는 사람들을 도우면서 사는 데 깊은 관심을 기울이시기 바란다. 아울러 늘 즐거운 마음으로 하나님의 사랑을 실천하는 데 앞장서는 여러분 모두가 되기 바란다. 하나님의 심정으로 연약한 자들을 돕는 데 힘쓰기 원하는 여러분 모두에게 하나님의 크신 은혜와 복이 넘치기를 간절히 바란다.

proverbs

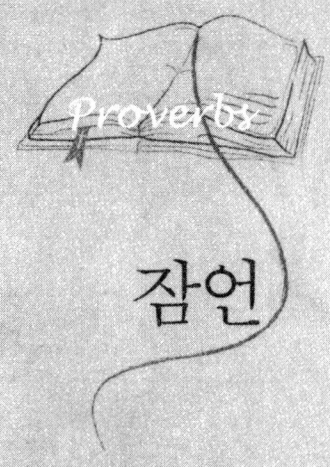

잠언

능력 있는 교사_잠 1:20-23
범사에 하나님을 인정하라_잠 3:1-10

능력 있는 교사
(잠 1:20-23)

성경을 읽다 보면 많은 의문을 갖게 되는데, 그중에 하나가 구약에도 선생님(스승)-제자 관계가 있느냐 하는 것이다. 주일학교 교사와 학생 사이의 관계에 해당하는 것이 있느냐는 것이다. 신약을 보면 예수님과 제자들 사이에 랍비(선생님)-제자 관계가 있다. 신약 이전에도 유대교 회당에 랍비 제도가 있어서 제자들을 양성했다. 그러나 구약에는 그에 해당하는 것이 잘 눈에 띄지 않는다.

어떻게 보면 엘리야와 엘리사의 관계가 그에 해당한다고 볼 수도 있다. 그러나 그들이 하나님의 예언자라는 사실을 고려한다면 완전한 스승-제자 관계가 있었다고 보기 어렵다. 예언자는 하나님이 임의로 선택하시지 누군가로부터 교육을 받아 되는 것이 아니기 때문이다. 즉 예언자는 하나님의 신에 감동되어야만 예언자가 될 수 있다.

구약 시대의 지혜 교사들

그렇다면 구약에는 스승-제자 관계가 전혀 없는 것일까? 그렇지 않다. 잠언을 읽어보면 구약에도 그러한 관계가 있음을 알 수 있다. 우리가 읽은 본문이 그렇다. 잠언은 본래 세상을 성공적으로 살아가는 삶의 지혜에 관해 가르치고 있는 책이다. 행복한 삶에 관해 가르치는 책이다. 참된 지혜와 참된 지식이 무엇인지를 가르치는 책이다. 어디에서 누가 가르치는가? 잠언 1:20-21과 8:1-3을 보면 지혜를 가르치는 장소가 정해져 있다:

> 지혜가 길거리에서 부르며
> 광장에서 소리를 높이며
> 시끄러운 길목에서 소리를 지르며
> 성문 어귀와 성중에서 그 소리를 발하여 이르되 (잠 1:20-21).

> 지혜가 부르지 아니하느냐?
> 명철이 소리를 높이지 아니하느냐?
> 그가 길 가의 높은 곳과 네거리에 서며
> 성문 곁과 문 어귀와 여러 출입하는 문에서 불러 이르되 (잠 8:1-3).

이 구절들은 지혜가 사람들이 많이 모이거나 왕래하는 곳에서 가르쳐지고 있음을 가르쳐 준다. 그러면 누가 가르치는가? 누구라는 말은 없지만 지혜 교사라고 칭할 수 있다. 솔로몬 왕처럼 신앙 경험과 세상 경험을 많이 해서 삶의 이치를 깨달은 사람은 언제든 지혜 교사로 사람들을 가르칠 수 있었다. 왕궁에서 가르칠 수도 있었지만, 대부분의 지혜 교사는 일반 대중을 상대로 지혜를 가르쳤다. 일반 대중이 그들의 제자인 셈이었다. 그들은 대가도 받지 않고 무료로 사람들에게 지혜를 가르쳤다. 이것이 가능한 것은 그들에게 참된 지혜와 바른 신앙을 가르치고자 하는 열정, 곧 사명감이 있었기 때문이다.

누가 강제로 시킨 것이 아니었다. 자원하는 일꾼들이었다. 오로지 하나님께 붙들려 사람들을 바른 지혜로 가르치고자 애쓰는 사람들이었다. 어디서든 기회만 있으면 지혜를 가르치고자 했다. 사람을 가리거나 차별하지도 않았다. 빈부귀천, 신분고하를 막론하고 길거리에 지나가는 사람들은 지혜 교사의 가르침을 들을 수 있었다. 누구든지 원하면 그의 가르침에 귀를 기울일 수 있었다.

교사에게 필요한 열정과 사명감

오늘의 교사들에게도 그러한 열정과 사명감이 필요하다. 사실 교사직은 교회의 봉사직에서 가장 소중한 직분이다. 하나님이 가장 기뻐하시는 직분이다. 적극 권장해야 할 직분이다. 하나님께 크게 복 받을 직분이다. 하나님의 말씀을 가르치기 때문이다. 따라서 교사직에는 소명이 필요하다. 훌륭한 교사가 되려면 교사로서의 소명을 분명히 해야 한다. "나는 말씀의 종이다"라고.

소명이라는 것은 무엇인가? 그것은 교사 직분이 인간적인 열심에서 비롯된 것이 아니라 하나님의 구원 은총에 대한 감사의 응답이 되도록 해야 함을 의미한다. 이러한 원칙에 충실한 사람은 결코 교사 직분을 소홀히 여기지 않는다. 힘들고 어려울 때에도 낙심하지 않는다. 눈물을 흘리며 씨를 뿌리는 자는 기쁨으로 그 단을 거두게 마련이라는 말씀에서 소망을 갖는다(시 126:5-6).

사명감이 투철한 교사는 좀처럼 결석이나 지각을 하지 않는다. 사실 교사는 학생들에게 거울과 같은 존재이다. 따라서 함부로 결석이나 지각을 해서는 안 되며, 신앙생활이나 일상생활에서 본을 보임으로써 신앙적으로나 도덕적으로 믿을 만한 사람임을 보여야 한다. 남을 가르치기에 앞서 자신이 먼저 본을 보여야 한다는 얘기다. 아울러 교사는 작은 일에도 충성하는 모습을 보일 수 있어야 한다. 이를테면 학생들이 오기 전에 먼저 교회에 와서 따뜻하게(친절하게) 그들을 맞이할 수 있어야 한다. 부득이한 일로 결석하거나 지각할 경우에는 사전에 부장 또는 지도 교역자에게 이유를 미리 말씀드려야 한다. 폐회하고 집으로 갈 때에도 가능하다면 아이들(학생들)을 길가까지 안내한다. 차도가 있을 경우에는 건널 수 있게 한다. 결석한 아이(학생)에게는 전화를 걸거나 편지를 띄우거나 직접 방문한다.

풍부한 신앙 감성

다시 잠언 본문으로 돌아가 보자. 지혜 교사는 여성으로 묘사되어 있다. 지혜라는 낱말 자체가 여성 명사이다. 실제로는 남자들이 지혜를 가르쳤을텐데 왜 지혜가 남성이 아니고 여성으로 묘사되어 있을까? 아마도 그것은 지혜를 가르칠 때 여성과 같은 섬세함, 더 정확하게는 여성에게 있는 풍부한 감성을 가져야 한다는 것을 뜻할 것이다. 남자에게는 그것이 부족하기 때문이다. 오늘날에는 여성 교사가 너무 많아 아이들이 지나치게 여성화된다는 지적이 있기는 하지만 말이다.

교사들은 누구보다도 풍부한 신앙 감성을 가지고 있어야 한다. 공감 정서(pathos)가 풍부해야 한다. 21세기 인간에게 가장 필요한 감성지수(EQ=Emotional Quotient)를 향상시켜야 한다. 그것은 어머니와 같은 품성을 의미한다. 부드럽고 품어주는 감정 말이다. 특히 요즘 아이들, 학생들은 감성이 매우 부족하다. 대중문화가 그렇게 만들며 가정과 학교의 지나친 공부 문화도 그렇다.

껴안아줌의 효과를 강조할 필요가 있다 쓰다듬어 주는 일도 마찬가지이다. 감성 지수가 높은 교사는 아이들의 사정이나 형편에 민감하게 반응한다. 어려운 일은 힘을 모아 도울 수 있도록 유도한다. 아이들의 마음에 상처를 주지도 않는다. 아이들 수준에서 생각하고 판단해야 한다. 아이들의 눈높이를 맞추기 위하여 스미소니언 박물관을 미리 방문한 어느 선생님 이야기를 마음에 둘 필요가 있다. 이에 근거하여 각종 "눈높이" 교재가 나오지 않았던가!

꾸지람보다는 칭찬에 주력한다. 어떤 아버지가 공부를 열심히 하지 않는 아들에게 링컨의 예를 들어 야단을 쳤다: "링컨은 네 나이에 그렇게 공부하지 않았다!" 그러자 아들은 이렇게 대꾸했다: "링컨은 아버지 나이에 그렇지 않았어요!" 아무 생각 없이 꾸짖었다가는 자신이 궁지에 몰릴 수도 있다. 가능한 한 긍정적인 이야기에 힘쓴다. 어떤 신발 회사 직원 두 사람이 아프리카로 시장 조사를 떠났다. 공항에 내리니 모두가 맨발이었다. 한 직원은 "이런! 모두가 맨발이니 신발 팔기는 틀렸네!"라고 부정적으로 생각했다. 그러나 다른 직원은 "무슨 소린가? 모두가 맨발이니 그야말로 무궁무진한 시장 아닌가?"라고 아주 긍정적인 반응을 보였다. 이러한 자세가 우리에게 필요한 것이다.

또 하나의 예를 들어보자. 어느 초등학교에서 운동회가 열렸다. 달리기 경주가 시작되었다. 그런데 어떤 아이가 달리다가 친구와 부딪치는 바람에 넘어지고 말았다. 그러나 그 아이는 포기하지 않고 끝까지 완주하였다. 당연히 순위는 맨 꼴찌였다. 경주가 끝난 후 어머니가 그를 위로하면서 이렇게 말했다: "나는 네가 넘어질 때 낙심하여 경기를 포기하면 어쩌나 걱정했단다. 그런데 네가 다시 일어서서 끝까지 최선을 다하는 모습을 보니 정말 자랑스럽구나." 이 말을 들은 그 아이의 기분이 어떠했겠는가! 책망보다는 칭찬을 앞세우고 단점보다는 장점을 발견하는 일에 더 많은 관심을 기울여야 하는 이유가 바로 여기에 있는 것이다.

성경책을 더럽혀라

그 다음에 구약 시대의 지혜 교사는 남을 가르치는 자여서 누구보다도 많은 것들을 알고 있어야 했다. 잠언을 읽어보면 얼마나 많은 지혜와 지식이 지혜 교사에게 있는가를 알 수 있다. 보고 듣고 배우고 경험한 모든 것을 체계적으로 정리한 사람들이다. 오늘의 교사도 마찬가지이다. 교사는 아이들이나 학생들보다 많이 알아야 하고 잘 설명할 수 있어야 한다. 이른바 말씀(logos)에 충실해야 한다는 얘기다. 이를 위해서는 무엇보다도 먼저 부지런히 성경을 더럽혀야 한다. "성경책이 깨끗한 사람은 마음이 더럽고 성경책이 더러운 사람은 마음이 깨끗하다"는 말처럼 말이다.

미국의 어느 교회에서 있었던 이야기이다. 그 교회 담임목사님이 주일학교가 제대로 운영되고 있는지를 알아보기 위해 주일 아침에 잠시 주일학교 예배 현장에 들렀다가 복도에서 마주친 토미라는 어린이에게 질문을 했다:
"얘야, 질문 하나 하자. 너는 여리고 성이 어떻게 해서 무너진 줄 아니?"
그러나 토미는 질겁을 하면서 말했다:
"목사님, 저는 여리고 성을 무너뜨리지 않았어요. 여리고 성이 어디에 있는지도 몰라요."

이에 충격을 받은 목사님은 담임 교사인 수잔나를 불러 물었다:

"수잔나 선생님, 여리고 성에 대해서 토미에게 물었더니 이러저러하게 대답하는데, 대체 어찌된 영문인가요?"

그러자 수잔나가 차분한 목소리로 대답하였다:

"목사님, 토미 말이 맞아요. 그 아이는 너무 착해서 여리고 성을 무너뜨릴 짓을 하지는 않습니다. 절대로 그런 일을 저지를 애가 아니랍니다."

수잔나의 어처구니없는 답변에 또 다시 놀란 목사님은 당회를 소집하여 상황을 보고하면서 주일학교의 성경 교육에 심각한 문제가 있음을 지적하였다. 당회원들은 유구무언으로 자리에 앉아 있을 뿐이었다. 무거운 침묵을 견디지 못한 재정 담당 장로님이 침묵을 깨고서 답변을 하였다:

"목사님, 기왕 이렇게 된 것 어떻게 하겠습니까? 토미가 여리고 성을 무너뜨리지 않았다고 하지만 정말로 그 아이가 여리고 성을 무너뜨린 게 맞다면 교회 재정으로 보수해 드려야지요."

하나님의 말씀에 대한 무지를 꼬집은 재미난 이야기가 아닐 수 없다. 단적인 예에 지나지 않지만 교사 여러분이나 성도 여러분은 말씀을 읽고 묵상하는 것이 생활의 습관이 되도록 해야 한다. 베뢰아 교인들처럼 신사적인 신앙을 가져야 한다(행 17:11). 더 나아가서 교사 여러분은 자신의 삶 속에 말씀을 직접 적용함으로 본을 보여야 하며, 아이들에게도 그렇게 살도록 가르쳐야 한다. 23절에 "내 말을 너희에게 보이리라"는 말씀이 그것을 암시한다. 교사들은 말씀 공부에도 소홀함이 없어야 한다. 설교에 귀를 기울여야 하고 독서도 많이 해야 한다. 신앙 서적을 읽는 일에도 부지런해야 한다. 더 나아가서는 간접적이나마 학교 공부에 대한 지도를 잘 해주어야 한다. 특히 중고등 학생들이 그렇다. 교회에서 불필요하게 시간을 낭비함으로 인하여 학교 공부에 차질이 발생하지 않게 해야 한다.

하나님을 경외하는 삶

마지막으로 구약의 지혜 교사는 하나님 경외하는 것을 최고의 지혜와 지식으로 삼았다. 신앙적으로 흠이 없는 사람들이었다. 23절에 보면 "나의 영을 너희에게 부어주며"라는 말씀이 있다. 성령을 뜻하는 낱말이기도 하다. 지혜 교사에게 있는 신은 하나님께로부터 받은 것이다. 이는 그가 하나님의 영으로 충만한 사람임을 암시한다. 그러기에 하나님 경외가 최고의 지식이라고 가르치는 것이다.

오늘의 교사도 마찬가지이다. 늘 하나님과 교제하여 하나님의 신으로 충만하지 못하면 능력 있는 교사가 될 수 없다. 그러기 위해서는 날마다 경건 훈련에 힘써야 한다. 경건 훈련은 마치 산에 가서 나무를 할 때 조금씩 쉬면서 도끼날을 가는 것과도 같은 것이다. 쉬지도 않고 도끼날을 갈지도 않은 채로 하루 종일 나무를 하는 것보다는 중간에 조금씩 쉬면서 도끼날을 가는 것이 더 많은 나무를 벨 수 있다는 것을 알아야 한다. 경건에 힘쓰는 자라야 교사 직분에 대한 소명을 다지며 아이들에게 신앙의 거울이 될 수 있다.

말씀과 기도는 경건 생활의 양대 축인데 그중에서도 기도 생활에 특히 힘써야 한다. 기도는 호흡이요 하나님과의 교제이다. 계시록 3:20

은 기도의 모델이다. 오 할레스비(O. Hallesby)가 쓴 『기도』(생명의말씀사)라는 책을 읽어보기 바란다. 이 조그만 책은 계시록 3:20을 중심으로 한 기도 안내서인데 아주 은혜로운 책이다. 기도가 무엇인지에 대해서 가장 잘 정리한 책들 중 하나이다. 교사 여러분은 자신을 위한 기도와 성경(공과) 공부 자체를 위한 기도에도 힘써야 하지만, 자기가 맡은 아이들과 학생들을 위해서도 중보의 기도를 드려야 한다. 한 달에 한 번 정도의 교사 기도회를 갖는 것도 좋은 방법이다. 기도의 중요성은 아무리 강조해도 지나치지 않다.

결론적으로 여러분들은 하나님의 말씀을 가르치는 자로서, 자부심을 갖고 투철한 사명감에 기초하여 말씀을 연구하고 배우고 가르치기를 바란다. 감성이 풍부한 자로서 미래 사회의 주역들을 길러내기 바란다. 하나님과 교제함으로 성령으로 충만하여 능력 있는 교사들이 되기를 바란다. 사람으로서 갖추어야 할 능력뿐만 아니라 하나님께로부터 비롯되는 능력으로 충만한 교사 여러분들이 되시기를 주님의 이름으로 기원한다.

범사에 하나님을 인정하라
(잠 3:1-10)

"브루스 올마이티"라는 영화가 있다. 브루스 놀란(짐 캐리)은 뉴욕의 지역 방송국인 아이위트니스 뉴스 TV의 리포터이다. 이 방송국은 유머러스하면서도 인간적인 온정이 훈훈한 소재의 뉴스를 주로 다루어서 시청자들을 즐겁게 해주는 것으로 유명한 방송국인데, 정작 리포터인 브루스 놀란 자신은 불만투성이다. 곧 은퇴할 앵커(뉴스 진행자)의 뒤를 이어 월터 크롱카이트 같은 전설적인 앵커가 되어 세상을 확 바꾸고 싶어 하지만, 그 꿈은 이루어지지 않는다. 현실적인 야심가 에반에게 앵커 자리가 넘어가고 만 것이다.

하나님은 과연 불공평하신 분인가?

이에 놀란 그는 생방송 중 방송 사고를 내게 되고, 설상가상으로 직장에서 잘린다. 그뿐만이 아니다. 세상과 신세를 한탄하며 귀가하다가 동네 불량배들한테도 흠씬 두들겨 맞는다. 인내심의 한계에 도달한 브루스는 왜 자기한테만 매일같이 불운을 선사하느냐며 하늘을 향해 삿대질을 해대기 시작한다. 하나님이 불공평하다는 것이다. 다른 사람들은 다 잘되는데 자기만은 되는 게 없다는 것이다. 승진을 포함하여... 그러면서 그는 자기가 하나님이라면 훨씬 더 세상이 공평하게 잘 돌아가게 할 수 있다고 장담한다.

그런 그에게 하나님(모건 프리만)이 나타난다. 하나님의 제안은 충격적이다. 만약 브루스가 더 나은 세상을 만들 자신이 있다면 그에게 1주일간 신의 전지전능한 능력을 빌려주겠다는 것이 아닌가! 브루스의 반응? "Why not!" 그는 전능자가 되자마자 당장 애완견이 사람처럼 화장실을 이용하게 만들고, 앵커 자리를 차지한 자신의 라이벌을 생방송 중에 톡톡히 망신을 주는 등 기발한 행동을 통해서 웃음을 이끌어 낸다.

하지만 신이 언제나 이런 장난만을 하고 있을 수는 없는 법. 전 세계에서 신에게 도움을 청하는 간절한 기도의 목소리들이 들리기 시작하고, 브루스는 이메일을 통해 이들의 요구(예로써 복권 당첨)에 모두 들어주지만, 이로 인해 세상은 큰 혼란에 빠지게 된다. 결국 자신의 잘못을 깨닫게 된 브루스는 신의 절대 권력을 갖게 된다면 세상을 훌륭하게 만들겠다는 자신의 생각이 어리석었음을 깨닫게 되고, 진실한 사랑을 원하던 여자 친구 그레이스(보육원 원장)와의 갈등도 해결되며 영화는 훈훈한 휴머니즘으로 매듭을 짓는다.

나는 정말로 하나님 편에 서 있는가?

다른 예를 하나 더 들어보자. 아브라함 링컨은 미국의 제16대 대통령이다(1809-65년). 그는 노예 해방을 위해 남북전쟁을 일으켰다(1861-65년). 인간 평등을 확립시키기 위한 거룩한 전쟁이었다. 전쟁은 5년 가까이 계속되었다. 많은 희생자가 뒤따랐다. 참모진은 고민에 빠졌다. 한 참모가 링컨에게 말했다: "각하, 하나님이 우리 편에 계신다면 얼마나 좋을까요?" 남군이나 북군 모두가 기독교인들이었다. 그래서 하나님이 어느 편에 계시느냐에 따라 승패가 결정된다고 생각했던 것이다. 링컨이 대답했다: "나는 하나님이 내 편에 계신다는 사실에 대해서는 전혀 염려하지 않는다. 오히려 내가 정말로 하나님 편에 서 있는가가 걱정스럽다."

오늘의 본문은 후자의 입장에 가깝다. 우리가 어느 정도로 하나님 편에 서 있는가 하는 것이 하나님의 은혜와 복을 결정짓는다는 것이다. 하나님은 결코 불공평한 분이 아니다. 아무런 원칙도 없이 어떤 사람에게는 잘 해주고 다른 사람에게는 잘 안 되게 해주는 분이 아니다. 그는 모든 사람을 똑같이 공평하게 대하시는 분이다. 그는 일정한 원칙이나 질서도 없이 자기 멋대로 세상을 이끄시는 분이 결코 아니다. 노아 홍수나 의인 10사람이 없어 망한 소돔과 고모라의 멸망이 그 점을 잘 보여 준다.

그러면 구체적으로 하나님은 어떤 원칙을 가지고서 세상을 이끌어 가시는가? 우리가 어떻게 하는 것이 그의 편에 서 있는 것이라고 할 수 있는가? 이것을 본문은 여러 가지로 나누어 설명한다. 우리의 본문은 흥미롭게도 하나님의 기대나 명령과 그에 따르는 복(은혜)을 번갈아 가면서 순서대로 나열하고 있다. 1, 3, 5, 7, 9절이 전자에 해당한다면, 2, 4, 6, 8, 10절은 후자에 해당한다. 전자가 조건절이라면 후자는 그에 상응하는 결과를 가리킨다.

대표로 처음 1-2절과 마지막 9-10절만을 보도록 하자:

> 내 아들아, 나의 법을 잊어버리지 말고
> 네 마음으로 나의 명령을 지키라.

그리하면 그것이 네가 장수하여 많은 해를 누리게 하며
평강을 더하게 하리라…
네 재물과 네 소산물의 처음 익은 열매로 여호와를 공경하라.
그리하면 네 창고가 가득히 차고
네 포도즙 틀에 새 포도즙이 넘치리라.

이 네 개의 구절은 삶 속에서 주어진 하나님의 은혜에 감사로 응답하는 자에게 하나님의 복이 주어짐을 강조하고 있다. 이러한 내용은 하나님이 세상을 제멋대로 운행하시는 분이 아님을 보여 준다. 이 본문은 또한 하나님의 은혜와 복이 일정한 원칙에 따라 주어지는 것임을 말해 준다. 달리 말해서 내가 하나님 편에 서 있느냐 그렇지 않느냐에 달려 있다는 얘기다. 사람이 원하면 무엇이든지 저절로 그대로 되는 것이 결코 아닌 것이다.

마음을 다하여 하나님을 의뢰하라

본문의 내용 중에서도 가장 중요한 것이 5-6절이다. 이 두 구절은 본인이 구약에서 가장 좋아하는 본문들 중의 하나이다. 나 자신이 구약 전공자이기에 홈페이지(http://iloveoti.com)의 바탕화면에 본문의 5절과 6절이 교대로 번갈아가면서 떠오르게 했다.

첫째로 여기서 가장 먼저 기억해야 할 것은 마음을 다해 하나님을 의뢰하는 일이다(5a절). 의뢰한다는 것은 "신뢰한다, 믿는다"는 것을 뜻한다. 모든 자동차는 교통경찰과 신호등의 지시에 따라 움직인다. 만일에 운전기사가 교통 경찰과 신호등을 안 믿는다면, 거리 질서가 엉망이 되고 말 것이다. 많은 사람들이 다치고 목숨을 잃을 것이다. 하나님은 우리의 생명을 그 손에 쥐고 주관하시는 분이다. 그는 때때로 우리 삶에 일정한 제약을 주시기도 하고, 장애물을 두기도 하며, 고통과 아픔을 안겨주기도 한다. 그러나 우리는 그것이 우리의 삶을 풍요롭게 하기 위한 하나님의 최선의 방법임을 믿어야 한다. 양이 목자를 따르듯이 하나님을 믿고 따르는 삶이 우리에게 필요한 것이다. 어린 아이가 부모의 손을 잡고 어디로 가든지 믿고 즐거워하며 따르는 것처럼 순전한 마음으로 하나님을 따라가야 한다.

사무엘상 1장에 보면 불행한 여인 한나의 이야기가 나온다. 한나는 엘가나라는 남자와 결혼했는데, 아이를 낳지 못했다. 브닌나라는 또 다른 여인은 왕성한 출산 능력을 가지고 있었으나 한나는 그렇지 못한 것이다. 그래서 한나는 늘 괴로웠다. 마음이 아팠다. 한 번은 남편을 비롯한 온 식구들이 엘리 제사장이 있는 성소로 제사 드리러 갔을 때 한나는 자신의 억울한 형편을 눈물로 하나님께 호소했다. 이것을 본 엘리는 그가 술주정을 한다고 오해했다. 이에 한나는 자신의 억울한 심정을 솔직하게 털어놓는다.

한나의 고통과 아픔을 알아챈 엘리는 이렇게 축복기도를 해준다: "평안히 가라 이스라엘의 하나님이 네가 기도하여 구한 것을 허락하시기를 원하노라"(삼상 1:17). 이에 한나는 "당신의 여종이 당신께 은혜 입기를 원하나이다" 하고 가서 식사를 하였는데, 얼굴에 다시는 근심 빛이 없었다(삼상 1:18). 자식 없는 설움으로 인해 평소에 입맛을 느끼지 못했는데, 제사장의 축복기도를 받고서 그것을 믿은 후에는 마음에 근심과 고통이 사라지고 즐거운 마음으로 식사를 할 수 있었다는 얘기다. 얼마나 큰 믿음인가!

이스라엘 백성이 모세의 인도하에 홍해를 건넌 것, 여호수아의 인도하에 요단강을 건넌 것, 여리고 성을 엿새 동안 하루에 한 바퀴씩 돌고 마지막 일곱째 날에 일곱 바퀴를 돎으로써 여리고 성을 정복한 일, 아람의 나아만 장군이 엘리사의 말에 순종하여 요단강에서 목욕을 하고서 나병을 고친 것 등도 같은 이치에 속한다. 이들은 한결같이 마음을 다하여 하나님을 의지하고 신뢰했기 때문에 생각지도 않은 방식으로 기적을 체험했던 것이다. 여러분도 그러한 기적을 생활 속에서 늘 체험하시기 바란다.

하나님의 지혜와 명철을 의지하라

두 번째로 본문이 강조하는 것은 자신의 지혜와 명철보다 하나님의 지혜와 명철을 의지하는 일이다(5b절). 인간의 역사는 과학과 기술 문명을 통해 많이 발전해 왔다. 그 결과 인간의 삶이 놀랍도록 편해졌다. 옛날에 비하면 모든 것이 편해지고 좋아졌다. 교통수단은 말할 것도 없고, 휴대폰 문화, 인터넷 문화, 사이버 문화 등등 헤아릴 수 없이 많은 문명의 편리들이 우리 삶의 질을 높여 놓았다. 그러나 심각한 부작용이 동반되기도 했다. 인간이 지나치게 자기 지혜와 명철을 앞세우다 보니 각종 문제점들이 생겨나게 된 것이다. 그중에 가장 대표적인 것이 환경오염과 생태계 위기이다. 이것은 인간의 지혜나 명철이 절대적으로 신뢰할 수 없는 것임을 보여 준다. 완전하지 않다는 얘기다. 인간 지혜의 한계인 셈이다.

좀 더 구체적으로 생태계 위기문제를 살펴보자. 산업혁명 이후로 자연 환경을 마구잡이로 파괴한 결과(공장 건설, 각종 폐기물), **각종 자연재해**

가 점점 늘어나고 있다. 이산화탄소가 늘어나면서 지구열의 발산을 차단하는 바람에 지구가 온실처럼 되어서 점점 더워진다(온실 효과). 사막이 늘어나고 밀림은 줄어든다. 그렇게 되면 산소도 줄어들 수밖에 없다. 또 지구가 더워지면 남극이나 북극의 얼음들(빙하)이 녹아 해수면이 높아진다. 학자들에 의하면 10년마다 1도씩 올라간다고 하니까 50년 후면 5도가 상승하여 수면이 2m 정도 오르게 된다. 웬만한 해안 도시는 모두 가라앉을 것이다.

또한 태양 자외선을 차단하는 오존층이 얇아지거나 사라져서(구멍이 뚫려서) 각종 피부암에 걸릴 위험이 높아지고 농작물 성장에 많은 장애가 생긴다. 인체의 면역 기능이 약화되어 각종 질병에 걸릴 확률도 높아진다. 편하게 잘 살려는 노력이 이처럼 지구 환경을 파괴하기에 이르렀다. 우리나라의 경우에도 수돗물을 믿지 못하여 도시 가정에서는 정수기를 많이 사용한다. 수돗물을 그대로 먹는 가정은 거의 없다. 끓여 먹는다. 생수를 사서 먹어야 하는 세상이 되었다. 그래서 우리나라를 일컬어 물 부족 국가라고 한다. 깨끗한 물이 부족하다는 것이다. 그뿐이 아니다. 이제는 공기나 산소까지도 돈으로 사서 마셔야 하는 세상을 우리가 살고 있다. 얼마나 비극적인 일인가! 얼마 전만 해도 물과 공기는 공짜로 마음껏 먹고 마시는 것이었는데 말이다.

인간 지혜의 한계

왜 이렇게 되었는가? 인간이 자신의 지혜와 명철을 최고로 생각했기 때문이다. 그 한계를 제대로 인정하지 않았기 때문이다. 그것이 절대적인 것이 아니요, 불완전한 것임을 올바로 인식하지 못했기 때문이다. 또한 창조주이신 하나님의 완전한 지혜와 명철을 의지하지 않았기 때문이다. 잠언 3:19-20은 하나님이 지혜와 명철로 우주 만물을 창조하셨다고 말한다. 어떠한 모습으로 창조하셨는가? 지혜 창조라는 것은 대체 무엇을 뜻하는가? 창세기 1장을 보면 하나님은 우주 만물을 아름답고 멋있게 만드셨다. 보시기에 심히 좋았다. 사람과 짐승이 함께 어울려 살았다. 더불어 사는 공동체가 있었다. 하나님께서 정하신 선하고 아름다운 질서가 있었던 것이다.

그런데 지금은 그렇지 않다. 공동체가 사라져 가고 있으며, 싸움과 분쟁이 어디에나 있다. 사람과 자연이 맞서 있고 사람과 사람이 맞서 있다. 사람의 지혜가 만들어낸 핵무기는 하나님의 평화를 위협하고 있으며, 인류 전체의 생명을 크게 위협하고 있다. 이제는 사람을 마음대로 생산할 수 있는 시대가 올 것이다. 무분별한 인간 복제로 인하여 대재앙이 닥칠지도 모른다. 이 모든 것의 원인은 하나님의 명철을 무시하고 의지하지 않은 데 있다. 하나님의 명철은 곧 그의 법(말씀)이나 마찬가지이다. 하나님의 뜻대로 하지 않은 모든 것은 인간에게 해로울 수밖에 없다.

이것은 개개인의 삶에도 똑같이 적용된다. 하나님의 명철, 하나님의 법, 하나님의 명령을 지키지 않는 자가 잘 되는 법은 없다. 하나님의 명철은 인자와 진리와도 같은 것이다. 3절은 인자와 진리가 자신의 삶에서 떠나지 않게 하고 그것들을 목에 메고 마음 판에 새기라고 말한다. 인자는 하나님의 사랑을 뜻함과 동시에 하나님을 향한 사랑과 충성심을 뜻하기도 한다. 진리는 사람과 사람 사이에 이루어져야 할 바른 관계를 일컫는다.

인자와 진리야말로 하나님의 법이요 하나님의 명철에 속한다. 인자와 진리가 없는 사람은 하나님의 명철을 의지하지 않는 사람이다. 지나치게 자신을 신뢰하는 사람이다. 지나친 자기 의존은 교만을 불러일으킨다. 교만처럼 큰 불신앙도 없다. 스스로 지혜 있는 체하는 자는 파멸에 빠지게 된다. 하나님께서 교만한 자를 대적하시기 때문이다. 그러나 하나님의 명철을 의지하는 자는 승리, 성공, 형통 등을 얻으며 하나님의 인도하심을 받는다.

모든 일에 하나님을 인정하라

세 번째로 하나님의 은혜와 복을 받으려면 범사에 하나님을 인정해야 한다(6a절). 하나님은 우주 만물을 말씀으로 창조하신 분이요, 우리는 그의 피조물에 지나지 않음을 인정해야 한다. 하나님 앞에서는 우리가 벌레요 구더기 같은 존재임을 인정해야 한다(욥 25:6). 하나님은 창조주이시면서 동시에 세상 역사를 이끌어 가시는 분이다. 그는 어떠한 환경과 형편 속에서도 자신의 뜻을 이루신다. 또한 그는 모든 것이 합력하여 선을 이루게 하시는 분이다(롬 8:28). 이것을 우리는 인정해야 하는 것이다.

하나님이 허락하실 때에만 무엇인가 이루어진다. 산상수훈에 의하면 공중의 새는 심지도, 거두지도, 창고에 모아들이지도 않는다. 그러나 하나님께서 기르신다. 들의 백합화는 수고도 길쌈도 하지 않지만, 솔로몬의 모든 영광이 이 꽃만 못했다. 야고보서 4:15는 "주의 뜻이면 우리가 살기도 하고 이것이나 저것을 하리라"고 말씀한다. "주의 뜻이면"이 우리의 생활 지침이 되어야 한다. 그것은 바울 사도가 즐겨 쓰는 "주 안에서"와 같은 것이다. 예수 그리스도의 이름으로 기도한다는 것과도 같은 것이다. 그것은 모든 일에 하나님을 인정하고 모든 것을 다 그에게 맡기는 것을 의미한다.

그리스의 유명한 소설가인 니코스 카잔차키스(Nikos Kazantzakis)가 쓴 "나비"라는 짤막한 글을 예로 들어보자:

어느 날 아침 나는 나무 등걸에 붙은 나비집을 보았다. 그때 마침 나비는 집에서 나오려고 고치에 구멍을 내고 있는 참이었다. 나는 그 앞에서 한참을 기다렸다. 하지만 나비에게는 집을 뚫고 나오는 일이 너무도 힘들어 보였다. 그래서 나는 나비가 빨리 나올 수 있도록 허리를 굽혀 입김으로 나비집을 덥히기 시작했다. 힘을 다해 서둘러서 나비집을 따뜻하게 만들어 주었더니 바로 내 눈 앞에서 생명 활동이 기적처럼 빠르게 일어나기 시작했다. 구멍이 열리고 나비가 엉금엉금 기어 나온 것이다. 바로 그 순간 축축히 달라붙은 채 마구 구겨진 나비의 날개를 보면서 나는 말할 수 없는 두려움에 사로잡히게 되었다. 불쌍한 나비는 온 몸을 부르르 떨면서 날개를 펴보려고 기를 썼지만 허사였다. 나는 그 놈 위에 얼굴을 가까이 가져가서 입김으로 날개 펴는 일을 도우려고 들었다. 그러나 부질없는 노릇이었다. 나비는 참을성 있게 부화되기를 기다려야 했다. 또 날개는 햇빛 아래서 천천히 펴졌어야 했다. 어떻게 손쓰기에는 너무도 늦어 버렸다. 내가 입김을 불어 정상적으로 나올 시간보다 앞당겨 나오게 한 탓에 나비는 날개가 구겨진 채 미리 나오고 만 것이다. 나비는 필사적으로 버둥거렸지만 내 손바닥 위에서 몇 초 후 죽고 말았다. 그 작은 시체는 지금까지 큰 무게로 내 양심을 누르고 있다. 그날 나는 자연의 위대한 법칙을 어기는 일이 얼마나 큰 죄악인가를 깨달은 것이다. 우리는 덤비면 안 된다. 성급히 굴어서도 안 된다. 언제 어떤 상황 속에서나 영원히 자연의 순리를 믿고 굳게 기다려야 한다.

주기도문에 보면 하나님의 뜻이 하늘에서 이루어진 것처럼 땅에서도 이루어지게 해달라는 간구가 있다. 우리는 하나님의 뜻이 하늘에서처럼 땅에서도 이루어진다는 것을 인정해야 한다. 오늘의 내가 있게 된 것도 하나님의 은혜로 인한 것임을 인정해야 한다. 내가 하나님의 사랑을 받게 된 것이 나의 도덕적 선행이나 자발적인 선택에 의한 것이 아님을 인정해야 한다. 내가 착해서, 잘나서, 간절히 원해서 하나님의 사랑을 받고 있는 것이 아니라는 얘기다. 도리어 하나님의 무조건적인 은총으로 인하여 우리는 하나님의 사랑 안에 거하고 있다. 이 하나님을 우리 삶의 구석구석에서 인정할 때 우리는 형통함을 입을 수 있다. 범사에 하나님을 인정하는 자라야 건강할 때나 병들 때, 성공할 때나 실패할 때조차 하나님의 복과 사랑을 확신할 수 있다.

이제까지의 삶을 한 번 돌이켜 보자. 이제껏 내 지혜와 명철에 의지해서만 살아온 것은 아닌지, 나의 뜻과 생각과 계획을 하나님의 뜻과 명철보다 앞세우고서 살아온 것은 아닌지 깊이 생각해 보자. 이제 앞으로는 무슨 일이 있어도 나의 뜻을 무리하게 고집하지 않고 도리어 마음을 새롭게 하여 하나님의 뜻과 지혜와 길을 따라가야 할 것이다. 나의 지혜와 명철을 의지하기보다는 하나님의 명철과 지혜를 의지하고 그의 말씀에 순종하면서 살아가기로 결심해야 할 것이다.

예수님의 십자가상의 마지막 기도(눅 23:46, "내 영혼을 아버지 손에 부탁하나이다")처럼 무슨 일이든 하나님께 내 생명을 맡기는 심정으로 살아야 할 것이다. 그러면 하나님께서 여러분의 길을 인도하여 주실 것이다.

아무리 좁은 길이라도 하나님께서 좋은 길을 예비하여 주실 것이다. 즙틀에 포도즙이 넘치게 하실 것이며 창고가 넘치게 하실 것이다. 마음을 다해 하나님을 의뢰하고 범사에 그를 인정하기 바란다.

Ecclesiastes

전도서

하나님의 선물 _전 3:1-14

하나님의 선물
(전 3:1-14)

전도서는 신구약 66권 중 아주 특이한 책이다. 사람들은 흔히 전도서를 일컬어 허무주의, 염세주의, 비관주의, 회의주의의 책이라고 말한다. 그 이유는 본서의 저자인 전도자가 1:2-3, 9-10에서 다음과 같이 말하고 있기 때문이다:

> 헛되고 헛되며 헛되고 헛되니
> 모든 것이 헛되도다.
> 해 아래에서 수고하는 모든 수고가 사람에게 무엇이 유익한가?…
> 이미 있던 것이 후에 다시 있겠고
> 이미 한 일을 후에 다시 할지라.
> 해 아래에는 새 것이 없나니
> 무엇을 가리켜 이르기를,
> "보라, 이것이 새 것이라!" 할 것이 있으랴?
> 우리가 있기 오래 전 세대들에도 이미 있었느니라.

헛될 뿐인 세상

전도자는 인간이 세상에서 행하는 모든 일이 헛되다는 결론을 내리고 있다. "헛되다"는 표현을 무려 다섯 번이나 반복하면서 말이다(강조의 의미). 그러면서 그는 해 아래 새로운 것이 없다, 이전부터 다 있어 왔다고 말한다. 그는 아무리 많은 지혜와 지식이 있어도 그것은 인간을 괴롭게 하는 것이라고 말한다. 아무리 많은 재산을 소유해도 헛될 뿐이다. 죽으면 그만이기 때문이다. 육체적 쾌락도 소용이 없고 다 헛될 뿐이다. 장수하려는 노력도 헛되기는 마찬가지이다. 한마디로 말해서 전도자는 세상살이가 본질적으로 인간에게 참된 만족을 주지 못함을 강조한 셈이다. 물질적 욕망, 육체적 쾌락, 정신적인 자산(지식과 지혜) 등 어떤 것도 참된 행복을 주지 못한다는 것이다.

더 나아가서 전도자는 인간의 지혜로 납득하기 어려운 신정론적인 상황이 이 세상에 존재한다고 말한다. 그는 인간 세상에 어찌하여 그토록 많은 악과 불의가 판을 치는지 알 수 없다고 탄식한다: "또 내가 해 아래에서 보건대 재판하는 곳 거기에도 악이 있고, 정의를 행하는 곳 거기에도 악이 있도다"(전 3:16). 그가 보기에 세상에는 권세 있는 자들에게 학대당하는 자들이 많으나, 그들을 위로하고 그들의 눈물을 이해해줄 만한 사람이 어디에도 없다(전 4:1).

그런가 하면, 악인이 형통함을 맛보며 부귀영화를 누리는 반면, 의인은 억압과 고통을 당하면서 힘들게 살아간다. 악인의 행위대로 받는 의인이 있고 의인의 행위대로 받는 악인이 있다는 것(전 8:14)도 참기 어려운 일이다. 자기의 의로운 중에서 멸망하는 의인이 있고, 자기의 악행 중에서 장수하는 악인이 있다는 것(전 7:15)도 마찬가지이다. 그리하여 그는 살아 있는 산 자보다 죽은 지 오랜 죽은 자가 더 복되다고 말하며, 이 둘보다도 출생하지 아니하여 해 아래서 행하는 악을 보지 못한 자가 더욱 낫다고 생각한다(전 4:2-3).

그렇다면 전도서는 허무주의, 염세주의, 비관주의, 회의주의를 가르치는 책인가? 다 헛될 뿐이니 삶을 포기하라는 것인가? 인생은 살 가치가 없으니 자살, 도피, 은둔하라는 것인가? 과연 그렇게 가르치는 것이 전도서의 목적이라면 이런 책이 하나님의 말씀일 수는 없을 것이다. 사실 주의 깊게 전도서를 읽어보면 세상살이가 다 헛될 뿐이니 삶을 포기하라거나, 인생은 살 가치가 없으니 자살, 도피, 은둔하라는 가르침은 전혀 없다. 그러면 어떻게 하라는 것인가? 헛될 뿐인 세상은 어떻게 살아가야 하는 것인가? 전도서 3:1-14에 그 해답이 있다.

카이로스: 하나님의 시간

본서의 저자인 전도자는 3장 1-8절에서 이렇게 말한다:

> 범사에 기한이 있고
> 천하만사가 다 때가 있나니
> 날 때가 있고 죽을 때가 있으며
> 심을 때가 있고 심은 것을 뽑을 때가 있으며
> 죽일 때가 있고 치료할 때가 있으며
> 헐 때가 있고 세울 때가 있으며
> 울 때가 있고 웃을 때가 있으며
> 슬퍼할 때가 있고 춤출 때가 있으며… (1-4절)

전도자가 이처럼 천하범사에 때와 기한이 있다고 길게 설명하는 이유는 무엇인가? 그것은 곧 세상 만물에 정해져 있는 그 기한과 때가 사람이 정하는 것이 아니라 하나님께서 계획하시고 작정하신 것임을 강조하기 위해서이다. 다시 말해서 세상 만물은 하나님의 시간표를 따라 주기적으로 움직인다는 말이다.

그렇기 때문에 인간은 하나님께서 주관하시는 세상일을 제대로 알 수가 없다: "…그러나 하나님이 하시는 일의 시종(始終)을 사람으로 측량(測量)할 수 없게 하셨도다"(전 3:11). 이처럼 하나님이 정하신 때와 기한을 우리는 헬라어로 '카이로스' 라 말한다. 예수께서는 생전에 이 카이로스에 맞추어 사셨다(예: "내 때가 이르지 않았다"는 표현). 카이로스는 하나님의 시간이요, 하늘의 시간이다. 그것은 인간의 시간 또는 땅의 시간인 '크로노스' 와 반대되는 것이다. 하나님의 시간인 카이로스는 인간의 지혜와 지식으로 알 수 없다. 그것은 오로지 하나님만이 아신다. 하나님이 정하신 때와 기한은 사람이 마음대로 할 수 없는 것이다. 그것은 사람이 원한다고 해서 앞당겨지거나 연기될 수 있는 성격의 것이 아니다. 전적으로 하나님의 주권에 달려 있다.

영원을 사모하는 마음

이것은 시간의 주인이신 하나님이 인간의 삶과 세상 역사를 이끌어 가시는 분임을 뜻한다. 하나님이 세상을 이끌어 가시는 방법은 아무리 지혜로운 자라 할지라도 알 수가 없다. 전도서 3:14a이 이를 잘 보여 준다: "하나님께서 행하시는 모든 것은 영원히 있을 것이라. 그 위에 더 할 수도 없고 그것에서 덜 할 수도 없나니." 그렇다면 하나님은 왜 인간으로 하여금 세상일을 다 헤아리고 측량하지 못하게 하셨을까? 한마디로 그것은 인간 자신이 얼마나 연약한 존재인지를 바로 알고,

그럼으로써 인간의 삶과 세상 역사를 주관하시고 자기 뜻대로 이끄시는 하나님을 경외하게 하기 위해서이다. 전도서 3:11은 그것을 "영원을 사모하는 마음"이라 일컫는다.

영원을 사모하는 마음은 무엇인가? 그것은 일시적이고 헛되고 덧없는 세상살이에 만족하지 않는 삶의 자세를 일컫는다. 그러한 삶 때문에 좌절하거나 절망하지 않고 도리어 헛될 뿐인 세상에서 눈을 돌려 영원하신 하나님을 바라보는 삶의 자세를 가리킨다. 그것은 또한 사람이 정한 시간에 맞추어 살지 않고 하나님의 시간에 맞추어 사는 삶의 자세를 일컫는다. 자신의 삶과 역사를 멀리 내다보는 종말론적인 삶의 자세가 그러할 것이다.

14b절에 의하면 그것은 하나님을 경외하는 삶을 뜻한다: "하나님이 이같이 행하심은 사람들이 그의 앞에서 경외하게 하려 하심인 줄을 내가 알았도다." 요컨대 영원을 사모하고 하나님을 경외하는 것이야말로 헛될 뿐인 세상을 이기는 유일한 방법이다. 헛된 세상에서 눈을 돌려 세상만사를 주관하시는 하나님, 시간의 주인이신 하나님을 바라보는 삶이야말로 유일하게 헛되지 않은 것이요, 가장 가치 있고 의미 있는 것이요, 인간의 삶을 행복하게 해주는 것이다.

즐거운 마음으로 선을 행하라

영원을 사모하고 하나님을 경외하는 자의 삶은 어떠해야 하는가? 12-13절에 그 답이 있다:

> 사람들이 사는 동안에 기뻐하며 선을 행하는 것보다

더 나은 것이 없는 줄을 내가 알았고

사람마다 먹고 마시는 것과 수고함으로 낙을 누리는 그것이

하나님의 선물인 줄도 또한 알았도다.

이 본문은 헛될 뿐인 세상에 절망하여 삶을 포기하는 것이 아니라 도리어 즐거운 마음으로 살면서 선을 행하는 것이 하나님의 선물이라고 말한다. 그리고 먹고 마시고 수고하는 권태스런 일상생활 속에서 심령으로 낙을 누리는 것이 하나님의 선물이라고 말한다. 낙관주의 내지는 낙천주의를 설교하고 있는 셈이다.

이것은 하나님을 경외하는 자가 낙천주의자여야 함을 의미한다. 낙천주의자는 어떠한 사람인가? 세상을 긍정적으로, 밝은 눈으로 보며, 세상을 즐거운 마음으로 사는 사람이다. 조엘 오스틴(Joel Osteen) 목사가 쓴 『긍정의 힘』(두란노)이라는 책이 그 점을 강조한다. 하나님의 지혜와 섭리와 은혜를 긍정하는 데 진정한 힘이 있다는 것이다. 전도서 3:11의 "때를 따라 아름답게 하셨다"는 것도 낙천적이고 긍정적인 삶의 자세가 어떠한지를 잘 보여 준다. 전도자는 지루한 반복과 권태스러운 삶을 아름다운 것이라고 말한다.

그리하여 전도자는 마침내 전도서 8:15에서 이렇게 말한다: "이에 내가 희락을 찬양하노니, 이는 사람이 먹고 마시고 즐거워하는 것보다 더 나은 것이 해 아래에는 없음이라." 희락은 갈라디아서(갈 5:22-23)에 나오는 성령의 아홉 가지 열매 중에서 두 번째에 해당하는 것이다(사랑, 희락, 화평…). 마음을 즐겁게 하면 엔도르핀이 생성되어 건강해지게 된다. 그러나 마음이 병들면 세상만사가 귀찮아진다. 반면에 마음에 하나님을 긍정하는 삶의 태도가 가득 차면 세상만사가 즐겁다. 무슨 일

을 해도 하나님의 계획표에 따라 산다고 생각한다. 아무리 어려운 상황에 처해 있어도 비관하지 않는다. 하나님의 정하신 때가 있다는 믿음이 있기 때문이다.

삶을 긍정하는 태도

예를 들어보자.

테레사 수녀가 미국을 방문한 적이 있다. 어떤 교회에서 간증하면서 말씀을 증거하였다. 예배 후 여자 성도 한 분이 상담을 요청하였다: "나는 지금 자살을 결심하고 있다. 도저히 세상 살아갈 힘이 없다." 그러자 테레사가 말했다: "자살하기 전에 내가 있는 인도의 캘커타에 와서 나와 함께 한 달만 일하고 난 후에 자살하세요." 그 여자 성도는 테레사의 제안을 수락하고서 인도의 캘커타로 갔다. 기아와 질병으로 죽어가는 사람들을 붙들고서 그들을 부지런히 간호하고 치료하였다. 그러다 보니 살고 싶은 의욕이 생겨났다: "나보다 더 고통스럽게 살아가는 사람들이 이렇게 많구나! 이들도 희망과 용기를 가지고 살아가는데 나는 부끄럽게도 자살하려고 하다니! 내게도 살 만한 보람이 있구나!" 그녀는 자살 유혹을 극복하고 복음을 위해 살아가는 사람이 되었다. 하나님의 사랑이 그 마음을 채우게 되니 생명이 충만해지게 되었고 자살 유혹이 완전히 사라진 것이다.

이 세상에서 성공한 것처럼 보이는 모든 것이 실상은 진정한 성공이나 행복이 아니다. 한참 언론매체와 인터넷 사이버 공간을 달구었던 학력 조작·위조 파문을 보라. 성공과 행복을 위해 자기 삶을 조작하였지만 지금 그들의 삶은 어떠한가? 세상적인 성공과 행복은 헛되고 헛될 뿐이다. 구름을 잡는 것처럼 헛될 뿐이다. 진정한 성공과 행복은 하나님의 시간에 맞추어 사는 삶, 하나님을 긍정하는 삶에서 발견된다. 하나님의 시간을 확신하고 긍정하는 사람은 먹고 마시고 즐거워하는 모든 것이 하나님께로부터 오는 것이요(전 2:24), "하나님께서 인간에게 주신 귀한 선물"이라고 본다(전 3:13; 5:20). 한마디로 그 모든 것이 "하나님의" 것이라는 얘기다.

바꾸어 말한다면 하나님 없이, 또는 하나님의 영광을 구하지 않고서 세상을 즐기는 것은 그것이 아무리 좋은 것이라고 할지라도 헛되고 헛될 뿐이라는 것이다. 인간의 삶은 향락 그 자체를 목적으로 삼고 있는 것이 아니기 때문이다. 우리는 전도자의 이러한 주장으로부터 다음과 같은 결론에 도달할 수 있을 것이다. 먹든지 마시든지 무엇을 하든지 (항상 즐거운 마음으로) 하나님의 영광을 위하여 하는 것(고전 10:31)은 참으로 즐길 만한 것이요, 또 사람이라면 누구나 그렇게 해야만 한다는 것이다. 여러분도 전도자의 가르침을 따라 영원을 사모하는 마음, 하나님을 경외하는 마음으로 세상을 살아가기 바란다. 하나님의 시간을 기다리며 즐거운 마음으로 심령에 낙을 누리며 살아가기 바란다. 그것이 하나님의 선물임을 확신하면서… 그리하면 참된 평안과 행복이 있을 것이다.

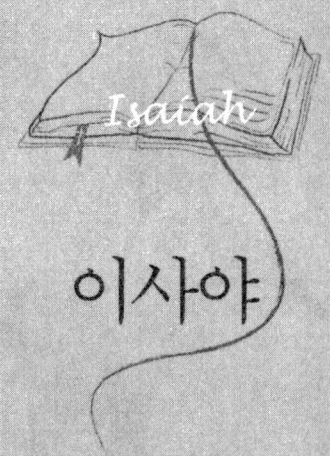

이사야

이사야를 부르신 하나님_사 6:1-8
앞서 행하시는 하나님_사 52:9-12
쉬지 말고 가라_사 62:6-9

이사야를 부르신 하나님
(사 6:1-8)

    구약성경은 크게 네 부분으로 나뉜다. 창세기에서 신명기까지의 율법서, 여호수아에서 에스더까지의 역사서, 그리고 욥기에서 아가서까지의 시가서, 마지막으로 이사야에서 말라기까지의 예언서 등이 그렇다. 이사야는 예언서의 첫 책이다. 사무엘 이후로 많은 예언자들이 활동을 했지만, 예언자 자신의 활동과 설교가 책으로 남겨지기 시작한 것은 주전 8세기 이후이다. 그런데 예언자들에게는 몇 가지 공통점들이 있다. 그중에 가장 대표적인 것은 그들이 대체적으로 사회가 어지럽고 혼란스러울 때 부름 받아 활동한다는 사실이다.

    하나님은 사회가 건강하고 평안할 때에는 예언자들을 부르시지 않는다. 왕을 비롯한 일반 백성들이 하나님 말씀을 따라 바르게 살고 있기 때문이다. 그러나 지배 계층이나 백성들이 하나님 아닌 다른 신들을 섬기면서 하나님을 거역하면 하나님께서 가만히 계시지 않는다. 반드시 예언자들을 불러 무엇이 어떻게 잘못되었는지를 책망하시고 벌을 내리겠다고 말씀하신다. 회개를 촉구하기도 하신다. 이사야에서 말라기까지 모든 예언자들은 그런 일을 위해 부름 받은 자들이다.

언제 예언자들을 부르시는가

우리가 함께 읽은 이사야 6장은 이사야가 하나님께 예언자로 부름 받은 이야기를 담고 있다. 그런데 흥미롭게도 1절은 이사야가 언제 예언자로 부름 받게 되었는지를 분명하게 밝히고 있다. "웃시야 왕이 죽던 해"라는 표현이 그 점을 잘 보여 준다. 이때는 대략 주전 740년경이다. 웃시야 왕은 16세에 왕위에 올라 52년을 다스린 사람이다. 역대하 26:4-5를 보면 그가 처음에 얼마나 나라를 잘 다스렸는지 금방 알 수 있다:

> 웃시야가 그의 아버지 아마샤의 모든 행위대로 여호와 보시기에 정직하게 행하며, 하나님의 묵시를 밝히 아는 스가랴가 사는 날에 하나님을 찾았고 그가 여호와를 찾을 동안에는 하나님이 형통하게 하셨더라.

웃시야가 하나님의 뜻을 따라 나라를 다스렸기 때문에 하나님은 그의 통치가 형통하게 해주셨다. 역대하 26:8에 의하면 그의 이름이 이집트 제국에까지 알려질 정도였다: "암몬 사람들이 웃시야에게 조공을 바치매 웃시야가 매우 강성하여 이름이 애굽 변방까지 퍼졌더라." 그러나 웃시야는 나라가 강성해지고 자기 이름이 널리 알려지자 점차 교만해지게 되었다. 역대하 26:16은 이렇게 말한다: "그가 강성하여지매 그의 마음이 교만하여 악을 행하여 그의 하나님 여호와께 범죄하되 곧 여호와의 성전에 들어가서 향단에 분향하려 한지라."

이 일로 인하여 웃시야는 이마에 나병이 들게 되었고, 부정한 사람이 되어 더 이상 나라를 다스릴 수 없게 되었다. 별궁에 갇힌 것이다.

웃시야의 아들 요담이 섭정을 하기는 했지만, 나라가 평안할 리가 없었다. 웃시야의 교만으로 인하여 하나님의 진노가 유다 나라에 임했기 때문이다. 웃시야의 죽음에 관해 말하는 이사야 6:1의 말씀은 그 점을 상징적으로 보여 준다. 나병으로 인한 웃시야의 죽음은 꼭 하나님의 진노의 결과인 것처럼 들린다(웃시야와 그의 시대를 향한).

이사야는 이처럼 어수선하고 어려운 시기에 예언자로 부름을 받았다. 하나님께서 이 시기에 이사야를 예언자로 부르셨다는 것은 무엇을 의미하는가? 그것은 곧 그 시대 사람들이 예언자의 책망을 듣지 않으면 안 될 정도로 부패하고 타락했다는 것을 의미한다. 이사야 1:2-6이 그 점을 잘 보여 준다:

> 하늘이여, 들으라!
> 땅이여, 귀를 기울이라!
> 여호와께서 말씀하시기를,
> "내가 자식을 양육하였거늘
> 그들이 나를 거역하였도다.
> 소는 그 임자를 알고
> 나귀는 그 주인의 구유를 알건마는
> 이스라엘은 알지 못하고
> 나의 백성은 깨닫지 못하는도다" 하셨도다.
> 슬프다! 범죄한 나라요 허물 진 백성이요
> 행악의 종자요 행위가 부패한 자식이로다.
> 그들이 여호와를 버리며
> 이스라엘의 거룩하신 이를 만홀히 여겨 멀리하고 물러갔도다.

너희가 어찌하여 매를 더 맞으려고 패역을 거듭하느냐?
온 머리는 병들었고 온 마음은 피곤하였으며,
발바닥에서 머리까지 성한 곳이 없이
상한 것과 터진 것과 새로 맞은 흔적뿐이거늘
그것을 짜며 싸매며 기름으로 부드럽게 함을 받지 못하였도다.

하나님은 왕이시다

그렇다면 이사야는 대체 어디에서 어떠한 방법으로 하나님의 종으로 부름 받게 된 것일까? 먼저 1절을 보도록 하자: "웃시야 왕이 죽던 해에 내가 본즉 주께서 높이 들린 보좌에 앉으셨는데 그의 옷자락은 성전에 가득하였고." 이 구절에 의하면, 이사야는 성전에 머물러 있다가 환상 중에 보좌에 앉아 계신 하나님의 모습을 보았다. 하나님께서 보좌에 앉아 계시다는 것은 무엇을 의미하는가? 왜 하나님은 보좌에 앉아 계신 자신의 모습을 이사야에게 보여 주셨을까? 그것은 당시 유다 나라 백성 모두가 하나님을 자기 나라의 왕으로, 역사의 주인으로 인정하지 않았기 때문이다. 하나님 대신 다른 신들을 섬겼고, 하나님의 뜻을 따라 사는 대신 자기 마음대로, 자기 뜻대로 세상을 살았던 것이다. 그래서 유다 백성에게 하나님이 왕이심을 분명하게 보여 줄 필요가 있었던 것이다.

비록 지상에 왕이 있다 할지라도 이스라엘의 진정한 왕은 하나님 한 분이시다. 이사야는 오직 하나님만이 유다 나라의 왕이심을 선포해야만 했다. 하나님은 우주와 역사의 주인이신 분이시기에 오직 그만을 전적으로 의지하고 신뢰할 것을 이사야와 그의 시대 사람들에게 요구하셨던 것이다. 사사 기드온은 하나님의 왕권을 인정하였기에 왕이 되어 달라는 백성들의 요구를 거절할 수 있었다:

> 그 때에 이스라엘 사람들이 기드온에게 이르되, "당신이 우리를 미디안의 손에서 구원하셨으니 당신과 당신의 아들과 당신의 손자가 우리를 다스리소서" 하는지라. 기드온이 그들에게 이르되, "내가 너희를 다스리지 아니하겠고 나의 아들도 너희를 다스리지 아니할 것이요, 여호와께서 너희를 다스리시리라" 하니라 (삿 8:22-23).

이스라엘 백성이 마지막 사사 사무엘에게 왕정을 요구하였을 때 하나님께서 사무엘에게 주신 말씀도 마찬가지이다: "여호와께서 사무엘에게 이르시되, '백성이 네게 한 말을 다 들으라. 이는 그들이 너를 버림이 아니요 나를 버려 자기들의 왕이 되지 못하게 함이니라'" (삼상 8:7).

여러분이나 내가 신앙생활을 똑바로 하고 있는지 그렇지 않은지를 판가름할 수 있는 가장 중요한 기준은 하나님을 내 삶의 주인으로, 왕으로 모시고 있는지 그렇지 않은지에 달려 있다. 하나님은 어떤 사람들에게 은혜와 복을 주시는가? 온전히 하나님께서 원하시는 삶을 사는 사람에게 하나님은 은혜와 복을 주신다. 하나님을 왕으로 모시고 사는 사람들에게 은혜와 사랑을 베풀어 주신다. 여러분도 기드온처럼 주님을 삶의 주인으로, 왕으로 모시고 사는 신실한 하나님의 자녀들이 되기를 바란다. 그리하여 왕이신 하나님의 은혜와 복을 풍성하게 받으시기 바란다.

찬송의 기적

다시 본문으로 돌아가 보자. 이사야는 성전에서 하나님의 모습을 눈으로 보았을 뿐만 아니라 천사들이 하나님의 거룩하심을 찬양하는 소리를 귀로 듣기까지 했다. 2-3절을 읽어보도록 하자: "스랍들이 모시고 섰는데 각기 여섯 날개가 있어 그 둘로는 자기의 얼굴을 가리었고 그 둘로는 자기의 발을 가리었고 그 둘로는 날며 서로 불러 이르되, '거룩하다! 거룩하다! 거룩하다! 만군의 여호와여, 그의 영광이 온 땅에 충만하도다' 하더라." 스랍들은 하나님을 섬기는 천사들을 일컫는다. 왕이신 하나님 곁에 선 천사들은 한결같은 목소리로 하나님의 거룩하심과 영광을 크게 찬송하였다. 4절에 의하면 그들의 찬송으로 인하여 문지방의 터가 요동하고 성전 안에 연기가 가득했다.

사도행전 16장에도 이와 비슷한 사건이 기록되어 있다. 감옥에 갇혀 있던 바울과 실라가 밤중에 기도하면서 하나님을 찬미했더니 홀연히 큰 지진이 나서 옥터가 움직이고 문이 다 열리며 모든 사람의 매인 것이 다 벗어진 것이다(26절). 얼마나 진지하고 열정적인 찬송이었으면 성전 문지방 터가 움직였겠는가! 얼마나 힘을 다해 찬송했으면, 옥터가 움직이고 또 문이 다 열리고 쇠사슬이 다 풀렸겠는가! 멀린 캐로더스(Merlin R. Carothers) 군목이 쓴 『찬송 생활의 권능』이나 『감옥 생활에서 찬송 생활로』라는 책은 찬송으로 인하여 생겨나는 하나님의 능력이 얼마나 위대한지를 사례를 통하여 설명하고 있다. 이런 찬송이 여러분의 삶 속에 넘치기 바란다. 찬양대가 찬양할 때마다 이런 기적이 일어나기를 바란다.

하나님의 거룩하심에 대한 반응

하나님은 왜 천사들에게 자신의 거룩함과 영광을 찬송하게 하시고 그것을 이사야에게 듣게 하셨을까? 이것 역시 당시 사람들이 하나님을 거룩하신 분으로, 영화로운 분으로 인정하지 않음을 지적하는 것이다. 이것은 결국 왕이신 하나님, 거룩하시고 영화로우신 하나님만이 위기에 처한 유다 나라를 어려운 상황으로부터 건져내실 것임을 뜻한다. 또는 유다 백성이 하나님을 왕으로 인정하고, 거룩하시고 영화로우신 분으로 인정할 때에만 국가적인 위기가 해결된다는 메시지가 그 안에 담겨 있다.

그렇다면 하나님께서 보여 주신 환상(눈과 귀)에 대하여 이사야는 어떠한 반응을 보였는가? 5절은 그것을 이렇게 설명한다:

> 그 때에 내가 말하되,
> "화로다, 나여! 망하게 되었도다.
> 나는 입술이 부정한 사람이요
> 나는 입술이 부정한 백성 중에 거주하면서
> 만군의 여호와이신 왕을 뵈었음이로다" 하였더라.

이사야는 거룩하신 주님을 보는 순간 자신의 부정함과 백성의 부정함을 고백하지 않을 수 없었다. 그런데 왜 하필이면 입술인가? 이사야는 왜 입술이 부정하다는 표현을 사용했을까? 입술은 언어생활을 의미한다. 입술에서 나오는 말은 그 사람의 삶과 인격을 그대로 반영하는 거울과도 같은 것이다.

한 번은 바리새인과 서기관들이 예수께 나아와 이렇게 제자들의 행동을 트집 잡은 적이 있다: "당신의 제자들이 어찌하여 장로들의 전통을 범하나이까? 떡 먹을 때에 손을 씻지 아니하나이다"(마 15:2). 이에 예수께서는 입으로 들어가는 것이 사람을 더럽히는 것이 아니라, 입에서 나오는 것이 사람을 더럽힌다고 말씀하셨다:

> 입에서 나오는 것들은 마음에서 나오나니, 이것이야말로 사람을 더럽게 하느니라. 마음에서 나오는 것은 악한 생각과 살인과 간음과 음란과 도둑질과 거짓 증언과 비방이니, 이런 것들이 사람을 더럽게 하는 것이요 씻지 않은 손으로 먹는 것은 사람을 더럽게 하지 못하느니라 (마 15:18-20).

삼사일언(三思一言)이라는 말이 있다. "세 번 생각하고 한 번 말하라!"는 뜻이다. 야고보서 3:6은 이렇게 말한다: "혀는 곧 불이요 불의의 세계라 혀는 우리 지체 중에서 온 몸을 더럽히고 삶의 수레바퀴를 불사르나니 그 사르는 것이 지옥 불에서 나느니라." 성도 여러분은 남을 비난하고 해롭게 하는 말을 삼가는 것이 좋다. 근거 없는 말, 확인되지 않은 말, 남에게 상처를 주고 교회에 덕이 되지 않는 말은 하지 않는 것이 좋다. 사실이고 확인된 말이라도 유익이 되지 않는 말은 삼가는 것이 좋다. 많이 생각하고 말은 아껴서 하는 여러분이 되시기 바란다. 칭찬하고 격려하고 생명을 살리는 말을 많이 하는 여러분이 되시기 바란다.

주님의 음성을 들으라

하나님께서는 이사야의 고백을 들으시고 그의 입술을 정하게 하셨다. 이사야는 "네 악이 제하여졌고 네 죄가 사하여졌느니라"는 천사의 말을 들었다. 이어서 이사야는 "내가 누구를 보내며 누가 우리를 위하여 갈꼬?"라는 목소리를 들었다. 그런데 의미심장하게도 8절은 "하나님이 이렇게 말씀하셨다"는 식으로 말하지 않고 "이사야가 이러저러한 주의 목소리를 들었다"는 식으로 말한다. 이사야가 들었다는 것은 그가 주님 음성에 매우 예민하게 반응했음을 의미한다. 주님 음성을 듣는 귀가 열려 있었다는 얘기다. 사무엘상 3장을 보면 어린 사무엘이 하나님께서 부르시는 음성을 들었지만 처음에는 엘리 제사장의 음성으로 오인하였다. 세 번이나 그랬다. 마지막에 엘리가 하나님 음성이니 엎드려 들으라고 충고했을 때에야 비로소 주님 음성을 알아들을 수 있었다.

신앙생활하면서 주님 음성을 듣는다는 것은 정말 큰 복이 아닐 수 없다. 아무나 주님의 음성을 듣는 것이 아니다. 언제 하나님의 목소리를 듣는가? 성경을 읽고 묵상하다가, 설교 말씀을 듣다가, 주의 종과 상담하다가, 기도하다가 불현듯이 주님 음성을 알아들을 때가 있다. 하나님께서 내게 무엇을 원하시는지를 알 때가 있는 것이다. 그럴 때에는 이사야처럼 "내가 여기 있나이다. 나를 보내소서!"라고 용감하게 응답할 수 있어야 한다. 여러분에게도 주님의 음성을 알아듣는 복이 있기를 바란다. 그리고 마음속에 들려오는 주님 음성에 이사야처럼 아멘으로 응답하는 여러분이 되시기 바란다.

앞서 행하시는 하나님
(사 52:9-12)

오늘날 미국과 유럽의 서양 선진국들은 모두 잘 사는 나라들이다. 한결같이 기독교 국가들이다. 복음을 통한 하나님의 복을 받아서 잘 살기도 하겠지만 생활 구석구석에 기독교 문화와 성경의 기본 정신이 스며들어 있기 때문에 잘 살기도 할 것이다. 정직, 근면, 검소, 사랑, 봉사 등등이 그렇다. 너무 오랫동안 기독교 국가여서 기독교 인구가 많이 줄기는 했지만 기독교 국가들이 잘 사는 것은 부정할 수가 없다.

기독교 국가들이 잘 사는 이유

그중에서도 가장 잘 사는 나라가 미국이다. 많은 도덕적인 문제점을 안고 있음에도 불구하고 미국은 세계의 정치와 경제를 주도하고 있다. 그에는 여러 가지 이유가 있을 것이다. 땅이 넓고 인구가 많다는 것도 그중에 속할 것이다. 그러나 무엇보다도 중요한 것은 미국이 기독교인들이 세운 국가라는 사실에 있다. 미국은 영국에 있던 청교도들이 신앙의 자유를 찾아 개척한 나라이다.

미국은 역사의 시작부터가 탈출과 모험, 개척 정신으로 가득 차 있다. 유럽에 있는 선진국들에도 이것이 있겠지만 미국만큼은 못할 것이다. 이것을 우리는 미국 정신 또는 미국의 꿈(American Dream)이라고 부른다. 『톰 소여의 모험』이나 『허클 베리핀의 모험』 등과 같은 작품에 그러한 정신이 잘 반영되어 있다. 유럽에 있는 선진국들에도 이것이 있겠지만 미국만큼은 못할 것이다. 그런데 이러한 미국 정신은 사실 성경에 뿌리를 둔 것이다.

탈출과 모험의 정신

그것을 뒷받침하는 성경의 자료들은 매우 많다. 그중에서도 가장 대표적인 것이 이스라엘 민족과 관련된 것이다. 이스라엘의 조상이 되었던 아브라함의 경우가 그 대표적인 경우이다. 아브라함은 본토 친척 아비 집을 떠나 하나님께서 지시하시는 땅을 향해 갔다. 갈대아 우르와 하란은 월신(月神, moon god)을 섬기던 우상 숭배의 땅이었다. 부모 형제도 우상을 숭배하면서 살았다(수 24:14-15). 그런데 하나님께서 아브라함을 부르시고 가나안으로 인도하여 이스라엘 민족의 조상으로 삼으셨다. 기존의 세계를 떠나 미지의 세계를 향해 떠난 것이다.

이스라엘 역사의 시작 내지는 이스라엘 민족의 출발점도 예외가 아니다. 주지하다시피 이스라엘 민족의 출발점은 출애굽 사건에 있고 출애굽 사건은 탈출과 모험 및 개척 정신의 모델이기 때문이다. 그뿐만 아니라 바벨론에서의 해방과 귀향도 똑같은 예에 해당한다. 바벨론 해방은 제2의 출애굽(second Exodus)이라 할 수 있다.

그런데 우리의 삶도 따지고 보면 크고 작은 탈출과 모험으로 가득 차 있다. 설날(구정)이나 추석과 같은 명절 때면 확인하는 것이지만, 도시 지역에 사는 사람들의 거의 대부분은 고향을 떠나온 사람들이다. 그뿐이 아니다. 우리는 나이를 먹어감에 따라 항상 새로운 세계를 향해 떠난다. 특히 주어진 현실에 안주하고 않고 벤처 정신을 가지고서 미래를 향해 새롭게 도전하는 사람들의 경우가 그렇다. 이것은 인생 자체가 탈출과 모험을 특징으로 가지고 있음을 뜻한다.

신앙생활의 출애굽

신앙생활도 예외일 수 없다. 예수를 믿고 사는 것은 옛사람과 옛 습관으로부터 벗어나 새사람, 새 습관을 향해 떠나는 것을 의미한다. 그것은 곧 죄와 사망의 굴레에서 벗어나 생명과 구원의 나라를 향해 나아가는 것을 가리킨다. 성경에 있는 많은 본문들이 이에 대해서 증거하지만, 오늘은 바벨론 포로로부터의 귀향을 다루는 이사야 52장 말씀을 통해서 은혜를 받고자 한다.

우리가 함께 읽은 본문은 신앙생활의 출애굽에 대하여 가장 잘 설명해 주는 말씀들 중의 하나이다. 이 본문은 앞서 말한 바와 같이 제2의 출애굽이라 할 수 있는 예루살렘 귀향에 관해 말씀하고 있다. 그 첫 마디인 9-10절은 다음과 같이 말한다:

> 너 예루살렘의 황폐한 곳들아,
> 기쁜 소리를 내어 함께 노래할지어다.
> 이는 여호와께서 그의 백성을 위로하셨고
> 예루살렘을 구속하셨음이라.
> 여호와께서 열방의 목전에서 그의 거룩한 팔을 나타내셨으므로
> 땅 끝까지도 모두 우리 하나님의 구원을 보았도다.

첫째로, 이 말씀이 무엇보다도 강조하는 것은 이스라엘의 두 번째 출애굽이 전적으로 하나님의 은혜로 된 것이라는 점이다. 하나님의 무조건적인 은총에 의한 것이라는 얘기다. "여호와께서 그 백성을 위로하셨고 예루살렘을 구속하셨음이라. 여호와께서… 그 거룩한 팔을 나타내셨으므로… 우리 하나님의 구원을 보았도다"는 말씀이 그 점을 잘 보여 준다. 두 구절의 주어가 여호와 하나님이라는 사실이 그렇다.

하나님의 구원에 대한 응답

하나님의 구원 은총에 대하여 이스라엘이 할 일(응답)에는 두 가지가 있다. 그 하나는 하나님의 구원을 기뻐하며 즐거워하며 하나님께 찬양하고 그의 은혜를 감사하는 일이다. 이 일은 결코 어려운 일이 아니다. 그러나 두 번째로 할 일은 쉬운 일이 아니다. 그것은 곧 하나님께서 약속하신 땅 가나안으로 돌아가는 일이다. 바벨론에서 가나안으로 간다는 것은 결코 쉬운 일이 아니다. 왜냐하면 이스라엘 사람들 중에는 바벨론에 포로로 잡혀와 살면서 바벨론의 문화와 종교에 적응한 사람들이 많았기 때문이다.

이것은 광야 유랑 시에 애굽으로 다시 돌아가게 해달라고 아우성치던 이스라엘 사람들의 모습이나 우리나라의 일제 36년 통치 이후의 상황과 비슷하다. 그 까닭에 하나님께서는 바벨론에서 포로 생활을 하는 자들에게 11절에 기록된 말씀을 주지 않으면 안 되었다:

> 너희는 떠날지어다, 떠날지어다.
> 거기서 나오고 부정한 것을 만지지 말지어다.

그 가운데에서 나올지어다.
여호와의 기구를 메는 자들이여,
스스로 정결하게 할지어다.

약속의 땅으로 되돌아가기 위해서는 자신을 점검하고 정결케 하는 일이 필요하다. 약속의 땅에서 살기에 합당한 삶의 모습을 회복해야 한다는 얘기다. 그리스도인들도 마찬가지이다. 예수 믿는 자들은 주님을 영접한 이후부터 약속의 땅을 향해 가는 자들이다. 따라서 옛 성품을 버려야 하고 옛사람을 버려야 한다. 하늘에 시민권을 가진 자로서 거룩하고 정결한 삶을 살아야 한다. 물론 그것은 하루아침에 이루어지는 일이 아니다. 죽을 때까지 꾸준히 계속해야 하는 일이다.

이것을 알고 있는 바울은 에베소서 4:22-24에서 다음과 같이 말한 바가 있다: "너희는 유혹의 욕심을 따라 썩어져 가는 구습을 따르는 옛 사람을 벗어 버리고, 오직 너희의 심령이 새롭게 되어, 하나님을 따라 의와 진리의 거룩함으로 지으심을 받은 새사람을 입으라." 예수 믿는 사람들은 말과 행동과 생각 일체가 새로워져야 한다. 아침에 일어날 때마다 그렇게 하기로 기도하고 작정해야 하며 밤에 잘 때마다 하루를 반성하면서 더 나은 내일을 기약할 수 있어야 한다. 그런가 하면 바울은 로마서 6:11-13에서 예수 믿고 사는 삶이 죄와 세상에 대해서 죽는 것이요 하나님과 예수께 대해서는 사는 것이라고 말한다. 갈라디아서 5:22 이하에서는 그리스도 예수의 사람들이 육체와 함께 그 정욕과 탐심을 십자가에 못 박았다고 가르치며, 로마서 12:1에서는 "너희 몸을 하나님이 기뻐하시는 거룩한 산 제물로 드리라"고 가르친다.

응답하는 삶의 어려움

그러나 이렇게 사는 것이 결코 쉬운 일은 아니다. 옛사람을 버리고 새사람이 되기로 결단하는 것도 쉬운 일이 아니지만, 새사람이 되기 위해서 계속 앞을 향해 나아가는 것도 쉬운 일이 아니다. 요즘에는 성형 의학이 발달해서 신체의 일부를 원하는 대로 고칠 수 있고, 영화 "바이센테니얼 맨"에서 보듯이 신체의 일부를 마음대로 교환할 수도 있게 되겠지만, 성격이나 삶의 방식을 계속해서 고치면서 살아간다는 것은 결코 쉬운 일이 아닌 것이다.

이스라엘의 경우를 보면 출애굽 도중에 계속 애굽에 미련을 가졌고 모세에게 불평했다. 나중에 불뱀에 물려 죽은 사람도 많았다. 마침내 출애굽 당시에 20세 이상의 사람들 중에 여호수아와 갈렙을 제외하고 모두 광야에서 죽어야만 했다. 바벨론 포로 귀향 때도 마찬가지였다. 소수만이 돌아왔다. 성전 건축도 지지부진했다. 학개와 스가랴의 권고로 겨우 완공했다. 그러나 초라한 성전을 보고서 우는 사람들이 많았다. 예루살렘 성벽 건축도 어렵사리 성취되었다.

롯의 아내는 어떠했는가? 하나님의 말씀대로 소돔과 고모라를 떠나기는 했지만, 결국에는 남겨두고 온 재물에 미련을 가진 나머지 뒤를 돌아봄으로써 소금 기둥이 되고 말았다. 하나님의 구원 은총에 응답하는 삶은 이처럼 어려운 것이다. 외견상 이전과 달라지는 것이 거의 없기 때문이다. 하나님의 은총에 감사하는 태도와 하나님과 함께 하는 삶을 사는 것에서 오는 심령의 평안함, 구원과 영생에 대한 확신 등이 근본적으로 다르긴 하지만 말이다.

하나님의 새로운 약속

둘째로, 하나님의 자녀로서 자신을 계속 지켜나가는 일이 이처럼 어려운 까닭에 하나님께서는 새로운 약속을 주신다. 하나님은 환경이나 분위기만 조성해놓고 나머지는 이스라엘 백성더러 알아서 하라고 그냥 내버려두시는 무책임한 분이 아니다. 12절이 이를 잘 보여 준다:

> 여호와께서 너희 앞에서 행하시며,
> 이스라엘의 하나님이 너희 뒤에서 호위하시리니,
> 너희가 황급히 나오지 아니하며
> 도망하듯 다니지 아니하리라.

하나님은 단순히 속박의 땅, 부정한 땅을 떠나라고만 하지 않으신다. 그에 더하여 약속의 땅에 도착할 때까지 그들의 앞에서 행하시며 뒤에서 그들을 호위하는 중에 그들을 보호하고 인도하겠다는 말씀을 주신다. 이스라엘이 처음 출애굽할 때도 그러했다. 하나님은 그들 앞서 행하셨으며 낮에는 구름 기둥으로 그들을 보호하셨고 밤에는 불 기둥으로 그들을 보호하셨다.

애굽 군대가 추격해올 때에도 홍해 바다에서 그들을 구원하셨고 만나와 메추라기로 그들을 먹이셨으며 반석에서 나는 물로 그들의 갈증을 해결해 주셨다. 아말렉의 공격을 받았을 때에도 그들을 구원해 주셨고, 그로 인하여 "여호와는 나의 깃발"(여호와 닛시)이라는 고백이 가능케 하셨다. 이스라엘 백성이 바벨론을 빠져 나와 가나안으로 갈 때에도 마찬가지이다. 하나님은 그들보다 앞장서서 그들을 인도하시며 그들의 뒤에서 그들을 지키시고 보호하실 것이다.

첫 출애굽 때 그들은 성급하게 나와야 했다. 유월절 양을 먹을 때 신발을 신고 허리에 띠를 띠고 지팡이를 잡고 급히 먹어야만 했다. 애굽 군대의 추격 때문이었다. 그러나 두 번째 출애굽 때에는 성급히 나오지 않아도 된다. 도망치듯 나오지 않아도 된다. 하나님께서 그들 앞에서 행하실 것이요 그들 뒤에서 그들을 지켜 주실 것이기 때문이다. 하나님께서 그들을 안전하게 가나안 땅으로 인도하실 것이기 때문이다. 임마누엘 하나님께서 그들과 계속해서 함께 하실 것이기 때문이다.

의인이면서 동시에 죄인

우리의 신앙생활은 죄악 된 세상을 벗어나 영원한 하나님 나라를 향해서 계속 가는 것이다. 우리가 세상에서 주님을 믿고 사는 한, 우리는 종교개혁자 마틴 루터(Martin Luther)가 말한 것처럼 "의인이면서 동시에 죄인이다"(라틴어로 simul justus et peccator). 따라서 우리는 늘 주님 앞에서 자신의 부족함과 무능함을 늘 고백하면서 철저하게 그를 의지하고 신뢰해야 한다.

우리 모두의 신앙적인 삶은 연약한 것이어서 늘 새로운 변화를 필요로 한다는 사실을 명심하고서 자신을 개혁하고 변화시키는 일에 최선을 다해야 할 것이다. 날마다 되살아나는 자신의 옛사람, 옛 성품으로부터 끊임없이 탈출하는 개혁의 삶을 살아야 한다. 아울러 날마다의 삶 속에서 하나님의 자녀로서 부끄러움이 없는 삶을 살 수 있어야 한다. 하나님의 전신갑주를 입고서 믿음의 선한 싸움을 싸워야 한다.

그러나 이 일은 결코 인간적인 노력만으로는 성공하지 못한다. 하나님의 도우심이 필요하다. 성령을 의지하지 않으면 안 된다. 하나님께서도 우리의 연약함을 아시고서 우리 모두에게 똑같은 약속을 주셨다. 그것은 곧 하나님께서 늘 우리보다 앞장서서 행하신다는 점이다. 그는 우리보다 더 멀리 앞을 보시며 우리보다 먼저 갈 길을 가신다. 하나님은 우리가 영광의 면류관을 얻게 될 때까지 끊임없이 우리를 지키시고 인도하신다. 여러분은 이 놀라운 사실을 늘 기억하면서 날마다 승리하는 삶을 누리시기 바란다.

쉬지 말고 가라
(사 62:6-9)

본문은 바벨론에 포로로 잡혀갔다가 다시 예루살렘으로 돌아와 살던 사람들에게 주는 말씀을 담고 있다. 전체적인 내용을 보면 예루살렘 성벽이 아직 재건되지 않은 채로 있음을 알 수 있다. 이스라엘 역사에 의하면, 남왕국 유다 백성은 주전 587년에 바벨론에 포로로 잡혀갔고 주전 538년경에 페르시아의 고레스에 의해 고국으로 돌아올 수 있었다.

고국으로 돌아온 유다 백성은 곧바로 성전 건축을 시작하였고, 방해 세력에 의해 성전 건축이 중단되었다가 학개와 스가랴의 노력에 힘입어 주전 520년에 성전 건축을 계속했으며, 마침내 주전 515년에 성전을 완공하여 봉헌했다. 그리고 예루살렘 성벽의 재건은 주전 445년에 귀국한 느헤미야에 의해 이루어졌다. 따라서 본문의 말씀은 445년 이전의 어지러운 상황을 전제하고 있음이 분명해진다.

파수꾼의 역할

6절 말씀에 의하면, 하나님은 예루살렘 성벽 위에 파수꾼들을 세우시고 그들로 잠잠치 않게 하시겠다고 말씀하신다. 파수꾼을 세우시는 이유는 성벽 재건을 방해하는 세력이 있기 때문이다. 하나님께서 세우신 파수꾼들이 쉬지 않고 자신의 임무에 충실하면 마침내 하나님께서는 8-9절에 약속하신 복을 주실 것이다. 이 두 구절에 의하면 이스라엘은 하나님의 구원에 힘입어 다시는 원수들과 이방인들에게 곡식과 포도주를 빼앗기지 않을 것이다. 또한 이스라엘은 자신이 추수한 것을 먹고 마시면서 여호와를 찬송할 것이다. 참된 기쁨과 평화를 누릴 수 있을 것이다.

오늘 하나님 앞에서 우리 모두는 본문에 나오는 파수꾼들과도 같다. 파수꾼은 성을 지키는 자이다. 하루 종일 성을 파수해야 하며 수시로 상황을 보고해야 한다. 쉴 틈이 없다. 잠시도 쉬어서는 안 되고 잡담해서도 안 되고 한 눈 팔아서도 안 된다. 만일에 파수꾼이 만날 잠만 자거나 술판, 도박판을 벌이고 있다면 그가 지키는 성은 금방 무너질 것이다.

6절 중간에 하나님이 파수꾼을 "주야로 계속 잠잠하지 않게 하셨다"는 말씀은 파수꾼의 역할이 얼마나 중요한가를 잘 보여 준다. 여러분이 가는 길도 마찬가지이다. 그 길은 결코 쉬운 길이 아니다. 그것은 마치 파수꾼이 성을 지키는 것과도 같이 힘들고 어렵다. 여러분의 부모 형제들이나 신앙의 선배들은 이제껏 그 길을 걸어왔다.

여러분이 가는 길도 그와 똑같다. 그 길에서는 결코 쉼이 있을 수 없다. 계속해서 전진해야만 한다. 그렇지 않으면 뒷걸음질 치게 될 것이다. 성공할 수도 없고 주님께 영광 돌리는 사람이 될 수도 없다. 뒤로 물러서는 삶을 살지 않으려면 어떻게 해야 하는가? 파수꾼과 같이 자기 삶을 지켜야 하며 자기와의 싸움에 이겨야 한다. 겟세마네 동산에서의 베드로와 야고보와 요한처럼 해서는 안 된다. 땀이 땅에 떨어지는 핏방울 같이 되도록 기도하시던 예수님을 본받아야 한다.

하나님이 기억하시는 파수꾼

　파수꾼은 또한 쉬지 않고 늘 깨어 있기 때문에 하나님으로 하여금 기억하게 하는 자들이다. 6절 하반절의 "너희 여호와로 기억하시게 하는 자들아, 너희는 쉬지 말며"라는 표현이 그 점을 잘 보여 준다. 부지런한 파수꾼은 하나님으로 하여금 자신을 기억하게 한다. 거꾸로 얘기하면 하나님은 부지런한 파수꾼을 기억하신다는 얘기다. 부지런한 파수꾼은 어떤 사람인가? 하나님이 계속해서 자신을 기억하시도록 열심히 기도하고 말씀 묵상하며 사랑을 실천하는 사람이다. 하나님은 그런 사람을 주목하시며 그의 이름을 기억하시며 그의 삶을 천국 일지에 기록하신다.

　"만일에 우리가 하나님을 기억하는 것만큼만 하나님이 우리를 기억한다면 우리의 삶은 어떻게 되겠는가?"라는 말이 있다. 하나님은 우리가 하나님을 기억하는 것보다 훨씬 더 많이 우리를 기억하시며, 우리가 하나님을 잊고 있을 때조차 우리를 끊임없이 주목하고 계신다. 그러나 우리가 하나님께 전혀 관심이 없고 하나님을 기억조차 하지 않고 있다면 하나님이 계속해서 우리에게 한없이 은총을 베푸시고 사랑하시겠는가?

　오늘 주님 앞에 나와 예배드리는 여러분은 늘 하나님을 기억하며 하나님의 기억하심을 입기 위해 최선을 다하기 바란다. 모든 것을 하나님의 영광을 위해서 하며, 무슨 일을 하더라도 예수님의 이름으로 하기 바란다. 모든 일에 부지런하고 지혜로우며 성실한 하나님의 자녀들이 되기를 바란다. 그렇게 되면 하나님은 평생토록 여러분을 기억하실 것이고, 그 결과 여러분은 하나님 나라의 훌륭한 일꾼들이 될 수 있을 것이다.

하나님을 쉬지 못하시게 하라

파수꾼은 또 어떤 사람인가? 7절에 보면 "또 여호와께서 예루살렘을 세워 세상에서 찬송을 받게 하시기까지 그로 쉬지 못하시게 하라"는 말씀이 있다. 파수꾼은 하나님을 쉬지 못하게 하는 자이다. 시편 121:3-4에 보면 우리가 잘 아는 말씀이 있다:

> 여호와께서 너를 실족하지 아니하게 하시며
> 너를 지키시는 이가 졸지 아니하시리로다.
> 이스라엘을 지키시는 이는 졸지도 아니하시고
> 주무시지도 아니하시리로다.

이 말씀에 의하면 하나님은 졸지도 않고 주무시지도 않는 분이다. 그러나 하나님이 모든 자에게 그런 것은 아니다. 시편 121:3-4는 하나님이 이스라엘을 지키실 때 졸지도 않고 주무시지도 않는다고 말한다. 비유적인 표현이긴 하지만, 그만큼 하나님이 부지런하게 잠시도 쉬지 않으시고 자기 백성을 지키신다는 얘기다.

시편 44:22-24에도 이와 비슷한 말씀이 있다:

> 우리가 종일 주를 위하여 죽임을 당하게 되며
> 도살할 양 같이 여김을 받았나이다.
> 주여, 깨소서! 어찌하여 주무시나이까?

일어나시고 우리를 영원히 버리지 마소서.
어찌하여 주의 얼굴을 가리시고
우리의 고난과 압제를 잊으시나이까?

이 말씀은 하나님이 실제로 주무신다는 뜻을 가지고 있지 않다. 도리어 고통당하는 현실을 하나님이 주무신다는 비유적인 표현으로 나타난 것일 뿐이다. 하나님은 어떠한 사람들에게 마치 주무시는 것처럼 보이는가? 하나님께 무관심하거나 하나님을 기억하지 않거나 신앙생활에 열기가 없는 사람들에게 그렇다. 하나님의 자녀로서, 천국 시민으로서 자신의 본문에 충실하지 않고 엉뚱한 데 한 눈 파는 사람에게는 하나님이 마치 주무시는 것처럼 보인다. 하나님은 어떤 사람을 위해서는 눈코 뜰 새 없이 바쁘게 일하시지만, 또 어떤 사람에게는 마치 주무시는 것처럼 아무 일도 안 하실 수도 있는 것이다. 이사야 62:7의 "그로 쉬지 못하시게 하라!'는 말씀은 오늘 여러분에게나 우리 모두에게 참으로 귀한 말씀이다.

여러분이나 저는 하나님을 쉬지 못하도록 부지런하게 사는 사람, 하나님이 귀찮아하실 정도로 열심히 신앙생활 하는 사람이 되어야 할 것이다. 마침내 하나님의 기억하심을 입으며, 하나님의 풍성한 은혜와 사랑을 받게 될 것이다.

Jeremiah

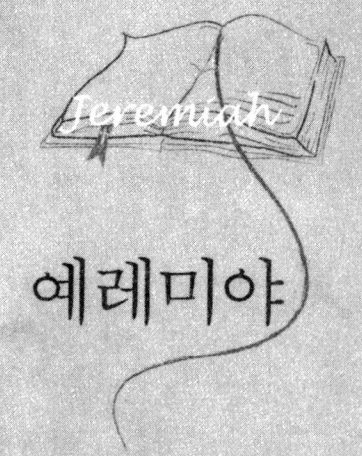

예레미야

삶이 그대를 힘들게 하거든_렘 20:14-18
우리를 향한 하나님의 생각_렘 29:10-14

삶이 그대를 힘들게 하거든
(렘 20:14-18)

　신학교 다니던 시절에 방광암 판정을 받은 후배 목사가 한 명 있었다. 시한부 인생이나 다름이 없었다. 그러나 믿음으로 이겨내고자 했다. 신학교 졸업 후 선교의 비전을 가지고 있던 한 자매와 결혼하였다. 결혼한 지 얼마 되지 않아 아시아권의 한 나라로 선교사 파송을 받았다. 그곳에서 열심히 복음 사역을 힘쓰다가 출산을 했는데, 7개월 만에 쌍둥이를 낳았다. 각각 1kg, 0.8kg 몸무게의 쌍둥이였다. 한 명은 죽고 다른 한 명은 완전 미숙아여서 신체 기능이 모두 비정상이었다. 이때 그의 심정은 어떠했을까? "하나님 어떻게 이러실 수 있습니까? 주의 종이 되고서 아시아권 선교를 위해 결혼 직후 이곳을 찾아왔는데, 이토록 감당키 어려운 시련을 주시다니…"

　상황이 좀 다르지만 창세기 37-50장에 나오는 요셉도 비슷한 경험을 한다. 17세 때에 형들의 시기심으로 인하여 애굽에 종으로 팔린다. 보디발의 집에 넘겨진다. 이때 요셉의 심정은 어떠했을까? 성경에는 별다른 언급이 없지만, 아마 어린 요셉으로서는 상당한 충격을 받았을 것이다. 원망과 불평이 절로 나왔을 것이다. 그럼에도 그는 믿음으로 시련을 이겨내고 하나님의 은혜로 형통함을 입는다. 그러던 어느 날 보디발의 아내의 유혹을 받고서는 강하게 거절한다. 며칠 동안 유혹이 계속되지만 모두 거절한다. 하나님 앞에서 악을 행할 수 없다는 이유 때문이다. 이로 인하여 감옥에 갇히는 억울한 일을 당한다. 이때에도 그의 마음은 큰 고통과 괴로움에 시달렸을 것이다.

예레미야가 당한 고통

본문의 예레미야를 보도록 하자. 예레미야는 남왕국 유다 멸망 직전에 예언자로 부름 받았다. 20살 정도 되던 때였다. 40년 동안 활동하였다. 본래 그는 겁이 많고 조용한 성품의 사람이었다. 하나님의 말씀에 대한 그의 답변이 이 점을 분명하게 보여 준다:

"내가 너를 복중에 짓기 전에 너를 알았고
네가 태에서 나오기 전에 너를 구별하였고
너를 열방의 선지자로 세웠노라" 하시기로,
내가 가로되, "슬프도소이다, 주 여호와여!
보소서, 나는 아이라. 말할 줄을 알지 못하나이다 (렘 1:5-6).

그는 결혼도 금지당한 채로 자기 나라(남왕국 유다)가 멸망할 것이라는 충격적인 사실을 전해야만 했다. 그는 또한 바벨론에 항복해야 산다는 예언을 해야만 했다.

예레미야가 이처럼 민족의 파멸을 예언했기 때문에 당시 사람들은 여러 가지 방법으로 그를 핍박했다. 고향 아나돗 사람들이 그를 죽이려고 했으며(렘 11:21), 여호야김 왕 때에는 성전 뜰에서 하나님의 심판을 설교했다가 생명의 위협을 당한 적이 있었다(렘 26:1-9). 바룩을 시켜 기록한 하나님의 말씀을 왕 앞에서 읽었다가 동일한 위험에 빠진 일도 있었다(렘 36:1-26).

시드기야 왕 때에는 왕의 신하들이 그를 감옥에(렘 37:14-15), 시위대 뜰에 있는 구덩이에(렘 38:5-6), 혹은 시위대 뜰에(렘 32:2; 33:1; 37:21; 38:28) 계속 가두어 둔 적도 있었다. 그를 조롱하고 비난하고 욕하는 사람도 아주 많았다:

> 나는 무리의 비방과 사방이 두려워함을 들었나이다.
> 그들이 이르기를, "고소하라! 우리도 고소하리라!" 하오며,
> 내 친한 벗도 다 내가 실족하기를 기다리며,
> "그가 혹시 유혹을 받게 되면
> 우리가 그를 이기어 우리 원수를 갚자!" 하나이다 (렘 20:10).

자신의 삶에 대한 저주

이를 견디지 못한 예레미야는 하나님 앞에 자신의 억울함을 호소하지 않을 수 없었다. 오늘의 본문이 그렇다. 그는 자기 삶 전체를 저주한다:

> 내 생일이 저주를 받았더면,
> 나의 어머니가 나를 낳던 날이 복이 없었더면,
> 나의 아버지에게 소식을 전하여 이르기를,
> "당신이 득남하였다" 하여 아버지를 즐겁게 하던 자가 저주를 받았더면.
> 그 사람은 여호와께서 무너뜨리시고 후회하지 아니하신 성읍 같이 되

었더면,

그가 아침에는 부르짖는 소리,

낮에는 떠드는 소리를 듣게 하였더면 좋을 뻔하였나니,

이는 그가 나를 태에서 죽이지 아니하셨으며,

나의 어머니를 내 무덤이 되지 않게 하셨으며,

그의 배가 부른 채로 항상 있지 않게 하신 까닭이로다.

어찌하여 내가 태에서 나와서 고생과 슬픔을 보며,

나의 날을 부끄러움으로 보내는고 (렘 20:14-18).

우리는 흔히 불평과 원망이 불신앙에서 비롯된다고 말한다. 어떠한 어려움을 당한다고 해도 불평과 원망에 사로잡혀서는 안 된다고 말한다. 오히려 범사에 감사해야 한다고 말한다. 항상 기뻐해야 한다고 말한다. 하나님의 뜻은 항상 선한 것이므로 하나님을 찬미해야 한다고 말한다. 과연 그럴까? 앞서 언급한 후배 목사의 경우와 같은 고통스러운 상황에서 곧바로 감사와 기쁨의 찬양이 나올 수 있을까? 홍수 후의 산사태로 인하여 순식간에 가족이 몰살당하고 혼자 남은 신자에게 감사와 기쁨의 찬양을 요구할 수 있을까? 여러분 같으면 어떤가? 그러한 극한의 고통 속에서 과연 "이런 고통을 주시니 하나님, 감사합니다! 하나님을 찬미합니다!"라고 노래할 수 있을까?

예레미야의 경우를 보도록 하자. 하나님의 일을 했는데도 안팎으로 비난과 조롱과 살해 위협에 시달리자 그는 견딜 수 없는 고통에 사로잡힌다. 솔직하게 말하자면 예레미야의 고백은 하나님을 향한 불평과 원망에 해당하는 것이다. 너무도 힘들고 괴로워서 눈물을 흘리면서 탄식하는 것이다. 왜 자기를 세상에 태어나게 하시고 치욕 속에서 고통

과 슬픔의 나날을 보내게 하시느냐고 하나님께 따지는 것이다. 이와 비슷한 상황은 욥기 3장에서도 발견된다:

> 그 후에 욥이 입을 열어 자기의 생일을 저주하니라…
> 내가 난 날이 멸망하였더라면,
> 사내 아이를 배었다 하던 그 밤도 그러하였더라면…
> 어찌하여 내가 태에서 죽어 나오지 아니하였던가?
> 어찌하여 내 어머니가 해산할 때에 내가 숨지지 아니하였던가? (1, 3, 11절)

신앙인의 불평과 원망

예레미야나 욥과 같은 극한 상황에 처하게 되면 처음부터 곧바로 감사와 찬양이 나오는 것은 아니다. 그것은 어떠한 인간이든 마찬가지이다. 예수님도 겟세마네 동산에서 비슷한 경험을 한 적이 있다:

> 이에 말씀하시되, "내 마음이 매우 고민하여 죽게 되었으니, 너희는 여기 머물러 나와 함께 깨어 있으라" 하시고, 조금 나아가사 얼굴을 땅에 대시고 엎드려 기도하여 이르시되, "내 아버지여 만일 할 만하시거든 이 잔을 내게서 지나가게 하옵소서. 그러나 나의 원대로 마시옵고 아버지의 원대로 하옵소서" 하시고 (마 26:38-39).

38절과 39절은 당시 예수님의 심정을 압축하여 표현한다. 히브리서 기자는 당시 상황을 이렇게 설명한다: "그는 육체에 계실 때에 자기를 죽음에서 능히 구원하실 이에게 심한 통곡과 눈물로 간구와 소원을 올렸고, 그의 경건하심으로 말미암아 들으심을 얻었느니라"(히 5:7). 심한 통곡과 눈물은 무엇을 뜻하겠는가? 하나님께서 어떻게 그러실 수 있느냐는 것이다. 이를 단적으로 입증하는 것이 십자가 위에서 마지막으로 울부짖던 모습이다: "엘리 엘리 라마 사박다니!"(마 27:46). 고통과 절망에 사로잡힌 자의 절규가 아닐 수 없다.

우리도 마찬가지이다. 살아가는 게 너무 힘들고 어려우면 탄식과 눈물이 절로 나온다. 그것이 때로는 예레미야나 욥과 같은 반응으로 나타날 수도 있다. 통곡과 울부짖음으로 나타날 수도 있다. 불평과 원망이라고 해도 틀리지 않을 것이다. 그러나 우리는 그것을 결코 불신앙에서 비롯된 것이라고 말하지 않는다. 하나님을 너무도 잘 믿기에, 하나님과의 관계가 너무도 친밀하기에 그렇게 하소연할 수도 있는 것이다. 우리의 부모와 같은 분이기에 눈물로, 통곡으로, 울부짖음으로 고통스러운 마음을 하나님 앞에 털어놓을 수 있는 것이다. 그것은 불평일 수도 있고, 원망일 수도 있다.

상처의 치유

여러분 모두 크건 작건 이와 비슷한 경험을 한 적이 있을 것이다. 감당키 어려운 고통을 당할 때 무턱대고 처음부터 억지로 감사와 기쁨의 태도를 보이기는 어려운 법이다. 우리는 연약한 피조물이기 때문이다. 하나님께서 창조하신 우리의 감정은 그렇게 쉽게 처음부터 찬미와 감사의 태도를 드러내지 못한다. 시간이 지나고 상처가 아물어지면 모를까, 견디기 어려운 재앙이 임했는데도 처음부터 "주여, 감사합니다!"

라고 말하기는 어려운 것이다. 성경의 가르침을 종합해 보면, 하나님은 이처럼 연약한 우리의 모습을 용납하신다. 하나님은 은혜로우시고 자비로우시고 노하기를 더디하시고 사랑과 긍휼에 풍성하신 분이기 때문이다.

실제로 하나님은 예레미야와 욥의 불평과 원망을 그대로 받아주신다. 욥은 친구들과의 논쟁 속에서 차분하게 자신을 바라보는 시간을 갖게 되고, 마침내 하나님의 답변을 듣고서 감사와 찬미의 태도를 보인다. 욥기의 실제 상황은 재앙 → 생일 저주 → 친구들과의 논쟁 → 하나님의 답변 → 감사와 찬미 등으로 이어졌을 것이다. 따라서 1-2장은 결론적인 서론인 셈이다:

> 내가 모태에서 알몸으로 나왔사온즉
> 또한 알몸이 그리로 돌아가올지라.
> 주신 이도 여호와시요 거두신 이도 여호와시오니,
> 여호와의 이름이 찬송을 받으실지니이다…
> 우리가 하나님께 복을 받았은즉 화도 받지 아니하겠느냐?
>
> (욥 1:21, 2:10)

예레미야는 어떠한가? 처음에는 힘들어 못 견뎌하지만, 나중에는 욥처럼 하나님의 계획과 섭리를 믿음으로 받아들이게 된다. 시간이 지나면서 마음의 상처가 치유되고 하나님의 뜻에 대한 강한 확신을 갖기에 이른다:

> 내가 다시는 여호와를 선포하지 아니하며

그의 이름으로 말하지 아니하리라 하면
나의 마음이 불붙는 것 같아서 골수에 사무치니
답답하여 견딜 수 없나이다…
그러하오나 여호와는 두려운 용사 같으시며
나와 함께 하시므로 나를 박해하는 자들이 넘어지고
이기지 못할 것이오며
그들은 지혜롭게 행하지 못하므로 큰 치욕을 당하오리니
그 치욕은 길이 잊지 못할 것이니이다 (렘 20:9, 11).

목회상담의 기본 원칙은 상담을 원하는 자, 상처 입은 자의 억울한 마음, 한 맺힌 마음을 그대로 받아들이는 데 있다. 마음에 맺힌 말들을 남김없이 토해내도록 유도해야 한다. 그렇게 함으로써 정신적인 긴장이 풀리고 영적인 스트레스가 해소된다. 상처가 서서히 아물게 되는 것이다. 마음속에 있는 상처를 스스로 드러내게 함으로써 역설적으로 상처가 치유되게 하는 것이다. 상처가 치유되면 감사와 찬양이 절로 나오게 된다. 이상적인 상담자는 잘 듣는 자이다. 무턱대고 불평, 원망하지 말고 감사, 찬미하라고 하지 않는다. 그것은 인간의 연약함을 잘 모르고서 하는 행동이다. 하나님은 욥과 예레미야의 생일 저주를 허용하신다. "엘리 엘리 라마 사박다니"의 외침을 용납하신다.

여러분도 견디기 어려운 시험과 환란을 만날 때가 있을 것이다. 그 때 여러분은 처음부터 억지로 감사, 찬양을 만들어내려고 애쓸 필요는 없다. 가장 이상적인 신앙은 처음부터 그렇게 하는 것이지만, 그것이 도리어 몸과 마음에 독이 될 수도 있다. 마음속에 있는 상처를 있는 그대로 하나님께 토해내는 것이 오히려 정신 건강에 좋다. 영적인 건강에도 좋다. 그것은 하나님을 믿고 신뢰하기 때문에 하는 행동이다. 하나님과 늘 친밀한 관계를 맺고 살기 때문에 하나님께 눈물로 하소연하는 것이다. 비밀이 있을 수가 없다.

불신앙에서 비롯된 불평과 원망

그러나 여기서 한 가지 경계해야 할 것이 있다. 그것은 불신앙에서 비롯된 불평과 원망이다. 하나님을 너무도 잘 알고 잘 믿고 있기에 힘든 상황을 가지고서 하나님께 하소연하는 것은 용납되지만, 하나님을 못 믿겠다고 하여 함부로 불평하고 원망하는 태도는 경계해야 한다. 40년 광야 생활 중의 이스라엘이 그러했다:

> 그들 중에 섞여 사는 다른 인종들이 탐욕을 품으매, 이스라엘 자손도 다시 울며 이르되, "누가 우리에게 고기를 주어 먹게 하랴? 우리가 애굽에 있을 때에는 값없이 생선과 오이와 참외와 부추와 파와 마늘들을 먹은 것이 생각나거늘, 이제는 우리의 기력이 다하여 이 만나 외에는 보이는 것이 아무 것도 없도다" 하니 (민 11:4-6).

가나안 정탐꾼 10명의 부정적인 보고에 보인 태도 역시 마찬가지이다:

> 그와 함께 올라갔던 사람들은 이르되, "우리는 능히 올라가서 그 백성을 치지 못하리라. 그들은 우리보다 강하니라" 하고, 이스라엘 자손 앞에서 그 정탐한 땅을 악평하여 이르되, "우리가 두루 다니며 정

탐한 땅은 그 거주민을 삼키는 땅이요, 거기서 본 모든 백성은 신장이 장대한 자들이며, 거기서 네피림 후손인 아낙 자손의 거인들을 보았나니, 우리는 스스로 보기에도 메뚜기 같으니, 그들이 보기에도 그와 같았을 것이니라"(민 13:31-33).

이스라엘의 불평은 한마디로 말해서 출애굽 자체가 잘못 되었다는 것이다. 하나님이 괜한 일을 하셨다는 것이다. 쓸데없는 일을 하셨다는 것이다. 하나님은 믿을 수 없는 분이라는 것이다. 그의 약속은 믿을 수가 없다는 것이다. 하나님을 섬기고 사느니 차라리 애굽에서 종노릇하면서 애굽의 신들을 섬기는 것이 더 낫겠다는 것이다. 이런 식의 불평, 원망, 하소연은 정말 피해야 한다. 그것은 하나님을 떠나게 하는 것이요, 하나님을 거역하게 하는 것이요, 사탄의 꼬임에 빠지는 것이다.

여러분은 힘들고 어려울 때마다 하나님을 찾으시기 바란다. 그 앞에서 마음을 열어 놓고 마음껏 울고 탄식하기 바란다. 겟세마네 동산에서 통곡하며 기도하던 예수님의 모습을 마음속에 그리시기 바란다. 자기 생일을 저주했던 예레미야와 욥의 심정으로 하나님을 찾으시기 바란다. 하나님과 늘 친밀한 관계를 맺으시고, 고통과 절망이 찾아올 때마다, 환란과 시련에 부딪힐 때마다, 부모에게 또는 친한 친구에게 비밀을 털어놓듯이 하나님을 찾으시기 바란다. 틀림없이 하나님께서 여러분의 고통과 신음소리를 들으실 것이다. 긍휼히 여기시는 하나님의 특별한 은혜를 맛보게 될 것이다(눅 7:11-15; 18:1-8). 그리하여 마침내는 여러분의 탄식과 신음소리, 하소연과 항변이 기쁨과 감사의 찬양으로 바뀌는 놀라운 기적이 여러분에게 일어날 줄로 믿는다.

우리를 향한 하나님의 생각
(렘 29:10-14)

예레미야는 "눈물의 예언자"(the weeping prophet)라는 별명을 가지고 있다. 호세아를 "사랑의 예언자"로, 그리고 아모스를 "정의의 예언자"로 칭하는 것처럼 말이다. 왜 예레미야를 눈물의 예언자라 칭하는가? 이에는 두 가지 이유가 있다. 첫째로 그는 남왕국 유다의 멸망을 설교한 것으로 인해 모진 고통을 당했다. 바벨론에 항복하는 자만 살아남을 수 있다고 설교했고, 이로 인하여 매국노 내지는 민족 반역자로 찍혀 생명의 위협을 받은 적이 한두 번이 아니었다. 하나님의 말씀을 그대로 전한 것뿐이었는데, 너무 억울하게 감옥 생활을 했고, 핍박과 박해를 받은 것이다. 그래서 그는 하나님께 여러 차례 눈물로 호소했다.

예레미야의 눈물과 고통

20장에 보면 그의 이러한 고통이 얼마나 심각했는지를 금방 알 수 있다:

> 내가 말할 때마다 외치며
> 파멸과 멸망을 선포하므로
> 여호와의 말씀으로 말미암아

내가 종일토록 치욕과 모욕 거리가 됨이니이다.
내가 다시는 여호와를 선포하지 아니하며
그의 이름으로 말하지 아니하리라 하면
나의 마음이 불붙는 것 같아서 골수에 사무치니
답답하여 견딜 수 없나이다 (8-9절).

14-18절에서는 자신의 생일을 저주하는 그의 모습을 볼 수 있다. 특히 14-15절이 그러한 그의 모습을 가장 잘 그리고 있다:

내 생일이 저주를 받았더면,
나의 어머니가 나를 낳던 날이 복이 없었더면,
나의 아버지에게 소식을 전하여 이르기를,
"당신이 득남하였다" 하여 아버지를 즐겁게 하던 자가 저주를 받았더면.

예레미야를 "눈물의 예언자"로 칭하는 두 번째 이유는 그가 동족의 멸망을 선포한 것으로 인하여 마음 아파했다는 데 있다. 그는 자신의 동족이 저지른 모든 죄악을 그들을 대표하여 고백하고 회개하기도 했다:

주께서 유다를 온전히 버리시나이까?
주의 심령이 시온을 싫어하시나이까?
어찌하여 우리를 치시고 치료하지 아니하시나이까?
우리가 평강을 바라도 좋은 것이 없고

치료 받기를 기다리나 두려움만 보나이다 (렘 14:19-20).

예레미야가 아무리 눈물로 호소해도 하나님께서 정하신 심판이 취소될 수는 없었다. 마침내 남왕국은 587년에 바벨론 제국에 망했고, 많은 사람들이 바벨론 군대에 죽임 당했으며, 포로로 잡혀간 사람도 적지 않았다. 그러자 유다 백성은 이스라엘 역사가 이제 끝장났다고 생각했다. 자기들에게는 더 이상 소망이 없다고 생각했다. 하나님이 자기 백성을 버리시고 포기했다고 생각했다. 이제 이스라엘 민족은 역사의 무대에서 완전히 사라지게 되었다고 생각했다. 하나님과의 관계도 완전히 끝났다고 생각했다.

심판이 아니라 평안과 희망

그러나 그것이 아니었다. 하나님은 심판을 통하여 이스라엘을 없애려고 하신 것이 아니었다. 바벨론에 망함으로써 이스라엘을 끝장내려고 하신 것이 아니었다. 이스라엘을 역사의 무대에서 완전히 추방하려고 하신 것도 아니었다. 하나님의 계획은 자기 백성을 완전히 파멸에 빠뜨리는 데 있지 않았다. 하나님의 심판은 어디까지나 징계를 통하여 회개·반성하게 하고 그럼으로써 그들을 새롭게 만들기 위한 목적을 가지고 있었다. 오늘의 본문이 그 점을 잘 보여 준다. 특히 11절이 그렇다: "여호와의 말씀이니라. 너희를 향한 나의 생각을 내가 아나니 평안이요 재앙이 아니니라. 너희에게 미래와 희망을 주는 것이니라."

하나님은 이스라엘 사람들의 잘못된 생각을 교정하시고자 했다. 그리하여 10-14절의 말씀을 주셨다. 그중에서도 대표적인 말씀인 11절은 이스라엘을 향한 하나님의 생각이 재앙이나 심판이 아니라 평안과 소망임을 강조한다. 바벨론에 망할 때만 해도 이스라엘 사람들은 이제 하나님이 자기들을 버렸다고 생각했다. 이제 자기들에게는 아무런 소망도 평안도 없을 것이라고 생각했다. 앞서 소개한 예레미야 14:19이 그 점을 잘 보여 준다: "주께서 유다를 온전히 버리시나이까? 주의 심령이 시온을 싫어하시나이까? 어찌하여 우리를 치시고 치료하지 아니하시나이까?"

그러나 어찌 인간의 생각이 하나님의 생각을 다 알 수 있겠는가! 인간이 아무리 지혜롭고 똑똑해도 하나님의 지혜와 생각을 다 알 수는 없는 노릇이다. 잠언이나 전도서는 사람이 아무리 영리해도 하나님의 뜻을 다 헤아릴 수 없음을 여러 차례 강조한다:

> 사람의 걸음은 여호와로 말미암나니
> 사람이 어찌 자기의 길을 알 수 있으랴? (잠 20:24)

> 또 내가 하나님의 모든 행사를 살펴보니
> 해 아래에서 행해지는 일을 사람이 능히 알아낼 수 없도다.
> 사람이 아무리 애써 알아보려고 할지라도 능히 알지 못하나니
> 비록 지혜자가 아노라 할지라도 능히 알아내지 못하리로다
> (전 8:17).

예레미야조차도 하나님이 자기 백성을 포기하시고 버렸다고 생각했다. 바벨론에 망함으로써 모든 것이 끝났다고 생각했다. 그러나 실상은 그것이 아니었다. 하나님은 자기 백성을 버린 것이 아니었다. 포

기한 것도 아니었다. 예레미야 29장 10절이나 14절에 의하면, 하나님은 70년째가 되는 해에 포로 생활을 하던 이스라엘을 고향으로 돌아올 수 있게 하실 것이다. 당시 이스라엘 백성은 누구도 하나님께서 이러한 계획을 가지고 계심을 알지 못했다. 그렇게 생각하려고 하지도 않았다. 예레미야를 통하여 70년이 지나면 귀향할 것이라는 메시지를 선포하셨지만, 그것을 그대로 믿는 사람은 하나도 없었다.

하나님의 신비로운 계획에 자신을 맡기라

이사야는 하나님의 생각이 사람의 생각과 근본적으로 다른 것임을 이렇게 강조한다: "이는 내 생각이 너희의 생각과 다르며 내 길은 너희의 길과 다름이니라… 이는 하늘이 땅보다 높음 같이 내 길은 너희의 길보다 높으며 내 생각은 너희의 생각보다 높음이니라"(사 55:8-9). 사람이 아무리 깊이 연구하고 생각해도 하나님의 생각에 미치지 못한다. 서울에 있을 때 도봉산에 오른 적이 있었는데, 가을 경치가 굉장히 아름다웠다. 시를 읊거나 노래를 부르고 싶은 충동을 느꼈었다. 그런데 50초반의 한 남자가 "그리운 금강산"을 부르는 것이었다. 참으로 감동적인 모습이었다. 우리도 마찬가지이다. 하나님께서 창조하신 세계가 너무도 오묘하고 신비로운 까닭에 누구나 자연 만물을 보면 감탄사가 절로 나오게 되어 있다.

사람의 몸 또한 얼마나 신비롭게 만들어졌는가! 자연을 연구하는 과학자들이나 인체를 연구하는 의사들은 자연의 신비와 인체의 신비에 대해서 누구보다도 잘 알고 있는 사람들이다. 그들 중에 기독교인이 많다는 것은 결코 우연이 아니다. 우리는 하나님의 생각이 참으로 지혜롭고 오묘한 것임을 믿어야 한다. 또한 우리의 짧은 생각이나 지혜로는 다 헤아릴 수 없는 분임을 알아야 한다. 아울러 세상을 살 때, 신앙생활을 할 때 이처럼 헤아리기 어려운 하나님의 생각에 자신을 내맡길 줄 알아야 한다. 내 생각과 지혜로는 도무지 다 알 수 없는 높고 광대한 하나님의 생각과 계획, 지혜에 자신을 내맡겨야 한다.

하나님은 결코 우리로 손해 보게 하실 분이 아니다. 우리가 쓰러지고 좌절하여 완전한 파멸에 빠지기를 원하는 분이 아니다. 누가복음 5장이 이를 가장 잘 보여 준다. 당시에 베드로는 밤새도록 수고하였으나 한 마리의 고기도 잡지 못한 채로 그물을 씻고서 집으로 갈 참이었다. 그런데 예수께서 깊은 데로 가서 그물을 내리라고 하셨다. 베드로는 말씀에 의지하여 그물을 던졌고 엄청나게 많은 고기를 잡았다. 이 장면은 베드로의 경험이나 생각과 예수님의 생각이 같지 않음을 그림처럼 보여 주고 있다.

왜 하나님의 생각과 계획, 지혜에 자신을 내맡겨야 하는가? 예레미야 29장 11절이 묘사하는 바와 같이 하나님의 생각은 궁극적으로 재앙이 아니라 평안과 소망을 목표로 하고 있기 때문이다. 그는 우리가 망하는 것을 원치 않으신다. 도리어 우리가 잘 되고 성공하게 되고 평안하게 하고 미래에 대한 희망을 갖기를 원하신다. 그리고 그 희망을 따라 긍정적인 태도로 살기를 원하신다. 따라서 우리는 무슨 일-큰 일, 작은 일, 좋은 일, 나쁜 일 등-을 당할 때마다 하나님의 선하신 생각과 뜻이 어디에 있는지를 먼저 살펴야 한다. 그리고 자신에게 닥친 모든 일에 대하여 항상 감사할 줄 알아야 한다. 어떤 일을 겪더라도 하나님의 눈으로 그것을 바라볼 수 있어야 한다.

하나님의 생각은 우리가 생각하는 것 이상으로 지혜롭고 풍족한 것이다. 참으로 하나님은 전혀 생각지 않은 방식으로 모든 것이 합력하여 선을 이루게 하실 분이다. 우리는 그의 무한한 가능성의 세계에 자신을 내맡겨야 한다. 바울도 오랜 경험을 통하여 이러한 사실을 터득하였기에, 로마서 8:28에서 "하나님을 사랑하는 자, 곧 그의 뜻대로 부르심을 입은 자들에게는 모든 것이 합력하여 선을 이룬다"고 말한 바가 있다. "내게 능력 주시는 자 안에서 내가 모든 것을 할 수 있다"(빌 4:13)는 고백이나, "범사에 감사하라"(살전 5:18)는 교훈도 마찬가지이다.

약속을 성취하시는 하나님

예레미야 29장 11절에서 우리가 한 가지 더 생각할 것은 하나님이 단순히 생각만 하시는 분이 아니라는 점이다. 그는 생각한 것을 반드시 그대로 실행에 옮기시는 분이다. 10절의 "바벨론에서 70년이 차면 내가 너희를 돌보고 나의 선한 말을 너희에게 성취하여 너희를 이곳으로 돌아오게 하리라"가 그 점을 잘 보여 준다. 이스라엘의 귀향을 10절과 14절에서 반복 설명하는 것도 마찬가지이다. 그리고 10절의 "여호와께서 이와 같이 말씀하시니라"와 11절과 14절의 "이것은 여호와의 말씀이니라"는 반복 표현도 그 점을 분명하게 보여 준다.

창세기 1장은 하나님의 말씀 창조(word creation)에 대해서 서술한다. 그러나 말씀이 있기 전에 먼저 생각이 있었다. 하나님께 있어서는 생각이 곧 말씀으로 이어지고 그것이 금방 행동으로 나타난다. 사람에게서는 도무지 있을 수 없는 일이다. 우리 인간은 연약하여서 머리에 잠시 생각난 것을 금방 잊어버리기도 하고 생각하고 있는 것을 실행에 옮기지 못할 때도 많다. 아무리 열심히 메모해도 한계가 있다. 그러나 하나님은 그렇지 않다. 한 번 생각하고 계획하신 것은 반드시 이루신다. 우주만물의 창조와 섭리를 위해서, 그리고 성도들의 평안과 소망을 위해서 말이다. 이 하나님을 믿는 여러분 모두에게 하나님의 큰 은혜가 넘치기를 바란다.

다시 본문으로 돌아가 보자. 12-13절은 하나님의 또 다른 모습을 우리에게 보여 준다: "너희가 내게 부르짖으며 내게 와서 기도하면 내가 너희들의 기도를 들을 것이요, 너희가 온 마음으로 나를 구하면 나를 찾을 것이요 나를 만나리라." 하나님은 부르짖고 기도하는 사람, 전심으로 그를 찾는 사람을 결코 외면하지 않으신다. 하나님께 부르짖고 기도하며 전심으로 그를 찾는 사람은 어떤 사람인가? 그는 자신의 삶을 하나님의 생각과 계획에 내맡기는 사람이다.

하나님은 그런 사람의 부르짖음과 외침을 못 본척하지 않으신다. 귀를 기울여 들어주시고 응답하시는 분이다. 이스라엘이 이집트에서 고통 중에 부르짖었을 때 들어주신 것처럼 말이다. 성도들이 즐겨 부르는 찬양 중에 "주만 바라볼지라"에도 이와 비슷한 가사가 나온다: "하나님 사랑의 눈으로 너를 어느 때나 바라보시고, 하나님 인자한 귀로서 언제나 너에게 귀 기울이시니, 어두움에 밝은 빛을 비춰 주시고 너의 작은 신음에도 응답하시니." 하나님은 사랑의 눈으로 우리를 바라보시고 인자한 마음으로 우리의 작은 신음에도 응답하시는 분이다.

물론 하나님의 생각에 자신의 삶을 내맡긴 사람은 신앙생활을 적당하게 하는 사람이 결코 아니다. 하나님께 기도할 때에도 적당하게 하지 않는다. 그는 어느 곳에 있든지 주를 향하고 주만 바라보는 사람이다. 그는 13절이 말씀한 바와 같이 전심으로 하나님을 찾고 또 찾으려는 열심을 가진 사람이다. 하나님의 생각에 대한 확신이 설 때까지, 하나님의 분명한 응답이 있을 때까지 계속하여 하나님을 찾고 또 찾는 사람이다. 하나님은 이러한 사람의 기도를 들어주시고 그에게 평안과 소망을 안겨주신다. 생각지도 않았던 은혜를 주시고 풍성한 삶을 가능케 하신다.

이제 말씀을 맺고자 한다. 하나님은 끊임없이 저와 여러분 모두를 생각하시는 분이다. 하나님은 참으로 나의 모든 것을 아시는 분이다. 하나님은 나에게 평안과 소망을 주려는 원대한 계획을 가지고 계신 분이다. 우리의 짧은 지혜로 다 알 수 없는 하나님의 생각에 여러분 자신을 내맡기시기 바란다. 항상 내게 평안과 소망을 주고자 하시는 하나님의 생각에 집착하시기 바란다. 부르짖고 기도하면 들어주시고 찾고 또 찾으면 만나주시는 하나님을 열심히 믿으시기 바란다. 그리하여 매일의 삶 속에서 늘 하나님을 만나는 은혜가 충만하기를 바란다.

Jonah

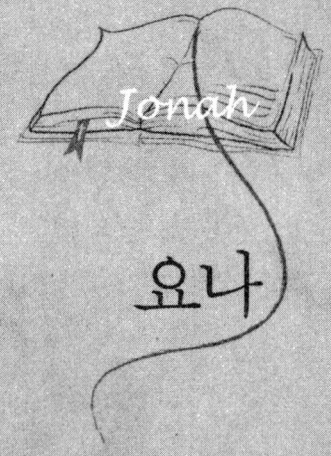

하나님의 계획은 반드시 이루어진다_욘 1:4-16

하나님의 계획은 반드시 이루어진다
(욘 1:4-16)

러시아가 낳은 세계적인 대문호 도스토예프스키(F. M. Dostoevskii)는 인간의 자유에 대하여 다음과 같이 말한 바가 있다: "신이 없다면 모든 것이 허용될 수 있다. 신이 없는 인간은 자유다." 신이 인간의 자유를 차단하고 있다는 얘기다. 그러나 정말로 그런 것일까? 신이 없으면 사람은 무엇이든 마음대로 할 수 있고 그것이 가장 이상적인 것일까? 결코 그렇지 않다. 만일에 모든 사람이 자기 멋대로 행동한다면 세상은 어떻게 될 것인가? 참된 자유는 무엇이든지 자기 마음대로 할 수 있는 것을 뜻하지 않는다.

그러기에 성경은 역설적으로 하나님 안에 있는 자가, 그리스도 안에 있는 자가 참된 자유인임을 강조한다: "너희가 내 말에 거하면 참으로 내 제자가 되고 진리를 알지니, 진리가 너희를 자유롭게 하리라"(요 8:31-32; 참조. 갈 2:4; 5:1, 14). 또한 성경은 인간의 자유가 때로는 죄와 관련되어 있다고 본다: "우리는 다 양 같아서 그릇 행하여 각기 제 길로 갔거늘 여호와께서는 우리 모두의 죄악을 그에게 담당시키셨도다"(사 53:6). 로마서 1:18-32도 마찬가지이다.

요나의 불순종

성경은 이처럼 사람들이 하나님 없이 자기 멋대로 행하는 것을 용납하지 않으신다. 그러나 불행하게도 우리가 사는 세상은 그렇지 않다. 너무도 많은 사람들이 하나님 없이 살기를 원한다. 삶에 제약받기를 싫어한다. 그래서 제멋대로 하기를 원한다. 그렇다면 사람이 제멋대로 행할 경우 하나님이 손해를 보는가? 세상을 향한 그의 뜻과 계획이 빗나가게 될까? 그렇지 않다. 하나님은 반드시 자신의 뜻과 계획을 이루신다. 인간의 방종함과 죄 때문에 손해 보시는 법이 없다. 하나님은 때대로 제멋대로 행하는 인간을 벌하기도 하시고 바른 길로 인도하기도 하신다. 그것을 우리는 요나서에서 배울 수 있다.

요나는 하나님의 말씀을 받은 사람이었다. 하나님의 뜻을 이루는 데 도구로 선택된 것이다: "너는 일어나 저 큰 성읍 니느웨로 가서 그것을 향하여 외치라. 그 악독이 내 앞에 상달되었음이니라"(욘 1:2). 그러나 요나는 하나님의 얼굴을 피해 다시스로 도망하려고 배를 탔다. 하나님의 명령이 떨어졌는데도 그는 그의 명령에 불순종하고서 자기 멋대로 하고자 한 것이다.

요나가 이처럼 하나님의 명령에 불순종한 것에는 세 가지의 이유가 있었다. 첫째로 정복민들을 죽이기도 하고 강제 이주시키던 앗수르 제국의 잔혹한 정복 정책이 요나의 반감을 불러일으켰을 것이요, 이에 그는 앗수르 제국이 멸망 받아 마땅하다고 생각했을 것이다. 둘째로 그는 이름도 알려지지 않은 약소국가의 예언자가 대제국의 수도에 가서 그들의 죄악을 고발하고 하나님의 심판을 선고하면 목숨을 잃을 수도 있다는 위기의식을 느꼈을 것이다. 셋째로 그가 앗수르 제국으로 가지 않은 가장 큰 이유는 오직 이스라엘 민족만이 구원을 받는다는 그릇된 선민사상에 있었다.

이러저러한 이유로 요나가 도망하고자 한 다시스는 당시 세계의 끝으로 알려진 곳이었다. 아무도 찾아낼 수 없는 곳, 하나님도 찾을 수 없는 곳이라 생각했다. "하나님의 얼굴을 피하려고"가 그 점을 잘 보여 준다. 니느웨는 고난과 죽음의 현장이요, 억압과 불의의 현장이었다. 반면에 다시스는 세계의 변두리에 속한 무역 도시요 책임 추궁을 안 받고서 평안을 누릴 수 있는 곳이었다. 니느웨는 하나님의 자유가 추구하는 목표이고 다시스는 요나가 추구하는 목표였다.

인간의 자유를 꺾으시는 하나님

이러한 상황은 모든 그리스도인들에게서 동일하게 나타난다. 하나님의 뜻을 따라 자기에게 맡겨진 십자가를 질 것이냐, 아니면 하나님께 불순종하고 안일과 평안과 영광을 추구할 것이냐가 그것이다. 믿음의 조상들은 한결같이 전자를 택했다. 아브라함, 모세, 사사들, 예언자들, 바울, 사도들... 특히 예수님이 그러했다. 그가 받은 세 가지 시험과 오병이어 사건 및 겟세마네 기도 등이 그 대표적인 예에 속한다.

반면에 대부분의 사람들은 후자를 선택한다. 그러나 사람이 아무리 하나님의 얼굴을 피하려고 해도 그의 시야에서 벗어나지 못한다. 하나님은 우리의 머리털까지 다 세시는 분이다(마 10:30). 시편 139편이 이 점을 잘 보여 준다:

여호와여, 주께서 나를 살펴보셨으므로 나를 아시나이다.

주께서 내가 앉고 일어섬을 아시고

멀리서도 나의 생각을 밝히 아시오며

나의 모든 길과 내가 눕는 것을 살펴 보셨으므로

나의 모든 행위를 익히 아시오니

여호와여, 내 혀의 말을 알지 못하시는 것이 하나도 없으시니이다…

내가 주의 영을 떠나 어디로 가며

주의 앞에서 어디로 피하리이까? (1-4, 7절)

요나는 다시스로 가서 영원한 자유를 누릴 수 있으리라 생각했지만 하나님은 그의 생각을 철저하게 좌절시키셨다: "여호와께서 큰 바람을 바다 위에 내리시매 바다 가운데에 큰 폭풍이 일어나 배가 거의 깨지게 된지라"(욘 1:4). 이때부터 하나님은 요나가 전혀 생각하지 못한 방식으로 자신의 뜻을 이루어가기 시작하신다. 5절 이하의 내용이 그것을 잘 보여준다.

큰 태풍을 만난 선원들은 처음에는 돌발적인 자연 현상(일상적인 태풍)으로 간주했지만 극한 상황에 도달하자 두려움에 사로잡힌 채로 각자 자기가 믿는 신에게 간구한다(5절). 자연적인 공포심에서였다(이방신 숭배자들). 배 안의 무거운 짐들을 바다에 던져도 소용이 없자 선장(사실은 하나님)은 배 밑층에서 잠자는 요나를 깨워 "자는 자여, 어찌함이냐? 일어나서 네 하나님께 구하라. 혹시 하나님이 우리를 생각하사 망하지 아니하게 하시리라"(6절)는 말로 그를 책망한다.

요나에게서는 아무런 반응도 없었다. 입이 있어도 할 말이 없었을 것이다. 어쩌면 침묵을 지키는 것이야말로 최선의 방책이라고 생각했을 것이다. 이에 선원들은 제비를 뽑아 그 재앙이 누구 때문인지를 알고자 했다. 요나가 제비에 뽑히자 그들은 그 재앙이 무슨 연고로 그들에게 임했는지를 다그쳐 물었다. 하나님의 낯을 피할 수 없다는 엄연한 현실에 직면한 요나는 사실대로 말하지 않을 수 없었다: "나는 히브리 사람이요, 바다와 육지를 지으신 하늘의 하나님 여호와를 경외하는 자로라"(9절).

하나님의 놀라운 구원

요나의 이 대답은 선원들에게 놀라운 반응을 불러 일으켰다: "자기가 여호와의 얼굴을 피함인 줄을 그들에게 말하였으므로, 무리가 알고 심히 두려워하여 이르되, '네가 어찌하여 그렇게 행하였느냐?' 하니라"(10절). 노호하는 바다에 대한 자연적인 공포심(5절)에서 여호와 하나님께 대한 두려움(10절)으로 바뀐 것이다. 그들은 요나에게 "네가 어찌하여 이렇게 행하였느냐?"고 꾸짖었으나 방법이 없었다.

바다가 점점 더 거칠어지자 결국에는 그에게 해결 방법을 묻지 않을 수 없었다: "우리가 너를 어떻게 하여야 바다가 우리를 위하여 잔잔하겠느냐?"(11절) 결국 요나는 자신을 희생하기로 결심하고서 자기를 바다에 던지라고 말한다. 그들은 요나를 구하려고 최선을 다했지만 소용이 없었다. 마지막 수단으로 요나를 바다에 던졌다. 그러자 놀랍게도 바다가 잔잔해졌다. 바다가 잔잔해지자 더 놀라운 변화가 생겼다: "그 사람들이 여호와를 크게 두려워하여 여호와께 제물을 드리고 서원을 하였더라"(16절).

하나님은 불순종하는 요나에게 벌을 내리심으로써, "하나님의 얼굴을 피하면 내 마음대로 살 수 있으리라"고 생각한 요나의 그릇된 사고

방식을 교정하시는 한편으로, 요나의 불순종을 계기로 하여 그 배에 탄 사람들(하나님 없이 제멋대로 살던 사람들)을 구원하셨다. 하나님의 뜻과 계획은 반드시 이루어지며 결코 하나님은 인간의 불순종함으로 인해 손해 보시는 일이 없다는 사실이 잘 드러나고 있다.

하나님께서 니느웨를 구원하신 것(3장)도 마찬가지이다. 하나님은 요나를 물고기 뱃속에 들어가게 하시고, 사흘 만에 물고기 뱃속에서 나오게 하신 후에 니느웨로 갈 것을 다시 명하셨다. 요나를 통해 니느웨에 심판을 전하고자 한 하나님의 뜻에는 변동이 없었던 것이다. "40일이 지나면 니느웨가 무너지리라"(욘 3:4)는 짤막한 요나의 심판 선고에 니느웨는 국가적인 회개 운동을 벌인다. 3장 7절에 있는 왕의 명령이 그 점을 잘 보여 준다:

> 왕과 그의 대신들이 조서를 내려 니느웨에 선포하여 이르되, "사람이나 짐승이나 소 떼나 양 떼나 아무것도 입에 대지 말지니, 곧 먹지도 말 것이요 물도 마시지 말 것이며, 사람이든지 짐승이든지 다 굵은 베 옷을 입을 것이요, 힘써 하나님께 부르짖을 것이며, 각기 악한 길과 손으로 행한 강포에서 떠날 것이라. 하나님이 뜻을 돌이키시고 그 진노를 그치사 우리가 멸망하지 않게 하시리라. 그렇지 않을 줄을 누가 알겠느냐?" 한지라.

니느웨 백성이 회개하며 악한 길에서 돌이키자, 하나님은 그들에게 내리기로 했던 재앙을 철회하셨다(욘 3:10). 하나님 없이 제멋대로 살던 그들을 용서하신 것이다.

신실하신 하나님을 온전히 신뢰하라

그러나 니느웨의 회개와 구원을 목도한 요나는 돌변했다. 4장 1절에 의하면 요나는 하나님의 구원 결정을 매우 싫어하면서 성을 냈다. 그는 니느웨의 구원을 못마땅하게 생각하여 하나님께 노골적으로 불쾌감을 표시한 것이다. 하나님께서 무엇인가 잘못 행하셨다고 항거한 것이다. 그는 하나님께서 그의 자비와 사랑을 거두실 것을 요구했다. 그러나 그는 하나님께 사형 판결 받은 자도 하나님의 뜻에 의해 무죄 방면될 수 있다는 사실을 모르고 있었다. 이처럼 완고하고 제멋대로인 요나를 하나님은 친절하게 설득하셨다. 그의 성냄이 합당치 않다고 말씀하시면서(4절), 11절에서 다음과 같이 말씀하신다: "이 큰 성읍 니느웨에는 좌우를 분변하지 못하는 자가 12만여 명이요 가축도 많이 있나니, 내가 어찌 아끼지 아니하겠느냐?"

우리도 하나님의 방법에 요나와 같은 태도를 보일 때가 많다. 그때마다 우리는 하나님의 다음과 같은 음성을 들을 수 있어야 한다: "너의 불평함이 어찌 옳으냐? 그것이 너를 위한 최선의 방법이니라." 메어리 스티븐슨(Mary Stevenson)이 쓴 "모래 위의 발자국"이라는 아름다운 시를 보면 하나님의 방법이 얼마나 감동적인지를 한눈에 알 수 있다:

> 어느 날 밤 꿈을 꾸었네.
> 주와 함께 바닷가 거니는 꿈을 꾸었네.
> 하늘을 가로질러 빛이 임한 그 바닷가 모래 위에
> 두 쌍의 발자국을 보았네.
> 한 쌍은 내 것 또 한 쌍은 주님의 것

거기서 내 인생의 장면들을 보았네.
마지막 내 발자국이 멈춘 그곳에서
내 인생의 길을 돌이켜 보았을 때
자주 내 인생의 길에는 오직 한 쌍의 발자국만 보였네.
그 때는 내 인생이 가장 비참하고 슬펐던 계절이었네.
나는 의아해서 주님께 물었네.
"주님, 제가 당신을 따르기로 했을 때
당신은 저와 항상 함께 하신다고 약속하셨잖아요?
그러나 보세요.
제가 주님을 가장 필요로 했던 그때
거기에는 한 쌍의 발자국밖에 없었습니다.
주님은 저를 떠나 계셨나요?"
주님께서 대답하셨다네.
"나의 귀하고 소중한 아이야,
나는 너를 사랑하였고 너를 조금도 떠나지 않았단다.
너의 시련의 때 고통의 때에도.
네가 본 오직 한 쌍의 발자국,
그것은 나의 발자국이었느니라.
그때는 내가 너를 등에 업고 걸었단다."

이 시에서 보듯이 하나님의 생각과 뜻은 모두에게 가장 좋은 것이며 반드시 이루어지는 것이다. 거역할 필요가 없다. 그래서 예수님도 겟세마네 동산에서 아버지 뜻대로 되게 해달라고 기도하지 않으셨던가! 여러분은 하나님을 어느 정도로 열심히 믿고 있는가? 행여나 하나님을 믿는다고 하면서도 하나님의 뜻보다 자신의 생각과 판단을 앞세우고 있지는 않은가? 사람이 아무리 지혜로워도 하나님의 생각과 뜻을 완전하게 알 수는 없다. 하나님 자신이 너무도 크고 지혜로우신 분이기 때문이다. 바울이 "나는 날마다 죽노라!"(고전 15:31)고 말한 것이나 자기 자신을 쳐서 복종시키고자 한 것도 사실은 자신의 판단과 생각을 하나님의 뜻에 굴복시키고자 한 것에 다름 아니다.

사람이 하나님의 명령을 무시하고서 아무리 자신의 자유를 추구해도 하나님의 뜻과 계획은 그 때문에 좌절되는 법이 없다. 반드시 이루어지는 것이다. 모르드개가 에스더에게 한 말이 그 점을 간접적으로 뒷받침한다: "이 때에 네가 만일 잠잠하여 말이 없으면 유다인은 다른 데로 말미암아 놓임과 구원을 얻으려니와, 너와 네 아버지 집은 멸망하리라. 네가 왕후의 자리를 얻은 것이 이 때를 위함이 아닌지 누가 알겠느냐?"(에 4:14)

여러분도 바울처럼, 예수님처럼 늘 하나님의 판단과 뜻에 굴복하면서 살고자 애쓰시기 바란다. 하나님의 뜻은 어떠한 장애물을 만나도 반드시 이루어진다는 사실을 믿으시기 바란다. 하나님은 요나의 불순종을 통해서도 놀라운 구원을 이루신 분임을 믿으시기 바란다. 하나님은 절대로 손해 보지 않으시는 분이다. 그러기에 요나와 같이 불순종하지 말자.

미가

밤이 아무리 어둡다 한들 _미 7:2-9

밤이 아무리 어둡다 한들
(미 7:2-9)

"미가" 하면 가장 먼저 생각나는 것이 있다. 그것은 5:2의 메시아 예언이다: "베들레헴 에브라다야, 너는 유다 족속 중에 작을지라도 이스라엘을 다스릴 자가 네게서 내게로 나올 것이라. 그의 근본은 상고에, 영원에 있느니라." 메시아가 베들레헴의 시골 마을인 에브라다에서 날 것이라는 예언이다. 실제로 예수께서는 베들레헴 말구유간에서 태어나셨다. 미가가 이 예언을 할 당시에 남왕국의 수도는 예루살렘이었다. 그리고 그는 주전 720년경에 남왕국 유다에서 활동한 예언자였다. 그보다 약간 먼저 활동한 사람이 바로 그 유명한 이사야였다.

미가는 모레셋 농촌 출신이어서인지 시골 사람들의 삶에 관심이 많았다. 그 까닭에 하나님은 미가를 부르시고 예루살렘에 사는 왕족과 지배계층의 잘못된 모습을 비판하게 하신 것이다. 그리고 장차 메시아가 날 것인데, 절대로 예루살렘에서 나지 않고 베들레헴 시골 마을에서 날 것이라고 예언케 하셨다. 이것이 하나님의 뜻이다. 하나님은 잘난 척하는 사람들, 범죄한 사람들, 하나님을 거역하는 사람들이 많은 예루살렘에 너무도 실망하셨다. 그래서 예루살렘을 버리시고 시골 마을을 메시아의 탄생 장소로 선택하신 것이다.

당시에 예루살렘은 하나님 보시기에 어떠한 모습을 가지고 있었을까? 왜 하나님은 예루살렘을 메시아의 고장으로 선택하기를 거부하셨을까?

죄악의 도성 예루살렘

오늘 읽은 본문의 2-4절에 그 이유가 잘 설명되어 있다:

경건한 자가 세상에서 끊어졌고
정직한 자가 사람들 가운데 없도다.
무리가 다 피를 흘리려고 매복하며
각기 그물로 형제를 잡으려 하고,
두 손으로 악을 부지런히 행하는도다.
그 지도자와 재판관은 뇌물을 구하며
권세자는 자기 마음의 욕심을 말하며
그들이 서로 결합하니,
그들의 가장 선한 자라도 가시 같고
가장 정직한 자라도 찔레 울타리보다 더하도다.
그들의 파수꾼들의 날, 곧 그들 가운데에 형벌의 날이 임하였으니,
이제는 그들이 요란하리로다.

예루살렘은 마치 소돔과 고모라 같은 곳이었다. 악한 사람들 일색이었다. 하나님을 떠나 자기 멋대로 사는 사람들로 가득 차 있었다. 한마디로 서로 믿고 살 수 있는 사회가 아니었던 것이다. 5-6절은 당시의 예루살렘 분위기를 이렇게 설명한다:

> 너희는 이웃을 믿지 말며
> 친구를 의지하지 말며
> 네 품에 누운 여인에게라도 네 입의 문을 지킬지어다.
> 아들이 아버지를 멸시하며
> 딸이 어머니를 대적하며
> 며느리가 시어머니를 대적하리니.
> 사람의 원수가 곧 자기의 집안사람이로다.

세상이 얼마나 혼란스러웠으면 이웃이나 친구나 심지어는 가족조차도 믿지 말라고 했겠는가! 이런 상황에서는 세 가지 반응이 나타난다. 첫째로 남들도 다 그러는데, 나도 어쩔 수 없다. 세상은 원래 그런 곳이라는 생각을 하면서, 세상에 동화되는 모습을 보인다. 사람 사는 게 다 그런 것이라고 생각한다. 둘째로 그와는 달리 세상을 등지고 산이나 굴로 숨기도 하고, 시골로 내려가 농사나 짓고 살자고 생각한다. 신약 시대의 경우, 엣세네파라는 종파가 있었는데, 로마의 압제를 견디지 못한 나머지 은둔, 금욕생활을 했었다. 아마 미가가 활동하던 때에도 그런 사람들이 있었을 것이다.

셋째로 세상을 피하지도 않고 세상으로부터 도피하지도 않고, 철저하게 하나님을 신뢰하면서 사는 자들이 있다. 본문의 미가가 대표적인 인물이다. 7절에 그의 생각과 믿음이 잘 반영되어 있다: "오직 나는 여호와를 우러러보며 나를 구원하시는 하나님을 바라보나니, 나의 하나님이 나에게 귀를 기울이시리로다." 여기서 "오직 나는"이라는 표현은 다른 많은 사람들이 미가처럼 하지 못했음을 암시한다. 다른 사람들은 세상과 짝하거나 번잡한 세상을 피해 외진 곳(산이나 동굴, 시골)으로 숨는 방법을 택하겠지만, 자기만은 달리 행동하겠다는 것이다.

하나님만 바라보라

미가는 절망적인 상황 속에서 대체 어떠한 행동을 취했을까? 그는 어지러운 세상 속에 그대로 머물러 있으면서 여호와 하나님을 우러러 보았다. 그는 하나님이야말로 자기를 구원하실 분임을 확신하였다. 그래서 그는 자기를 구원하시는 하나님을 바라본다고 말한다. 그가 하나님을 바라보았다는 것은 무엇을 뜻하는가? 7절 하반절에 그 해답이 있다. "나의 하나님이 나에게 귀를 기울이시리로다." 이 말씀은 하나님께 기도했음을 의미한다. 아무도 도울 수 없는 상황 속에서 하나님께 간구했음을 의미한다. 그는 하나님이 자기 기도를 들어주실 것이라는 강한 확신을 가지고 있었던 것이다.

이런 확신을 가지고 있었기에 그는 8절과 같은 고백을 할 수 있었다:

> 나의 대적이여, 나로 말미암아 기뻐하지 말지어다.
> 나는 엎드러질지라도 일어날 것이요,
> 어두운 데에 앉을지라도
> 여호와께서 나의 빛이 되실 것임이로다.

자기를 괴롭히는 대적이 아무리 많고 강하다고 해도 걱정할 필요가 없다. 비록 대적으로 인하여 엎드러진다 할지라도 걱정할 필요가 없다. 어둠 속에 내던져질지라도 걱정할 필요가 없다. 하나님께서 그를 일으켜 주시고 그의 길에 빛이 되어주실 것이기 때문이다.

물론 당장은 하나님이 자기 백성의 죄를 그냥 두지 않으실 것이다. 심판하신다는 얘기다. 그러나 궁극적으로는 하나님의 구원이 이루어질 것이다. 미가는 9절에서 이 점을 이렇게 노래한다:

내가 여호와께 범죄하였으니
그의 진노를 당하려니와
마침내 주께서 나를 위하여 논쟁하시고 심판하시며
주께서 나를 인도하사 광명에 이르게 하시리니
내가 그의 공의를 보리로다.

이 본문의 "나"는 곧 유다 백성을 가리킨다. 더 정확하게는 미가와 같은 경건한 하나님의 백성을 일컫는다. 그는 자신을 유다 백성 중의 경건한 자들과 동일시하였다. 백성의 죄를 자신의 죄로 고백한 셈이다.

희망의 유일한 근거

우리는 미가의 이러한 믿음을 본받을 필요가 있다. 그는 남왕국 유다의 어두운 현실 속에서 아무런 희망도 발견할 수가 없었다. 남왕국의 통치자들에게서도, 자신의 주변 사람들에게서도 희망을 발견할 수 없었다. 범죄한 유다 백성의 모습 속에서도 희망이 보이지 않았다. 그에게 있어서 유일한 희망은 하나님뿐이었다. 그렇다. 세상과 사람은 희망의 근거가 될 수 없다. 권력도 권세도 많은 재산도 희망의 근거가 되지 못한다. 많은 군대나 강한 나라를 비롯한 그 어떤 것도 사람에게

본질적인 희망을 주지 못한다. 시편 33:16-17은 이렇게 말한다:

> 많은 군대로 구원 얻은 왕이 없으며
> 용사가 힘이 세어도 스스로 구원하지 못하는도다.
> 구원하는 데에 군마는 헛되며
> 군대가 많다 하여도 능히 구하지 못하는도다.

그런데 불행하게도 이스라엘 백성에게는 이러한 믿음이 없었다. 광야 유랑 시절에 그들은 가나안 땅에 정탐꾼을 보낸 적이 있었다. 그런데 12명의 정탐꾼들 중에 여호수아와 갈렙을 제외한 나머지 10명은 부정적인 보고를 했다. 그들 보기에 자기들은 메뚜기나 다름이 없다고 보고한 것이다(민 13:31-33). 그들의 보고가 틀린 것은 아니었다. 그런데도 그들은 불신앙의 사람들로 낙인 찍혔다. 긍정적인 보고를 한 여호수아와 갈렙만 신앙의 사람들로 인정받았다.

어디에 차이가 있었는가? 10명은 현실을 있는 그대로 보았다. 그리고 자기들이 본 것을 그대로 보고하였다. 그리고는 끝이었다. 그들은 가나안 사람들 앞에서 자기들이 메뚜기 같다는 결론을 내렸다. 가나안 땅에는 도저히 들어갈 수 없다는 것이었다. 그들의 보고는 한마디로 안 된다는 것이었다. 이들의 절망적인 보고는 이스라엘 백성들에게 그대로 전달된다. 민수기 14:1-4는 10명의 보고를 들은 이스라엘 백성의 반응을 이렇게 설명한다:

> 온 회중이 소리를 높여 부르짖으며 밤새도록 백성이 곡하였더라. 이스라엘 자손이 다 모세와 아론을 원망하며 온 회중이 그들에게 이르

되, "우리가 애굽 땅에서 죽었거나 이 광야에서 죽었더면 좋았을 것을! 어찌하여 여호와가 우리를 그 땅으로 인도하여 칼에 망하게 하려 하는고! 우리 처자가 사로잡히리니 애굽으로 돌아가는 것이 낫지 아니하랴?" 이에 서로 말하되, "우리가 한 장관을 세우고 애굽으로 돌아가자" 하매.

여호수아와 갈렙 역시 자기들이 본 것을 열 사람과 똑같이 보고한다. 그러나 그것으로 끝이 아니었다. 비록 가나안 사람들이 강해 보이고 자기들은 한없이 연약해 보이지만, 하나님이 함께 하신다면 충분히 그 땅을 정복할 수 있다고 보고하였다. 그러면서 그들은 자기들의 밥이니 두려워할 필요가 없다고 말한다(민 14:7-9). 그러나 이들의 보고는 사람들의 절망적인 분위기를 전혀 바꾸지 못했다. 도리어 이스라엘 백성들은 두 사람을 돌로 쳐서 죽이려고 했다(민 14:10).

하나님의 가능성을 앞질러 보라

하나님을 향한 믿음이라는 것은 별다른 것이 아니다. 불가능한 현재의 상황을 꿰뚫고서 눈에 보이지 않는 하나님의 가능성을 앞질러 보는 것이 믿음이다. 믿음은 다른 사람들이 보지 못하는 하나님의 세계를 내다볼 수 있게 한다. 그래서 히브리서 11:1은 이렇게 말한다: "믿음은 바라는 것들의 실상이요 보이지 않는 것들의 증거니." 믿음은 참으로 불가능한 상황 속에서 하나님의 기적이 일어나게 하는 것이다.

예를 들어보자. 이스라엘이 홍해 바다 앞에 진을 쳤을 때 이집트 군대가 추격해 오자, 이스라엘 백성은 홍해와 이집트 군대를 보면서 절

망에 사로잡힌다. 그리고 즉시 그들은 모세와 아론을 원망한다:

> 그들이 또 모세에게 이르되, "애굽에 매장지가 없어서 당신이 우리를 이끌어 내어 이 광야에서 죽게 하느냐? 어찌하여 당신이 우리를 애굽에서 이끌어 내어 우리에게 이같이 하느냐? 우리가 애굽에서 당신에게 이른 말이 이것이 아니냐? 이르기를, '우리를 내버려 두라. 우리가 애굽 사람을 섬길 것이라' 하지 아니하더냐? 애굽 사람을 섬기는 것이 광야에서 죽는 것보다 낫겠노라"(출 14:11-12).

그러나 하나님께서는 모세에게 바다가 갈라지는 모습을 보게 하셨다. 모세는 그것을 믿었고, 지팡이로 바다를 침으로써 바다가 갈라지게 했다. 사람들이 못 보던 것을 모세는 보았고, 마침내 기적을 일으킨 것이다. 구약성서에 나타난 모든 하나님의 구원과 은혜는 이러한 기적에 기초한 것이다. 100세 된 아브라함이 이삭을 낳은 것이나, 여리고 성의 정복, 기드온의 300용사를 통한 구원, 다윗과 골리앗의 싸움 등등 헤아릴 수 없이 많은 구원과 은총이 하나님의 기적에 의해서 이루어진 것이다.

전능하신 하나님의 능력을 신뢰하는 믿음이 있었기에 그러한 기적들이 가능했다. 믿음이 눈에 보이지 않는 것을 앞질러 본다는 것은 믿음이 그만큼 창조적인 것임을 의미한다. 따라서 믿음은 창조적이다. 꿈과 비전과 희망을 뜻하기도 한다. 믿음이 있는 사람은 칠흑같이 어두운 밤길을 걸으면서도 새벽이 곧 올 것을 내다보고서 용기를 갖는다. 고통 속에 사로잡혀 있지만 그럼에도 언젠가는 그 고통이 끝날 것을 내다보고서 고통을 이겨내는 것도 믿음이다.

여러분은 무엇에 여러분의 희망을 두면서 살고 있는가? 재물인가, 권세인가, 세상적인 연줄인가, 아니면 여러분이 믿는 하나님인가? 미가처럼 온통 어둠에 둘러싸인 상황 속에서도 하나님의 빛을 바라볼 수 있는 믿음을 갖기 바란다. 눈에 보이지 않는 하나님의 가능성을 바라봄으로써 세상 사람들이 주지 못하는 놀라운 하나님의 기적을 체험하는 여러분이 되기 바란다.

Zephaniah

스바냐

잠잠히 사랑하시는 하나님 _습 3:14-20

잠잠히 사랑하시는 하나님
(습 3:14-20)

이사야에서 말라기까지를 문서 예언자라고 말한다. 분량이 큰 책과 작은 책 예언서는 둘로 나뉜다. 이사야, 예레미야, 에스겔은 대예언서이고 호세아에서 말라기까지 12권은 소예언서이다. 각각은 연대 순서로 배열되어 있지 않다. 스바냐는 소예언서에 속한 책이다. 스바냐 1:1에 의하면 스바냐는 유다 왕 요시야(주전 640-609)의 시대에 예언자로 부름을 받았다. 그는 히스기야 왕(715-687)의 현손(玄孫: 4대손)으로서 예루살렘 태생이요 왕족 출신이었다. 그의 족보를 4대까지 소개한 것은 그가 히스기야의 후손이라는 것을 밝히기 위해서였을 것이다.

심판하시는 이유

그렇다면 그는 정확하게 언제쯤에 본서의 메시지를 선포했던 것일까? 요시야 왕이 스바냐가 지적했던 몇 가지의 악습들을 종교개혁을 통해서 제거했다는 사실을 고려한다면(습 1:4-6; 왕하 23:4-15; 대하 34:3-7), 스바냐는 요시야의 종교개혁이 본격화된 621년 이전-더 정확하게는 주전 630년을 전후한 시기-에 예언 활동을 시작했던 것으로 보인다. 스바냐가 선포한 말씀들은 요시야가 열정적으로 종교개혁을 추진하기 전의 혼란 상황을 전제하고 있다. 그러니까 스바냐가 활동할 당시의 남왕국은 개혁을 하지 않으면 안 될 정도로 타락하고 부패해 있었다는 말이다.

바로 이 때문에 스바냐는 여호와의 진노의 날, 곧 하나님께서 유다 백성의 죄악을 심판하실 날을 누구보다도 강조했다. 하나님께서 자기 백성에게 이처럼 분노하시고 그들을 멸하시는 이유는 어디에 있는가? 그것은 유다와 예루살렘 거민들이 바알과 하늘의 일월성신(렘 19:13; 44:17-19), 말감(왕상 11:5) 등의 각종 이방 신들을 섬길 뿐 아니라 여호와를 배반하고 그를 좇지 아니하였기 때문이다(습 1:4-6). 특히 백성을 선도해야 할 지배 계층의 불의와 탈선이야말로 하나님을 진노케 하는 것이었다. 그들은 굶주린 사자들이나 저녁 이리 떼처럼 온갖 탐욕과 불의에 사로잡힌 자들이었다(습 3:3-4).

상황이 이러한데, 공평하시고 또 부당한 일을 하지 않으실 뿐만 아니라 아침마다 바른 판결을 내리시고 어김없이 자신의 공의를 나타내시는 하나님(습 3:5)이 어찌 그들의 죄악을 그냥 놓아두시겠는가? 일단 여호와의 날이 이르러 하나님의 진노가 쏟아지게 되면 모든 우상 숭배자들과 잘못된 지도자들, 강포를 행하는 자들, 그리고 하나님을 찾지 아니하는 자들이 패망하며 그들의 재물이 노략되고 그들의 집이 황무하게 될 것이다(습 1:13). 그뿐만 아니라 그의 불같은 질투가 온 땅을 활활 태울 것이며, 땅에 사는 모든 사람을 눈 깜짝할 사이에 없애실 것이다(습 1:18).

기쁨의 노래를 불러라

그러나 하나님은 심판으로 모든 것을 끝장내시는 분이 아니다. 그것을 가장 잘 보여 주는 것이 본문이다. 스바냐서의 결론에 해당하는 3:14-20은 기쁨에 가득 찬 찬미의 노래로 끝을 맺는다. 이 기쁨의 노래는 삼중(三重)으로 된 찬미 권유로 시작한다:

> 시온의 딸아, 노래할지어다.
> 이스라엘아, 기쁘게 부를지어다.
> 예루살렘 딸아, 전심으로 기뻐하며 즐거워할지어다 (14절).

이 세 개의 찬미 권유는 서로 평행을 이루는 것으로, 시온의 딸과 이스라엘 및 예루살렘의 딸을 동일시하고 있다. 하나님을 찬미해야 할 그들은 앞서 언급되는 남은 자들을 가리킨다.

15-20절은 예루살렘이 기쁨의 노래를 불러야 할 이유를 상세하게 설명한다. 이 구절들에 의하면 그들이 기뻐해야 할 이유는 매우 간단했다. 그것은 크게 두 가지로 나누인다. 하나님의 하실 일과 성품의 두 가지가 그것이다. 하나님의 하실 일은 무엇을 말하는가? 그것은 곧 하나님께서 그들을 구원하여 원수의 땅에서 돌아오게 하실 것임을 의미한다. 하나님의 벌을 받아 마땅했던 죄악과 불의의 도시가 머지않아 하나님의 구원을 받게 되리라는 것이다. 바벨론 포로로부터 돌아올 것이라는 얘기다. 15절은 이렇게 말한다:

> 여호와가 네 형벌을 제거하였고
> 네 원수를 쫓아냈으며
> 이스라엘 왕 여호와가 네 가운데 계시니
> 네가 다시는 화를 당할까 두려워하지 아니할 것이라.

이 본문에 의하면, 여호와 하나님은 이스라엘 백성에게 내린 징벌을 해제하셨고, 이스라엘 백성을 억압하던 원수를 그들의 땅에서 완전히 쫓아내셨다. 이제 그가 이스라엘의 왕으로 그들을 다스릴 것이기 때문에 더 이상 화를 당할까 두려워할 필요가 없었다.

18절은 또 이렇게 말한다: "내가 절기로 말미암아 근심하는 자들을 모으리니(근심하는 자들을 모아 기쁨의 잔치를 벌이겠다) 그들은 네게 속한 자라. 그들에게 지워진 짐이 치욕이 되었느니라(너희가 당하는 치욕을 부담스럽게 생각하여 너희를 풀어줄 것이다)." 19-20절도 비슷하다:

> 그 때에 내가 너를 괴롭게 하는 자를 다 벌하고
> 저는 자를 구원하며 쫓겨난 자를 모으며
> 온 세상에서 수욕 받는 자에게 칭찬과 명성을 얻게 하리라.
> 내가 그 때에 너희를 이끌고 그 때에 너희를 모을지라.
> 내가 너희 목전에서 너희의 사로잡힘을 돌이킬 때에
> 너희에게 천하 만민 가운데서 명성과 칭찬을 얻게 하리라.
> 여호와의 말이니라.

이스라엘 백성이 기쁨의 노래를 불러야 할 두 번째 이유는 17절에 잘 묘사되어 있다. 이 구절은 하나님이 어떤 분이시며 자기 백성 이스라엘을 향하여 어떠한 마음을 가지고 계시는지를 잘 설명해 주고 있다. 이와 관련된 복음송도 있다:

> 너의 하나님 여호와가 너의 가운데 계시니
> 그는 구원을 베푸실 전능자시라.

그가 너로 인하여 기쁨을 이기지 못하시며

너를 잠잠히 사랑하시며

즐거이 부르며 기뻐 기뻐하시리라.

우리 가운데 계시는 하나님

이스라엘이 심판을 받아 고통을 당하면서도 절망하지 않아도 되는 이유는 무엇인가? 첫째로 그들의 하나님 여호와께서 그들 가운데 계시기 때문이다. 하나님께서 그들과 함께 하신다는 얘기다. 하나님은 결코 멀리 계신 분이 아니다. 구경꾼도 아니다. 우주 만물을 창조하시고 세상 역사를 이끌어 가시며 항상 우리 곁에, 우리 가운데 계신 분이다. 심판하실 때조차도 하나님은 그들과 함께 하시는 분이다. 이스라엘의 광야 생활을 보라. 하나님은 불순종하고 거역하는 자들을 심판하시면서도 40년 동안 구름기둥, 불기둥으로 그들과 함께 하셨다. 창세기 28장을 보면 야곱이 벧엘에서 사닥다리 환상을 본 얘기가 나온다. 그는 형 에서의 보복을 피해 브엘세바를 떠나 외삼촌 라반의 집으로 피난하던 중이었다.

부모 형제가 사는 브엘세바에서 하란까지는 대략 460km였다. 하란으로 가는 도중에 해가 저물어 '루스' 라는 곳에서(19절) 하룻밤을 지내게 되었는데, 거기서 그는 돌 하나를 주워서 그것을 베개로 삼고 잠을 잤다. 루스 땅의 허허벌판에서 이처럼 돌을 베고 자던 야곱의 심정은 어떠했을까? 아마도 그는 형 에서의 보복을 피하여 정든 가정을 떠나야만 하는 자신의 참담한 모습에 깊은 번뇌와 갈등을 느꼈을 것이다. 정신적인 고독감 역시 컸을 것이다. 아무도 없이 홀로 가는 외로운 여행길이었기 때문이다.

그런데 놀랍게도 하나님은 벧엘에서 잠을 자던 야곱을 꿈속에서 만나 주셨다. 사닥다리 환상을 통하여 그를 만나주시고 이전에 주신 약속을 재확인하신 것이다. 더 나아가서 하나님께서는 다음과 같은 위로와 소망의 말씀을 주셨다: "내가 너와 함께 있어 네가 어디로 가든지 너를 지키며 너를 이끌어 이 땅으로 돌아오게 할지라. 내가 네게 허락한 것을 다 이루기까지 너를 떠나지 아니하리라"(15절). 여기서 "떠나지"(히브리어로는 '아잡') 않겠다는 것은 "포기하지" 않을 것이요, "버리지" 않을 것임을 뜻한다.

비록 정직하지 못한 일로 인해 집에서 반강제로 쫓겨나는 신세였지만, 마치 탕자와도 같은 그를 하나님은 찾으시고 위로해 주셨다. 참으로 그는 아무런 소망도 발견할 수 없는 삶의 가장 밑바닥에서 하나님을 만난 것이다. 사실 이때의 그는 어느 때보다도 도움과 위로를 필요로 하고 있었다. 어떤 의미에서 볼 때 야곱은 하나님의 도움이 아니면 도저히 그 여행길을 견딜 수 없는 상황에 처해 있었다. 바로 그때 하나님은 내가 너와 함께 있으니 걱정하지 말라고 위로하신 것이다.

호세아는 우리와 늘 함께 하시는 하나님의 모습을 이렇게 묘사한다:

> 에브라임이여, 내가 어찌 너를 놓겠느냐?
> 이스라엘이여, 내가 어찌 너를 버리겠느냐?
> 내가 어찌 너를 아드마 같이 놓겠느냐?
> 어찌 너를 스보임 같이 두겠느냐?
> 내 마음이 내 속에서 돌이키어
> 나의 긍휼이 온전히 불붙듯 하도다.

비록 이스라엘이 심판을 받아 망신창이가 되었지만 그들을 향한 하나님의 긍휼하심에는 변함이 없다. 집을 나간 탕자라 할지라도 그가 자기를 낳아 키운 부모의 자식임에는 틀림이 없는 것과도 같은 이치이다. 예를 들어보자.

어떤 유명한 강사가 사람들이 많이 모인 세미나에서 갑자기 30만 원짜리 수표를 꺼내더니 갖고 싶은 사람은 손을 들어보라고 말한다. 모두 손을 든다. 그러자 그는 그 수표를 손으로 이리저리 마구 구겼다. 그래도 갖고 싶은지를 묻자 모두 손을 들었다. 그 강사는 수표를 땅바닥에 던지더니 구둣발로 밟으면서 더럽혔다. 그래도 사람들은 그 수표를 갖고 싶어했다.

강사는 이렇게 말한다: "제가 아무리 30만 원짜리 수표를 마구 구기고 발로 짓밟고 더럽혀도 그 가치는 전혀 줄어들지 않는다. 여러분도 인생이라는 무대에서 여러 번 바닥에 떨어지고 밟히며 더러워지는 일이 있다. 실패라는 이름으로, 또는 패배라는 이름으로 겪게 되는 아픔들이 누구에게나 있다. 그런 아픔을 겪게 되면 사람들은 대부분 자신이 쓸모없는 사람이라고 자신을 학대한다. 그러나 놀라운 사실은 당신이 실패를 하는 한이 있더라도 당신의 가치는 여전하다는 것이다. 마치 구겨지고 짓밟혀도 여전히 자신의 가치를 가지고 있는 이 수표처럼 말이다."

그런 까닭에 여러분은 어떠한 상황에서도 낙심하지 말고 하나님이 나와 함께 하신다는 사실을 믿고 늘 위로와 용기를 얻으시기 바란다.

구원을 베푸실 전능자

둘째로 하나님은 구원을 베푸실 전능자이시다. 하나님은 이스라엘과 함께 하시는 분일뿐만 아니라 이스라엘을 위해 구원을 베푸시는 전능자이시기도 하다. 함께 있기만 하면 무슨 소용이 있을 것인가! 평생 동안 같이 있은들 아무런 도움도 되어주지 못한다면 어떻게 되겠는가! 함께 있으면서 도리어 짐만 된다면 그처럼 고통스러운 것도 없을 것이다. 그런데 하나님은 우리 곁에 계시면서 우리에게 짐이 되시는 분이 아니라 도리어 필요할 때마다 우리를 구원해 주시는 분이다. 그는 전능하신 분이다. 홍해 바다에서 이스라엘 백성을 구원하시고 40년 동안 먹을 양식과 마실 물을 공급해 주셨던 모습을 생각해 보라.

시편 기자는 하나님의 이러한 모습을 121:5-8에서 이렇게 표현한다:

> 여호와는 너를 지키시는 이시라.
> 여호와께서 네 오른쪽에서 네 그늘이 되시나니,
> 낮의 해가 너를 상하게 하지 아니하며
> 밤의 달도 너를 해치지 아니하리로다.
> 여호와께서 너를 지켜 모든 환난을 면하게 하시며
> 또 네 영혼을 지키시리로다.
> 여호와께서 너의 출입을 지금부터 영원까지 지키시리로다.

하나님은 우리 곁에 계시면서 우리를 지키시는 분이다. 그는 우리 가운데 계시면서 구원을 베푸시는 분인 것이다. 상하지 않게, 다치지 않게 보호해 주시는 전능자이신 것이다.

기쁨을 이기지 못하시는 분

셋째로 하나님은 이스라엘로 인하여 기쁨을 이기지 못하시는 분이다. 이스라엘로 인하여 즐겁게 부르시며 기뻐하시는 분이다. 창세기 1장을 보면 하나님은 우주 만물을 창조하시면서 보시기에 좋았다고 일곱 차례나 감탄하신다. "보시니 좋았더라"는 말의 히브리어 표현은 본래 "보라, 그것이 좋구나!"라는 뜻을 가지고 있다. 이사야 62:4-5도 거의 비슷한 의미를 전달하고 있다.

> 다시는 너를 버림받은 자라 부르지 아니하며
> 다시는 네 땅을 황무지라 부르지 아니하고
> 오직 너를 '헵시바'라 하며 네 땅을 '쁄라'라 하리니.
> 이는 여호와께서 너를 기뻐하실 것이며
> 네 땅이 결혼한 것처럼 될 것임이라.
> 마치 청년이 처녀와 결혼함 같이 네 아들들이 너를 취하겠고
> 신랑이 신부를 기뻐함 같이 네 하나님이 너를 기뻐하시리라.

그런가 하면 이사야 65:19는 "내가 예루살렘을 즐거워하며 나의 백성을 기뻐하리니, 우는 소리와 부르짖는 소리가 그 가운데에서 다시는 들리지 아니할 것이며"라고 말한다. 하나님은 때때로 범죄하고 불순종하는 자들에게 벌을 내리시는 엄한 분으로 나타난다. 그러나 본질적으로 그는 자기 백성을 기뻐하고 즐거워하는 분이다. 마치 부모가 어린 자녀를 보고서 기뻐하고 즐거워하는 것과 같은 이치에 속한다. 자녀가 효성을 다하고 마음에 드는 일을 할 때 부모의 기쁨이 더하는 것

처럼 우리가 하나님 앞에서 바르게 살고 바르게 믿을 때 우리를 향한 하나님의 즐거움도 더해진다.

잠잠히 사랑하시는 분

넷째로 하나님은 이스라엘을 잠잠히 사랑하시는 분이다. 하나님의 사랑은 결코 요란하게 선전하고 떠들어대는 사랑이 아니다. 하나님의 사랑은 시끄럽게 자랑하지 않는다. 요즘 시대를 일컬어 "자기 PR 시대"라고 하지만, 하나님의 사랑은 그렇게 요란한 것이 아니다. 하나님의 사랑은 그 넓이와 깊이와 높이를 측량할 수 없는 것이다(엡 3:19). 로마서 8장에 묘사된 바와 같이 어느 누구도, 세상에 있는 그 어떠한 것도 하나님의 사랑에서 우리를 끊지는 못한다. 그만큼 하나님의 잠잠한 사랑은 강한 것이다.

또한 하나님의 사랑은 급하게 서둘지 않으며 오래 참는 것이다(고전 13장). 하나님의 사랑은 결코 자신의 유익을 추구하는 것이 아니다. 하나님의 사랑은 말로만 입술로만 하는 것이 아니라 행함과 진실함으로 하는 것이다(요일 3:18). 십자가의 사랑을 생각해 보라. 바울은 로마서 5:8에서 "우리가 아직 죄인 되었을 때에 그리스도께서 우리를 위하여 죽으심으로 하나님께서 우리에 대한 자기의 사랑을 확증하셨느니라"고 말한다. 하나님의 사랑에는 구질구질한 말도 변명도 없다. 그런 것 자체가 필요하지 않다. 단지 행함과 실천이 있을 뿐이다.

얼마 전에 일간신문에 흥미로운 기사가 하나 실려 있는 것을 보았다. 미국에서 할머니를 주제로 한 국제학술대회가 열렸는데, 영국의 한 교수가 발표한 바에 의하면 할머니가 함께 살고 있는 경우, 그렇지 않은 경우보다 유아들의 사망률이 절반으로 줄었다는 것이다. 손주들을 향한 할머니의 사랑은 조용한 것이고 잠잠한 것이다. 할머니의 사랑은 요란하게 떠들어대지 않는다. 이 할머니의 사랑이 생명을 풍성하게 해준다는 것이다. 하나님의 사랑은 그 이상이다. 그것은 조용하고 잠잠하지만 엄청난 힘을 가지고 있는 것이다. 하나님의 이 사랑 덕에 우리는 지금껏 안전하게 살고 있는 것이다.

하나님은 이스라엘이 잘못했을 때 그들을 철저하게 벌하시고 심판하시는 분이셨다. 그러면서도 그는 자기 백성과 함께 하시고 그들에게 구원을 베푸시며, 그들로 인하여 기뻐하고 즐거워하시며, 그들을 잠잠히 사랑하셨다.

바라기는 여러분 모두는 늘 우리와 함께 하시고 우리를 기뻐하시며 잠잠히 사랑하시는 하나님의 은혜 안에 거하는 복된 삶을 누리시길 바란다.